Etching of J. F. Clay Sen.

DAS GROSSE HANS CHRISTIAN ANDERSEN BUCH

WOLFGANG MÖNNINGHOFF

Das große
Hans Christian Andersen
Buch

ARTEMIS & WINKLER

Die Deutsche Bibliothek verzeichnet diese Publikation
in der Deutschen Nationalbibliografie; detaillierte
bibliografische Daten sind im Internet unter
http://dnb.ddb.de abrufbar.

Druck und Bindung: fgb · freiburger graphische betriebe
ISBN 3-538-07201-9
www.patmos.de

Inhalt

Die Märchenwelt Hans Christian Andersens. Illustration von Anne Johnstone Grahame

Mein Leben ist ein hübsches Märchen

*Mein Leben ist ein hübsches Märchen, reich und überaus glücklich!
Wäre mir, als ich, ein Knabe noch, arm und allein in die Welt hinausging, eine
mächtige Fee begegnet und hätte sie mir gesagt: ›Wähle deine Bahn und dein
Ziel, und je nach deiner geistigen Entwicklung und wie es vernünftigerweise in
dieser Welt zugehen muss, will ich dich schützen und führen!‹ –
mein Schicksal hätte nicht glücklicher, klüger und besser geleitet werden können,
als es geschehen ist. Die Geschichte meines Lebens wird der Welt sagen,
was sie mir sagt: Es gibt einen liebevollen Gott, der alles zum besten führt.*

Hans Christian Andersen stirbt am 4. August 1875 um 11:05 als wohlhabender Mann. Seine Eltern waren beide im Armenhaus gestorben. Andersen, der am 4. September 1819 mit dreizehn Reichstalern nach Kopenhagen aufgebrochen war, hinterlässt 30 000 Reichstaler – nach heutigem Wert immerhin mehr als 500 000 €. Dazu kommen die Rechte an seinen Werken, die der Kopenhagener Buchhändler Reitzel für 20 000 Reichstaler erwirbt.

Kaum ein Dichter wurde mehr geehrt als der Sohn eines armen holsteinischen Flickschusters aus Odense auf der dänischen Insel Fünen. Und kaum einer war der Ehrungen und der Anerkennung so bedürftig.

Die Liste derer, denen Andersen seine Aufwartung macht, ist ein WHO IS WHO der Prominenten seiner Zeit: Sie reicht von Heinrich Heine, Honoré de Balzac, Victor Hugo und Charles Dickens bis zu Alexander von Humboldt, Franz von Lenbach, Peter Cornelius, Gioacchino Rossini, Franz Liszt, Robert und Clara Schumann. Sie alle finden sich in Andersens VIP-Kartei.

Besonders Heines Lyrik hat es ihm angetan. Im Frühjahr 1829 verfällt er – wie so viele seiner Zeitgenossen – nach dem Erscheinen des Bestsellers BUCH DER LIEDER in eine regelrechte Heine-Raserei, liest und rezitiert unaufhörlich dessen Gedichte. Im LEBENSBUCH, seiner ersten von drei Biogra-

Heinrich Heine. Gemälde von Moritz Oppenheim, 1831

fien, schreibt er, nur drei Schriftsteller seien ihm »gleichsam ins Blut übergegangen«, und mit ihnen habe er »eine zeitlang ganz ausschließlich gelebt – nämlich Scott, Hoffmann und Heine.«

Andersen hat Heinrich Heine des öfteren besucht. Über einen Besuch im März 1843 bei Heine in Paris notiert er im Tagebuch:

Carsten Hauch (1791–1872), dänischer Dichter der Romantik, dem der Leser noch oft begegnen wird. Andersen fürchtet ihn wegen seines polemischen Talents, das vor ihm nicht Halt macht.

Fredrika Bremer (1801–1865) wächst in einer wohlhabenden schwedischen Familie auf. Sie wird eine der populärsten Schriftstellerinnen des 19. Jahrhunderts. Ihre Beliebtheit sinkt rapide, als sie sich leidenschaftlich für die weibliche Emanzipation einsetzt.

Laurids Kruse (1778–1839), dänischer Schriftsteller und Übersetzer. Bekannt wird er mit dem historischen Roman JUGEND (1825) über die letzten Regierungsjahre Ludwigs XV.

🦢 Sonntag, 26. März. (…) Ich ging dann zu Heinrich Heine, der mich auf die herzlichste Weise empfing; er sagte, er habe sein Deutsch bald vergessen, er habe französische Freuden und französische Sorgen, eine französische Frau; er hielt den Norden für das mystische Land, in dem der Schatz der Poesie begraben liege; wäre er nicht so alt, dann wollte er Dänisch lernen. Kobolde und Trolle bei uns interessierten ihn; deshalb hatte er sein letztes Buch ATTA TROLL genannt (Atta bedeutet Vater; Anm. d. A.). Er fand, dass nur die lyrische Dichtung in Deutschland lebte, nannte Eichendorff, Uhland, Grün; ich erzählte ihm von Halms DER SOHN DER WILDNIS, von unserer neuesten Literatur; er habe nur meinen IMPROVISATOR bekommen, und der sei plastisch. »Sie sind ein wahrer Dichter!«, sagte er. Er beklagte, wie sehr er missverstanden worden, wie schlecht er wegen seines Buches über Börne angesehen sei, er fand es nicht so boshaft geschrieben. Er fragte mich nach Hauch und nach Fredrika Bremer; er habe beim Schreiben seines RABBI VON BACHARACH an mich gedacht, der sei in meiner Manier; er sagte, Kruse habe meinen IMPROVISATOR schlecht übersetzt, Kruse sei im größten Elend in einem Pariser Hospital gestorben, ihm sei am Ende alles so verleidet gewesen, fügte er hinzu, dass er nicht einmal mehr Trieb für Männer gehabt habe. Er bat mich, ihn oft zu besuchen, war ganz reizend. ◆

Andersen spricht miserabel Französisch, aber er ist stolz darauf, sich durch eine Konversation »voltigieren« zu können.

Der Diplomat und liberale Schriftsteller Karl August Varnhagen von Ense, der Heine seit 1822 kannte, berichtet amüsiert:

🦢 Der dänische Dichter Andersen besuchte Heinen in Paris, und sprach deutsch mit ihm, nicht ganz geläufig; nach einiger Zeit sagte Andersen: ›Wollen wir nicht lieber französisch sprechen?‹ Heine war sogleich bereit. Aber auch das ging sehr holperich und Andersen kam schwer fort. Da fragte Heine nach einer Weile mit verbindlicher Artigkeit: ›In welcher Sprache wünschen Sie, dass wir uns ferner unterhalten?‹ ◆

Nicht viele ausländische Schriftsteller knüpften wirklich enge Bande zu den bedeutendsten französischen Autoren ihrer Zeit. Bei einer aristokratischen Soiree lernt er Honoré de Balzac kennen, den er als »kleinen breitschultrigen Knollen« beschrieb.

🦢 Denken Sie nur – in einem großen Salon bei der Gräfin Pfaffin zerrte mich diese zu ihrem Samtsofa und forderte mich auf, an ihrer Satinseite Platz zu nehmen – sie trug das schwärzeste Schwarz, besetzt mit Edelsteinen –, worauf sie meine Hand hielt und Balzac, den Schriftsteller, bei der Hand fasste und auf das Sofa zog, so dass jetzt auch er an ihrer Seite saß, und dann rief sie: ›Welch glücklicher Zufall! Es beschämt mich, dass ich hier zwischen zwei Männern sitzen darf, die zu den größten unserer Zeit zählen.‹ – ›La baronne!‹ sagte ich mit vorwurfsvollem Blick und erklärte ihr – auf Französisch – wie unbedeutend ich sei. ◆

Andersen beeindruckt und bezaubert ganz offenbar durch seine Persönlichkeit. Vier Jahrzehnte später sollten andere bedeutende skandinavische Autoren wie Bjørnson, Lie und Strindberg jahrelang ohne jeglichen persönlichen Kontakt zu französischen Schriftstellern in Paris leben. Andersen »le bon, aimable poète danois«, wie Dumas ihn nannte, versteht es wie kein anderer skandinavischer Schriftsteller seiner Epoche, sich im Ausland Freunde zu machen – auch in Kreisen, die mit seinen besten Werken nicht einmal vertraut sind.

Andersen ist keine streitbare Natur, direkten Auseinandersetzungen geht er möglichst aus dem Weg. Er freut sich über jeden, der sich ihm gegenüber positiv und freundschaftlich zeigt, und er ist stark verärgert, wenn er auf Kritik und Spott stößt. Diesen Ärger artikuliert er nie offen, sondern nur in den Tagebüchern oder in Briefen an die wenigen wirklich Vertrauten und – verschlüsselt – in seinen Märchen. So erfolgreich er auch wird – nie vergisst er die Demütigungen und die bittere Not seiner Jugend: sein Scheitern als Pubertierender in der rauen Arbeitswelt einer Tuchfabrik, die Trunksucht der Mutter und die Wahnvorstellungen des Großvaters. Sein Rechtfertigungszwang zieht sich wie ein roter Faden durch seine drei Autobiografien, auch das ein Beleg dafür, wie sehr er sich der Mitwelt erklären will.

Der norwegische Dichter Bjørnstjerne Bjørnson (1832–1910) erhält 1903 den Nobelpreis für Literatur. Seine Erzählungen, Dramen, Gedichte und Lieder, darunter die norwegische Nationalhymne, stehen noch in der Tradition der Romantik. Er wird zum Erneuerer der norwegischen Literatur.
Jonas Lie (1833–1908) aus Norwegen schreibt neben Seeromanen und Schilderungen aus dem Arbeitermilieu realistische Ehe- und Familienromane.

Illustration zu
»Des Kaisers neue Kleider«

Seine fast kindliche Eitelkeit und die Gier nach Ruhm bieten vielfältig Anlass für boshafte Angriffe. Er vergisst nichts und rächt sich in seinen Märchen. Dort stehen seine Kritiker als gaffende Masse, die einen nackten Kaiser bewundert, da stolzieren sie als eingebildete Diener umher, die in ihrer Hochmütigkeit nichts als ›p‹ sagen können, oder sie tratschen als gackernde Hühner im Hühnerhof herum. In den Märchen gelingt es ihm, all das zu formulieren, was er im wirklichen Leben nicht ausdrücken kann. Mit den Märchen wird er unsterblich. Aber sein Alltag schmerzt ihn. Besonders seine lückenhafte Schulbildung und seine mangelhafte Rechtschreibung bieten Angriffsflächen.

Tag für Tag versank ich mehr und mehr in einer krankhafte Stimmung, fühlte meinen Hang, das Traurige im Leben zu suchen, bei der Schattenseite zu verweilen, ich wurde empfindlich und merkte mir mehr den Tadel als das Lob. Der Keim hierzu lag in meinem erst in einem späten Alter begonnenen Schulbesuch, in dem steten Vorwärtsdrängen, in der inneren und äußeren Drangsal, die mich dazu trieben, zu produzieren und der Öffentlichkeit immer neue Arbeiten vorzulegen, die noch nicht reif waren. Das Treibhausmäßige in meinem Unterricht, das anstrengende Lernen, durch das ich von Klasse zu Klasse getrieben worden war, endlich die Forderung, Student zu werden, hatten bewirkt, dass ich in mancher Hinsicht zurückgeblieben war. Am deutlichsten zeigte sich dies in der Grammatik, in der Orthografie, die ich nicht gänzlich beherrschte. (…) Ich litt unter all dem, hinzu kam, dass der Druck, unter dem ich in meiner Schulzeit gelitten hatte, noch nachwirkte und mehr und mehr seine alte Gewalt wieder über mich zu gewinnen schien, so dass ich mich still verhielt und mit einer unbegreiflichen Gutmütigkeit alles duldete. »Alle wollen hinüber, wo der Zaun am niedrigsten ist«, sagt ein altes Sprichwort. Ich war zu weich, war unverzeihlich gutmütig. Jedermann wusste das, und einzelne wurden daher fast grausam gegen mich. Mein Abhängigkeitsverhältnis, die Dankbarkeit, zu der ich mich verpflichtet fühlte, verursachten, dass ich oftmals gedankenlos und unbewusst hart angepackt wurde. Alle belehrten mich, fast alle sagten, ich würde durch das Lob verdorben, und darum wollten sie mir die Wahrheit sagen. So hörte ich fortgesetzt immer nur von meinen Fehlern, den wirklichen und den möglichen Schwächen. Bei einzelnen Fällen flammte wohl mein Gefühl auf, und wenn ein geistig Tieferstehender in seinem reich ausgestatteten Zimmer ein nichtssagendes, völlig niederschmetterndes Urteil über mich fällte, dann vergaß ich besonnen zu sein und rief in Tränen und Heftigkeit aus, dass ich ein Dichter werden wolle, der genannt und geehrt würde! Solche Aussprüche von mir griff man auf und ließ sie verbreiten wie eine böse Saat, die schnell zu voller Blüte gedieh, zu bösen Pflanzen der Eitelkeit, der Torheit; hierüber wusste man in jedem Haus Bescheid. »Er ist der Eitelste von allen Menschen«, hieß es überall, jedoch fügte man hinzu: »Ein herzlich gutes Kind!« Zu jener Zeit war ich oft in meiner Einsamkeit nahe daran, vor Misstrauen gegen mich selbst und meine Fähigkeiten umzusinken und zugrunde zu gehen. Ich bewahrte jeden Tadel in mir und hatte, wie in den finstersten Tagen der Schulzeit, ein Gefühl, dass mein ganzes Talent ein Selbstbetrug sei, ich war nahe daran, es zu glauben. Aber dass andere es mir gegenüber hart und aufreizend äußerten, konnte ich nicht hinnehmen, und sagte ich dann ein stolzes, unüberlegtes Wort, so wurde dies zu einer Geißel, mit der man mich schlug. ◆

Georg Brandes (1842–1927) ist als Kritiker und Vermittler ein Intellektueller von europäischem Rang. Für die von ihm gegründete Tageszeitung POLITIKEN hat er die Rekordzahl von 258 ›Chroniken‹ verfasst. So heißt bis heute die tägliche Meinungskolumne im Kulturteil. Brandes hat Strindberg, Bjørnson, Ibsen und Jacobsen in Deutschland bekannt gemacht und so einen entscheidenden Beitrag zum Durchbruch der nordischen Moderne geleistet. Umgekehrt hat er während seines fünfjährigen Aufenthalts in Berlin um 1880 den Dänen aus dieser Stadt berichtet.

H. V. Bissen (1798–1868) hat den berühmten Idstedt-Löwen geschaffen. 1862 auf dem Flensburger Friedhof aufgestellt, wird er nach dem deutsch-dänischen Krieg als Kriegsbeute nach Berlin entführt und kommt 1945 als Geschenk der USA nach Kopenhagen. Dort steht er neben der königlichen Bibliothek.

Georg Brandes, der wichtigste dänische Kritiker seiner Zeit, urteilt ebenso verständnisvoll wie vernichtend: »H. C. Andersen war seiner Herkunft nach (und blieb bis an sein Lebensende) das arme, verwahrloste, tausendfach gedemütigte Kind des Volkes, das nur durch Wohlwollen anderer emporzukommen vermochte, von früher Jugend auf gezwungen war, Zuflucht zu Wohltätern und Gönnern zu nehmen und sich durch Protektion mühsam die Wege zu bahnen. Dies bestimmte seine Haltung, auch als er weltberühmt und welterfahren war und – zumal im Auslande, wo man ihm huldigte – recht wohl verstand, als ›der große Mann‹ sich Geltung zu verschaffen. Denn ein großer Mann wurde er. Ein Mann wurde er nicht. Im Gemüt des Kindes aus dem Volke schlummerte auch nicht der leiseste Keim von Männlichkeit. Er erlangte späterhin Selbstbewusstsein, erlangte es durch das Lob des Auslandes, nie aber Manneskraft, Mannesmut. Sein Geist entbehrte gänzlich der Angriffswaffen.«

Und er war kein schöner Mann. In seiner Jugend flachsblond und bleich wie ein Albino, mit unproportionierten Armen und Beinen, sein Leben lang ungelenk in seinen Bewegungen. Aber er will zum Ballett, will wenigstens Schauspieler werden. Wie alles Neue, zieht ihn auch die Kunst der Fotografie magisch an, aber mit seinen Konterfeis ist er überaus selbstkritisch. »Wurde zum Fotografieren gefahren, posierte dreimal, sah wie ein abgeblätterter Nussknacker aus«, notiert er 1854 in Dresden. Als er im Oktober 1864 dem dänischen Bildhauer H. V. Bissen Modell steht, bemerkt dieser, »der Herrgott habe sich Zeit genommen, um ihm einen Kopf zu geben, der sich von den meisten anderen unterscheide.« Bei einem Besuch in Göteborg notiert Andersen im Jahr 1871: »Da waren ein paar einfache Leute, die mich anzustarren schienen, mich nicht nach ihrem Geschmack fanden, lachten, wie man mich in Granada ausgelacht hatte. Ich

Selbstporträt von 1830

Andersen-Karikatur
von Fritz Jürgensen

fühlte mich unbehaglich, obgleich diese Leute in Schweden wie gekochte Kartoffeln aussahen.«

In seinen Lebenserinnerungen berichtet der dänische Altertumskenner Just Matthias Thiele (1795–1874), er habe im Juni 1820 eines Morgens an seinem Schreibtisch gesessen, als jemand an die Tür klopfte. »Ich war überrascht, einen hochaufgeschossenen Jungen von ganz absonderlichem Aussehen an der Tür stehen zu sehen, mit einer tiefen, theatralischen Verbeugung bis zum Boden hinunter. Seine Mütze hatte er schon an der Tür von sich geworfen, und als er seine lange Gestalt in dem abgetragenen grauen Mantel aufrichtete, dessen Ärmel nicht bis zu den abgemagerten Handgelenken reichten, blickten mich – hinter einer großen, vorspringenden Nase – zwei kleine Chinesenaugen an, die eines chirurgischen Eingriffs bedurft hätten, um freien Ausblick zu haben. Um den Hals trug er ein buntes Kattuntuch, so fest zusammengeschnürt, dass sein langer Hals gleichsam einen Fluchtversuch zu machen schien – kurzum, eine erstaunliche Gestalt, die noch merkwürdiger wirkte, als er ein paar Schritte auf mich zuging und mit einer abermaligen Verbeugung seine pathetische Rede folgendermaßen begann: ›Darf ich die Ehre haben, meine Gefühle für die Schauspielbühne in einem Gedicht auszudrücken, das ich selbst verfasst habe?‹«

Der Theaterregisseur und Schriftsteller William Bloch (1845–1916), Andersens Begleiter auf seiner letzten Reise nach Deutschland, Österreich und Italien im Jahr 1872, beschrieb Andersen als alten Herrn:

Er war groß und dürr, seine Bewegungen und seine Haltung wirkten eigenartig und absonderlich. Seine Arme und Beine waren ganz unverhältnismäßig lang und dünn, seine Hände breit und flach und seine Füße von so riesigen Ausmaßen, dass es durchaus verständlich erschien, dass niemals jemand auf den Gedanken kommen konnte, seine Galoschen zu stehlen. Er hatte eine so genannte Adlernase, aber sie war so unverhältnismäßig lang, dass sie das ganze Gesicht zu beherrschen schien. War man nicht mit ihm zusammen, dann erinnerte man sich bestimmt am deutlichsten an seine Nase, während seine Augen, die klein und farblos waren und, von den großen Lidern halb verdeckt, tief in den Höhlen lagen, überhaupt keinen Eindruck hinterließen. Sie blickten gütig und freundlich, doch das faszinierende Wechselspiel von Licht und Schatten, die sich ständig wandelnde, ausdrucksvolle Lebhaftigkeit, die das menschliche Auge zum Spiegel der Seele macht, fehlte ihnen völlig. Ausdrucksvoll und schön waren dagegen seine hohe, offene Stirn und der Zug um seinen ungewöhnlich wohlgeformten Mund. ◆

Immer wieder sieht er sein hohes Ansehen im Ausland in schroffem Gegensatz zu seiner Bedeutung in der Heimat, wo er sich nie gebührend gewürdigt sieht. Als die Bühnenfassung seiner AGNETE im April 1843 bei der Uraufführung in Kopenhagen durchfällt, schreibt er wutentbrannt:

Möge mein Auge nie mehr das Zuhause schauen, das nur Augen für meine Fehler hat, aber kein Herz für das, was Gott mir Großes verliehen hat! Ich hasse, was mich hasst; ich fluche dem, was mir flucht! Aus Dänemark kommt wie immer der kalte Luftzug, der mich draußen zu Stein werden lässt! Man bespeit mich, man trampelt mich in den Schlamm! Ich bin jedoch eine Dichternatur, wie Gott ihnen nicht viele geschenkt hat, aber im Augenblick meines Todes werde ich ihn bitten, diesem Volk nie wieder eine zu schenken! – Oh, was für ein Gift ist doch in diesen Stunden in meinem Blut! – Als ich jung war, konnte ich weinen; jetzt kann ich das nicht; ich kann nur stolz sein – hassen – verabscheuen – meine Seele bösen Mächten überlassen, um einen Augenblick Linderung zu finden! – Hier, in der großen, fremden Stadt, umge-

Hans Christian Andersen.
Porträt von 1865

ben mich liebevoll Europas bekannteste und edelste Geister, treten mir als Verwandte entgegen, und in meiner Heimat sitzen die Jungen und spucken auf das beste Geschöpf meines Herzens! ◆

Andersen genießt die Gunst der Mächtigen seiner Zeit. Erstaunlicherweise tun sich überall die Türen auf, wenn der Dichter anklopft. Auf seiner Reise nach Mailand wird er am Starnberger See zu König Maximilian II. gerufen, den der Dichter schon deshalb als äußerst freundlichen jungen Mann bezeichnet, weil er die Märchen und Romane seines Besuchers gelesen haben will. Er wird zu einer Bootsfahrt mit dem Bayernkönig eingeladen, und auf dem See liest er das HÄSSLICHE ENTLEIN vor.

🦢 Ich saß mit dem König allein auf einer Bank. Er sprach davon, was Gott mir alles geschenkt habe, vom Los der Menschen, und ich sagte, dass ich nicht

Carl Alexander von Sachsen-Weimar

König sein wolle, da habe man eine so große Verantwortung, dieser Aufgabe sei ich nicht gewachsen; er sagte, Gott möge die Kraft dafür geben, und man tue durch ihn, was man könne. ◆

Auch ein Besuch beim Erbgroßherzog Carl Alexander von Sachsen-Weimar-Eisenach begeistert den nach Anerkennung Hungernden. Andersen, der mit ihm bis an sein Lebensende freundschaftlich verbunden sein wird, beschreibt den Erbherzog »als einen jungen 26jährigen Mann von schöner Gestalt (…) Der junge Herzog war höchst liebenswürdig, ich könnte ihn zu meinem Freunde wählen, wäre er nicht ein Herzog! (…) wir spazierten vertraulich über eine Stunde und redeten. Im Schlosse selbst las ich Märchen vor, wurde bewundert; dann gingen wir hinaus zur Linde, an welcher bunte Lampen hingen, dort wurde getanzt! Später wurde zu Abend gegessen. Ich liebe den jungen Herzog recht sehr, er ist der erste von allen Prinzen, der mir so recht gefallen hat, von dem ich wünschte, dass er kein Prinz wäre, oder dass ich auch einer wäre. (…) Ich dachte daran, dass ich, der Sohn des armen Flickschusters und der Waschfrau, vom Neffen des Kaisers von Russland geküsst wurde; wie sich die Endpunkte berühren.«

Das dänische Königspaar Friedrich VII. und Caroline Amalie ist ihm ebenfalls freundschaftlich zugetan und nimmt ihn sogar mit in die Ferien auf die Insel Föhr, worüber er dem Erbherzog berichtet:

🦢 (…) Dieser letzte Sommer hat nicht wenigen Saamenkörner in meine Brust gesäet. Der Aufenthalt auf dem Insel Föhr, bei den Majestäten hatte etwas schönes Eigenthümliches; die Inseln sind ganz merkwürdig, ich habe seltene Bilder da in meinem Gedanken aufgefangen. Der König und die Königinn sind beyde persönlich so liebenswürdig, daß sie, von allen Menschen gekannt, auch von Allen in der Welt geliebt werden müßten. Zwei kleine Seefahrten nach den umherliegenden Inseln, haben mir sehr angesprochen; die größte, welche auch die Königinn und die Damen mitmachten, ging nach die »Halligen«, diesen kleinen, grünen Flecken, in dem wüthenden Meer; für zwei Jahrhunderte, war hier noch Alles festes Land; da kamen die Wellen, und nur diese grünen Inseln sind als Reste geblieben; am größten ist »Oland«, in Areal ongefähr wie der Gottesacker mit der Fürstengruft bei Weimar. Hier liegt eine Kirche und ein Dorf von zehn bis zwölf Häusern, die wie Menschen in der

Noth sich fest an einander schließen, Alle aus Steinen, auf Balcken fest gebaut, und inwendig wie eine Kajüte. Die ganze Insel giebt nur ärmliches, salziges Gras; nur Schaafe weiden da, und diese werden, wenn die Wellen steigen, in die Dachstube hineingetrieben. Kein Baum, keine Busch war zu sehen; eine kleine Hecke, die einzige auf der ganzen Insel hatten die ehrlichen Leute, nur Frauen, – die Männer waren auf der See nach Grönland und Holland – für die Königinn abgeschnitten und ueber eine kleine Sumpf-Rinne gelegt, damit Sie auf etwas Trocknem gehen konnte. Die junge Mädchen da waren wunderschön, wie Meerweiber, und Alle geputzt mit rothen Feß'en, wie die Griechen, und silbernen Knospen auf die Jacken. In der Sturmfluth stehen die Häuser mitten im tobenden Meer, und große Schiffen verunglücken auf die Dachern; das Leben da ist wie ein Meer-Märchen, wie es geträumt werden kann in dem offnen Kahn auf die Wellen der Nordsee. (…)

Die Seereise zurück nach Kopenhagen, war sehr stürmisch, aber ich fühlte mich gar nicht krank, fro und heiter schauete ich in die Wellen.

Jetzt bin ich wieder, wie gesagt, in Kopenhagen, arbeite an den neuen Roman und lebe in Erinnerungen des schönen Sommers, ich denke an die ich liebe, und dann wissen Sie mein edler Erbgroßherzog, wie oft Sie und Ihre

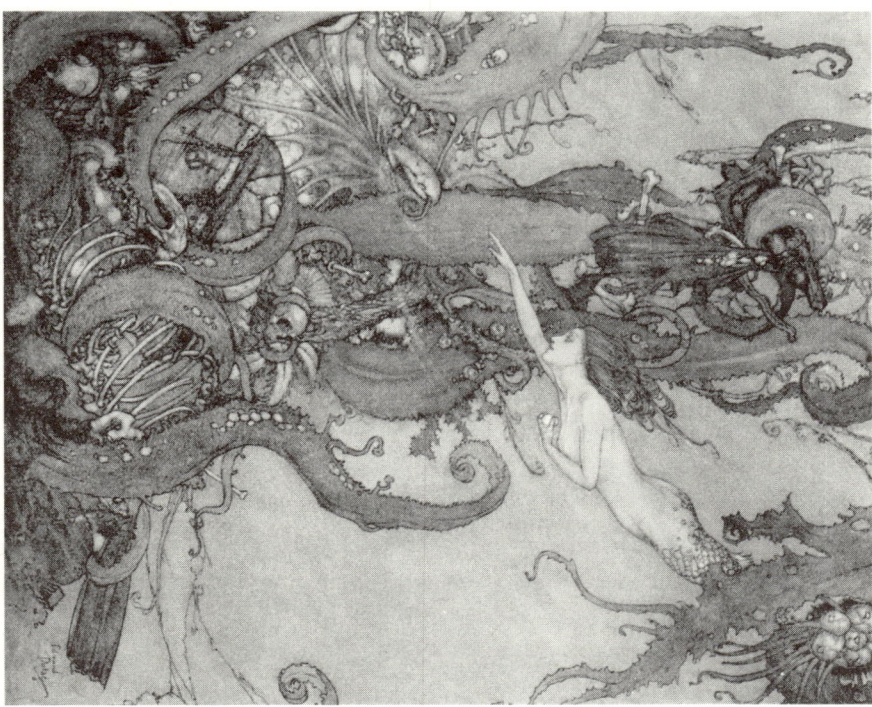

Edmond Dulac, Aquarell zu »Die kleine Meerjungfrau«

Heimath in meinen Gedanken leben. Auf Föhr erzählte ich dem König und der Königinn, wie gütig *Sie* und das Haus Weimar mir gewesen waren; jetzt beim Audienz in Kopenhagen konnte ich meine Freude ueber Ihren Brief nicht verbergen, und die Majestäten nahmen freundlich Theil an meinem Entzücken. Ich wünsche daß ein schöner Traum Ihnen sagen konnte, welch erliches Herz für Euch klopft, wie edel und gut Sie und Ihre liebenswerdige Gemahlinn, die gnädigen milden Eltern in meinem Herzen stehen; bringen Sie mir in Allen Erinnerung.

Die Zeitungen haben mir das schöne Neue erzählt: auf Ettersburg klopft ein neues Herz – ein – wie der Dichter sagt – »eine Knospe neben der Rose« – ich wünsche dem Kinde, wenn es älter wird, so treue Seelen, die sich so innig im anschließen wie seinem Vater

Eure Hoheit treu ergebener H. C. Andersen. ◆

Carl Alexander schrieb am 26. 9. 1844: »Daß mir Ihr Brief von dem 29 August und 9 September eine große Freude gemacht hat, mein lieber Herr Andersen, versteht sich bei der wahren Freundschaft von der Sie wissen daß ich sie in meinem Herzen für Sie bewahre, eigentlich dermaßen von selbst, daß Alles was ich über meine Freude zu sagen vermag Ihnen schon längst weit besser bekannt ist als ich auszudrücken es vermöchte. Indessen müssen Sie mir diesmal den Egoismus verzeihen und erlauben, Ihnen das zu wiederholen was Sie schon wissen, denn mein Herz ist gar zu voll der Freude die Sie ihm bereitet, als daß es schweigen könnte. Wenn es mich freut zu bemerken, daß Personen, die ich bei mir zu sehen das Vergnügen gehabt habe, mir ein freundliches Andenken bewahren, so ist dies noch viel mehr natürlich bei solchen der Fall, die ich so hoch schätze und so aufrichtig liebe wie Sie. (…)«

Andersen wird mit Ehrungen überhäuft: Preußenkönig Friedrich Wilhelm IV. schmückt ihn mit dem Roten Adlerorden dritter Klasse, Andersens erste offizielle Auszeichnung. Carl Alexander verleiht ihm den Weißen Falken Orden, und der dänische König stiftet nicht nur ein Schriftstellerstipendium, 1851 wird Andersen Titularprofessor, 1858 Ritter des silbernen Danebrogordens, 1867 Etatrat und Ehrenbürger von Odense. 1869 verleiht ihm der König das Kommandeurkreuz zweiter Klasse, 1874 wird er zum Etatrat ernannt und ist damit gleichrangig mit seinem Förderer und väterlichen Freund Jonas Collin. Zum 70. Geburtstag 1875 erhält er das Kommandeurkreuz erster Klasse.

Der Leser wird Jonas Collin (1776–1861) immer wieder begegnen. Der einflussreiche Etatrat, ein kunstsinniger Beamter, der zeitweilig dem Königlichen Theater vorsteht, ist Andersens wichtigster Förderer, Freund und Wohltäter.

Aber – genug ist nicht genug – selbst seine Ehrungen erfüllen ihn nicht mit schlackenloser Freude, sie sind auch Anlass für reichlich Verdruss und schlechte Laune. In seinem letzten Lebensjahr hatte ihm ein Andersen-Fan aus den Vereinigten Staaten, ein junges Mädchen, eine Dollarnote geschickt, dazu einen Spendenaufruf, den eine Zeitung veröffentlicht hatte. Darin wurden amerikanischen Kinder aufgefordert, den Dank, den sie Hans Christian Andersen schuldeten, dadurch abzustatten, dass sie ihm zu einem sorgenfreien Lebensabend verhalfen. Bekannt geworden war die Aktion unter dem Namen »The Children's Debt« – die Dankesschuld der Kinder.

Der amerikanische Jugendbuchautor Horace Scudder (1838–1902) ist Herausgeber des RIVERSIDE MONTHLY MAGAZINE FOR YOUNG PEOPLE, in dem zwischen 1868 und 1870 zehn späte Andersen-Märchen erscheinen. Im Lauf der Jahre überweist Scudder höhere Honorare, als Andersen jemals aus dem Ausland bezogen hat. Dank Scudder kann 1870/71 in New York eine zehnbändige Andersen-Ausgabe erscheinen.

Ich ärgerte mich darüber, da ich ja im letzten Jahr durch Horace Scudder regelmäßig eine kleine Summe bekommen habe. Ich wurde nervös, konnte nicht einschlafen und hatte eine schlechte Nacht. ◆

Am 16. Oktober 1873 hatte er tatsächlich im Tagebuch geschrieben: »Wieder ein Verehrerbrief aus Amerika in der Post. Man sollte da drüben lieber eine Sammlung veranstalten und mir einen Geldbetrag für mein kärgliches Alter schicken.«

Aber sein Tagebuch war schließlich noch nicht veröffentlicht, und der lebenslange Schnorrer aus Notwendigkeit will durchaus nicht als bedürftig gelten. Der Kummer mit den Raubdruckern ist eine Konstante im Leben aller Dichter seiner Zeit. Eine einschlägige Gesetzgebung zum Schutz von Urheberrechten entsteht zunächst in Großbritannien (ab 1709), dann in Frankreich (ab 1793) und kurz darauf in Preußen (1794). Sie schützt jeweils zumindest das Werk inländischer Autoren; vermag aber den Raubdruck von Schriften solcher Verfasser im Ausland (sei es in der Originalsprache, sei es in Übersetzungen) kaum zu verhindern.

Wirklich Geld also verdienen nur die Raubdrucker mit den Texten der Dichter. In Amerika ist Andersen bereits seit dreißig Jahren ein Bestseller-Autor, vor allem die Bahnhofsbuchhandlungen bieten seine Märchen als Reiselektüre feil. Alles ohne auch nur die Spur eines Honorars für den Urheber.

Die Schriftstellerei ist auch zur damaligen Zeit nicht unbedingt finanziell ergiebig. Das gilt sogar für erfolgreiche und gern gelesene Autoren. Mit dem technischen Fortschritt im Druckwesen wird es immer leichter, geistiges Eigentum zu vervielfältigen und zu verbreiten. Oft folgt dem Drucker der Nach- bzw. Raubdrucker. Er kann seine Bücher billig verkaufen, weil er keine Honorare entrichtet.
In Deutschland wird das Urheberrecht erst 1876 verfasst. 1886 finden sich zehn Staaten, darunter Deutschland, in der Berner Übereinkunft zusammen. Sie sichert den Urhebern einen Mindestschutz sowie die Gleichbehandlung in diesen Staaten. Die UNESCO initiiert 1952 das Welturheberrechtsabkommen, das seit 1955 in Deutschland gilt.

Eine weitere Quelle der Verdrießlichkeit ist der Plan seiner dänischen Landsleute, ihm zum 70. Geburtstag ein Denkmal zu stiften, das im Kopenhagener Park Kongens Have aufgestellt werden soll. Zunächst ist er entzückt: »Ich saß lange da, bis spätabends, und dachte daran, wie wunderbar Gott mich in dieser Welt geleitet und mir weitergeholfen hat.«

Doch im Februar 1875 – ein anderes Komitee ruft zusätzlich zu Spenden für ein Hans-Christian-Andersen-Waisenhaus auf – kommt Kritik von seinen engsten Freunden. Sie meinen, er hätte keinesfalls zustimmen dürfen, solange die Denkmalspläne noch schwebten.

🦢 Das bedrückte mich … Ich dachte, es könnte der Eindruck entstehen, ich hätte lieber ein Standbild als ein Waisenhaus. Ich saß den ganzen Abend bekümmert zu Hause. ◆

Um 450 v. Christus geboren, wuchs Alkibiades im Hause seines Onkels Perikles auf und lernte bei Sokrates. Wenn er nachts zu ihm unter die Decke schlüpfte, tat er, was ein junger, vornehmer Grieche zu jener Zeit zu tun pflegte: Er ließ sich auf eine Liebesbeziehung zu einem älteren Mann ein. Damit handelte er durchaus ehrenhaft und tat, was Sitte war. Eine Beziehung zu einem Gleichaltrigen aber wäre nach griechischer Sitte verwerflich gewesen. Die so genannte griechische Liebe war bis ins 2. Jahrhundert nach Christus üblich.

Zum Geburtstag hatte man ihm mitgeteilt, das Geld für sein Denkmal sei beisammen. Aber, konfrontiert mit dem Entwurf von August Saabye, ist er empört. »Besuch von Saabye, dessen Skizze für mein Standbild ich nicht ausstehen kann, weil sie mich an den alten Sokrates und den jungen Alkibiades erinnert. Ich konnte ihm das zwar nicht sagen, weigerte mich aber, ihm heute Modell zu stehen oder auch nur mit ihm zu sprechen. Ich wurde immer aufgebrachter.«

Ganz besonders erbitterte ihn, dass er zusammen mit Kindern dargestellt werden sollte, denen er ein Märchen vorlas, ein Junge sollte sogar zwischen seinen Beinen stehen.

🦢 Saabye hat mich gestern Abend wieder besucht. Mein Blut kochte, und so sagte ich meine Meinung klar und deutlich, sagte, dass keiner der Bildhauer mich kennt, dass keiner ihrer Entwürfe vermuten lässt, sie hätten das Charakteristische an mir gesehen oder erkannt, dass ich niemals vorlesen konnte, wenn jemand hinter mir oder dicht neben mir saß, erst recht nicht mit kleinen Kindern auf dem Schoß oder auf dem Rücken, oder jungen Kopenhagenern, die sich dicht gegen mich lehnten, dass es eine reine Phrase sei, mich den ›Kinderdichter‹ zu nennen. Es war mein Ziel, ein Dichter für sämtliche Lebensalter zu sein, und Kinder würden mich nicht repräsentieren. Das Naive war nur ein Teil des Märchens, der Humor war das Salz darin, und meine geschriebene Sprache stützte sich auf die Volkssprache, das war das Dänische in mir. ◆

Denkmal Andersens im Park
von Schloss Rosenborg, Kopenhagen

Der endgültige Entwurf zeigte keine Kinder an seiner Seite, er hält ein Buch in der Hand und wendet sich an ein unsichtbares Publikum.

Am 2. April 1875 noch war Andersens siebzigster Geburtstag festlich begangen worden. Am Tag zuvor fuhr er in der königlichen Equipage zum Schloss Amalienborg, wo ihn der König erneut auszeichnete.

🦢 Der König ließ mich mit seinem eigenen Wagen abholen, ich wurde von Trap und von Holten freundlich empfangen. Der König bot mir sogleich einen Platz an, überreichte mir das Kommandeurkreuz des Danebrogordens ersten Grades, äußerte sich sehr herzlich und sprach von all der Freude und dem Guten, das ich im Lande und weiterum in allen Ländern verbreitet hätte, und als ich erzählte, wie ich in der ersten Zeit meiner Prüfung im

Königlichen Garten zu Mittag ein Stück Weißbrot gegessen hatte und nun dort meine Statue aufgestellt sehen sollte, da wurden die Augen des Königs feucht, er berichtete meine Worte der Königin … Ich kehrte müde heim, bekam viele Besuche und Briefe von Freunden ringsum. ◆

Das Festprogramm am 2. April beginnt mit einem Empfang und endet mit einem Bankett im Stadthaus der Familie Melchior und einer Soiree im Königlichen Theater, wo man zwei Stücke von Andersen aufführt. Besonders glücklich ist er über einen Artikel in der Londoner DAILY NEWS, der wieder einmal zu beweisen scheint, dass die Sonne seines Ruhmes im Ausland noch ein wenig heller strahlt als zuhause. Hier fühlt er sich verstanden.

Er teilt, wie seine Kollegen Daniel Defoe mit ROBINSON CRUSOE und Jonathan Swift mit dem GULLIVER das Schicksal eines Autors, dessen Werk vorzugsweise als Texte für Kinder gereinigt und verstümmelt in die literarische Welt tritt. Der Kulturhistoriker Egon Friedell meint: »Das große Publikum nimmt zu Andersen ungefähr dieselbe Stellung ein wie jener preußische Gardeleutnant, der behauptete, Julius Cäsar könne unmöglich ein großer Mann gewesen sein, denn er habe ja bloß für unsere Lateinklassen geschrieben. Weil nämlich Andersen ein so großer Dichter war, dass er sogar von Kindern verstanden wird, glauben die Erwachsenen, er sei für sie nicht gescheit genug.«

Was Andersen »Eventyr« nennt, umfasst weit mehr, als man gewöhnlich unter dem Begriff Märchen versteht, und er will diese literarische Form ernstgenommen sehen. Nach einem Theaterbesuch im Jahr 1860 in Dresden hörte er die herablassende Bemerkung, man könne das Stück nicht ernst nehmen, es sei ja bloß ein Märchen.

🦢 Ich war empört! Als ob Märchen keinen Sinn hätten! … Die Märchendichtung ist das am weitesten ausgedehnte Reich der Poesie, es erstreckt sich von den blutdampfenden Gräbern der Vorzeit bis zum Bilderbuch der frommen kindlichen Legende, nimmt die Volksdichtung und die Kunstdichtung in sich auf; sie ist mir Repräsentantin aller Poesie, und wer sie meistert, muss das Tragische, das Komische, das Naive, die Ironie und den Humor hineinlegen können; dann steht ihm der lyrische Ton, das kindlich Erzählende und die Sprache des Naturschilderers zu Gebote … Im Volksmärchen trägt am Ende immer der Tölpelhans den Sieg davon … So wird auch das von den anderen Brüdern übersehene und verspottete Naive in der Dichtung schließlich am weitesten gelangen. ◆

Wie in einem Brennglas zeigen sich wesentliche Konstanten, die Hans Christian Andersens Leben bestimmen. Die gesellschaftliche und existentielle Unsicherheit wegen seiner Herkunft aus ärmlichen Verhältnissen, Eitelkeit und Geltungshunger, seine Hypochondrie und Todesfurcht. Seine Unbehaustheit und die Angst, er könnte je wieder arm werden. Und in dem Beispiel des Alkibiades auch seine ganz besondere Angst, möglicherweise der Homoerotik verdächtigt zu werden – schließlich hatte er nie geheiratet und galt als seltsamer Hagestolz, der viel Hohn und Spott zu ertragen hatte.

Das Geburtshaus von H. C. Andersen in Odense

Ein wunderliches, träumerisches Kind

*›Euer Sohn wird ein berühmter Mann‹, sagte die Alte, ›ihm zu Ehren
wird einst die Stadt Odense illuminiert werden.‹*

Hans Christian Andersen kommt am 2. April 1805 als
Sohn des armen Schuhmachers Hans Andersen und
seiner Frau Anne Marie Andersdatter in Odense zur Welt.
Wo genau, weiß man nicht – Andersens Eltern, knapp zwei
Monate verheiratet, hatten keinen festen Wohnsitz. Als
Andersen 1867 Ehrenbürger von Odense wird – eine alte
Frau hatte das seiner Mutter geweissagt – bestimmt man das
kleine, gelb gestrichene Fachwerkhaus an der Ecke Hans Jensen Straede und Bangs Boder zum Geburtshaus. Seit 1908
Museum, gibt das Hans-Christian-Andersen-Haus mit Briefen und Bildern, Scherenschnitten und Zeichnungen, wertvollen Werksausgaben und Zitaten von Zeitzeugen Einblicke
in das Leben des dänischen Dichters.

Andersen-Biograf Elias Bredsdorff – seine Großmutter hatte als junges
Mädchen mit Andersen getanzt und sich bitter über den ungeschickten Tänzer beklagt – berichtet: »1801 gibt es in Odense 1199 Haushalte, aufgeteilt
in folgende Kategorien – 102 Beamte, 26 Offiziere, 12 Akademiker, 81 Kaufleute verschiedener Provenienz, 36 Gastwirte und Traiteure, 360 Handwerker,
39 Beschäftigte in Landwirtschaft und Gartenbau, 121 Soldaten, 97 Tagelöhner, 139 ledige Frauen und Unterstützungsempfänger, 28 Pensionäre.
Schuhmachergesellen wie Hans Christian Andersens Vater werden zu den
Tagelöhnern gezählt.«

Der Großvater mütterlicherseits war ein holsteinischer Handschuhmacher,
der sich in Odense niederließ, wo er und seine Frau im Armenhaus starben.
Deren Großmutter – Hans Christians Ururgroßmutter – war im Gegensatz
zur Familiensaga keine deutsche Adlige, sondern ein armes dänisches Mädchen namens Karen Nielsdatter, die einen in Assens (Fünen) ansässigen Postreiter heiratete und nach dessen Tod mit ihren acht Kindern in großer Not
lebte. Nicht nur in der Familie Andersen fantasiert man sich in eine bessere

Odense ist eine der ältesten Städte
Nordeuropas, seit 1020 Bischofssitz.
Der heilige Knut wurde 1086 in der
St. Albani Kirche ermordet, woraufhin
Odense zu einem Wallfahrtsort
wurde. Im Alter von 27 Jahren
schrieb Andersen: »Wer weiß, ob ich
nicht einmal eine Berühmtheit dieser
edlen Stadt werde, und dass es in einer Fußnote zur Geschichte der
Stadt heißen wird: Hier wurde der
dänische Dichter H.C. Andersen geboren.« Es wurde mehr als eine Fußnote.

Vergangenheit, wenn die Gegenwart allzu trostlos ist. Die Literatur ist voll von Bettlern und Fröschen, die eigentlich Märchenprinzen sind.

Bei Andersens Geburt war Odense nach Kopenhagen die zweitgrößte Stadt Dänemarks. Rund 6000 Menschen lebten hier – die Hälfte in bitterer Armut. Zahlreiche schöne Bürgerhäuser zierten die Stadt. Es gab ein Rathaus aus dem Mittelalter, eine traditionsreiche Lateinschule und seit 1795 ein Theater ohne eigenes Ensemble. Zudem ein Zuchthaus und eine Irrenanstalt. Ein Stadtschloss aus dem Jahr 1720 diente als Verwaltungssitz und war ab 1816 Residenz des Prinzen Christian Frederik (Prinz Frits), der später als Christian VIII. König von Dänemark wurde. Andersen sah ihn als Dreizehnjähriger und war enttäuscht, da der König nicht in Gold und Silber gewandet war, sondern einen schlichten blauen Mantel mit rotem Kragen trug.

Als der Junge zwei Jahre alt ist, zieht die Familie in die Munkemøllestræde 3–5. Das Haus, in dem der Knabe bis zum 14. Lebensjahr aufwächst, ist heute die »H. C. Andersen Barndomshjem«, eine Außenstelle des Andersen-Museums. Drei Familien mit zwölf Personen teilen sich damals das Fachwerkhaus. Die Andersens leben in einer kleinen Kammer mit angrenzender Küche, Werkstatt, Wohnzimmer und Schlafstube zugleich.

Obwohl Odense nach heutigen Maßstäben eher ein Dorf war, verfügte es doch über ein Theater, in dem 400 Zuschauer Platz fanden. Es wurde bespielt

Odense um 1805. Ölgemälde von Soren Lasse Lange

von reisenden Theatertruppen, und Andersen wurde schon in jungen Jahren zum begeisterten Theaterliebhaber. In seiner umfangreichen Autobiografie MEINES LEBENS MÄRCHEN gibt er in märchenhaftem Ton Auskunft über seine frühen Jahre.

🦢 Im Jahre 1805 lebte in der Stadt Odense in einer kleinen ärmlichen Stube ein jung verheiratetes Pärchen, das sich unendlich lieb hatte, es war ein junger Schuhmacher und seine Frau; er kaum zweiundzwanzig Jahr, ein begabter Mensch und eine poetische Natur, sie einige Jahre älter, ohne Kenntnisse von Welt und Leben, aber mit einem Herzen voller Liebe. Der Mann war kürzlich Meister geworden und hatte seine Werkstatt und sein Ehebett selbst zusammengezimmert; zu dem Letzteren hatte er ein hölzernes Gestell verwendet, das kurz zuvor den Sarg eines verstorbenen Grafen Trampe, als dieser auf seinem Paradebett lag, getragen hatte. Die schwarzen Tuchreste, die an den Brettern haften geblieben waren, erinnerten noch daran. An Stelle der gräflichen Leiche, umgeben von Flor und Kandelabern, lag hier am 2. April 1805 ein lebendes, weinendes Kind, nämlich ich, Hans Christian Andersen. ◆

Die Munkemøllestræde in Odense. Holzstich, 1875

Im LEBENSBUCH, seinem ersten autobiografischen Versuch, den er als 27jähriger verfasst hatte, klingt die gleiche Szene viel unmittelbarer und pointierter.

🦢 Nun war in der Stadt gerade ein Graf gestorben und lag öffentlich aufgebahrt; der Sarg ruhte auf einem großen, mit schwarzem Tuch überzogenen Holzpodest. Als es anschließend versteigert wurde, kaufte es mein Vater, und da er Fingerfertigkeit besaß und schon als Junge gern gehobelt und Holz behauen hatte, baute er aus diesem Totenparadebett ein Brautbett. (Ich erinnere mich, dass unten herum schwarze Tuchleisten saßen, die er bei der Umwandlung nicht abgenommen hatte, und das beweist, dass es, in Hinblick auf die Form, nicht ganz vollkommen war.) Wo – reich, aber tot – die Leiche

Ludwig Holberg (1684–1754) war ein norwegisch-dänischer Dichter, Historiker und Philosoph. Er schrieb zahlreiche Komödien, in denen er scharfe Zeit- und Gesellschaftskritik übte. Er war eine führende Figur der Aufklärung in Skandinavien.

paradiert hatte, lag im Jahr darauf (am 2. April) – arm, doch lebendig – ein neu geborener Poet, nämlich ICH SELBST, und daran scheint mir wirklich etwas sehr Poetisches zu sein. Mein Vater soll die ersten Tage nach meiner Geburt am Bett bei meiner Mutter gesessen und ihr aus Holbergs Komödien vorgelesen haben, während ich laut schrie. »Willst du wohl schlafen, Junge, oder aber hübsch zuhören!«, soll er im Scherz gesagt haben. Allein ich blieb ein Schreihals, als solcher soll ich mich besonders in der Kirche bei der Taufe gezeigt haben, weshalb der Pfarrer, den mir später meine Mutter als einen sehr ärgerlichen Mann schilderte, äußerte: »Der Junge schreit ja wie eine Katze!« Diese Äußerung hat ihm meine Mutter nie vergessen können. Ein armer französischer Emigrant namens Gomard, der als mein Gevatter zugegen war, tröstete sie indes: Je lauter ich als Kind schrie, um so schöner würde ich singen, wenn ich älter geworden wäre.

Ich war einziges Kind und wurde in hohem Grade verhätschelt, ich bekam es oft von meiner Mutter zu hören, wie gut es mir gehe, werde ich doch wie ein Grafenkind gehalten. Sie sei als Kind von ihren Eltern hinausgejagt worden, um zu betteln; und als sie es nicht vermocht, hätte sie einen ganzen Tag unter einer Brücke des kleinen Odenseflusses gesessen und geweint. In meiner kindlichen Phantasie malte ich mir diesen Zustand aus und weinte darüber. In der alten Domenica im IMPROVISATOR und als die Mutter des Geigers in NUR EIN SPIELMANN habe ich meine Mutter in zwei verschiedenen Auffassungen geschildert.

Ungewöhnlich sind die Erziehungsprinzipien der Eltern. In einer Zeit, als körperliche Züchtigung auch von Erwachsenen an der Tagesordnung war, ist es auffallend, dass Andersens Eltern ihn nicht schlagen und von der Schule nehmen, als Lehrer den Kleinen züchtigen wollten. Auch ungeliebte Lehrstellen kann er ohne weiteres wieder verlassen.

Mein Vater, Hans Andersen, ließ mir in allem meinen Willen, denn ich besaß seine ganze Liebe. Nur für mich lebte er, und so verwendete er seine freie Zeit, den Sonntag dazu, mir Spielzeug und Bilder zu machen. Abends las er uns aus Lafontaines DER SONDERLING, aus Holbergs Komödien oder aus TAUSENDUNDEINE NACHT vor. Nur, wenn er las, entsinne ich mich, ihn lächeln gesehen zu haben, denn im Alltag und als Handwerker fühlte er sich nicht glücklich.

Fromm und abergläubisch wuchs ich heran, ich hatte keine Ahnung von Entbehrung oder Not; zwar lebten meine Eltern nur von der Hand in den Mund, wie es heißt, allein für mich war das Überfluss und Reichtum. Was die Kleider betrifft, hatte es fast den Anschein, als sei ich geputzt. Eine alte Frau veränderte die abgelegten Kleidungsstücke meines Vaters für mich. Drei, vier große Reste von Seidenzeug, die meine Mutter besaß, wurden mir mit Stecknadeln quer über die Brust geheftet und stellten Westen vor, ein großes Tuch

Jugend in Odense

Theatergänger im Königlichen Theater in Kopenhagen

wurde mir mit einer mächtigen Schleife um den Hals gebunden, mein Kopf mit Seifenwasser gewaschen und das Haar gescheitelt – so ausgeputzt kam ich zum ersten Mal mit meinen Eltern ins Theater. Die Stadt Odense hatte schon damals ihr wohlgebautes Theater, einst, glaube ich, für die Truppe des Grafen Trampe oder Hahn errichtet. Die ersten Vorstellungen, die ich besuchte, wurden in deutscher Sprache gegeben, der Direktor hieß Franck, er führte Opern und Komödien auf. DAS DONAUWEIBCHEN war das Lieblingsstück der Stadt, die erste Vorstellung, die ich sah, war indes Holbergs POLITISCHER KANNE-GIESSER, als Oper bearbeitet. Ich habe nie ermitteln können, von wem die Musik komponiert sein könnte, aber gewiss ist, dass der Text in deutscher Sprache als Singspiel bearbeitet war. Der erste Eindruck, den ein Theater und das Publikum auf mich machten, berechtigte schwerlich zu der Schlussfolgerung, dass ein Poet in mir stecke. Mein erster Ausspruch, als ich die vielen Zuschauer sah, war, wie mir später meine Eltern erzählt haben, folgender: »Hätten wir nur so viele Fässer Butter, wie hier Leute sind, wie würde ich mich satt essen.« Das Theater war indessen bald mein Lieblingsaufenthalt, weil ich aber zunächst nur einmal im Winter hinein konnte, so befreundete ich mich mit dem Zettelträger Peter Junker; er gab mir täglich einen Aushangzettel, wogegen ich mich verpflichtete, einen Rest der Zettel in dem Stadtviertel auszuteilen, in dem meine Eltern wohnten, was ich auch sehr gewissenhaft tat.

Frederik Trampe (1750–1807) leitet von 1798 bis 1801 das 1795 errichtete Theater in Odense. Graf Carl Friedrich von Hahn (1782–1857), genannt der Theatergraf, ist ein deutscher Gutsbesitzer, dessen Theaterleidenschaft ihn ruiniert. Seiner Tochter, der Dichterin Friederike Gräfin Hahn-Hahn, wird Andersen später in Weimar begegnen.

Konnte ich also nicht ins Theater gelangen, so konnte ich doch daheim in einem Winkel mit dem Theaterzettel sitzen, und je nach dem Titel des Stückes und der Personen dachte ich mir eine ganze Komödie zusammen, dies war meine unbewusste, erste Dichtung.

Die Wanderungen meines Vaters in den Wald hinaus wurden bald häufiger, er hatte keine Ruhe. Die Kriegsereignisse in Deutschland, die er in den Zeitungen eifrig verfolgte, begeisterten ihn. Napoleon war sein Held, dessen Emporkommen ihm als ein schönes Beispiel zur Nachahmung erschien. Dänemark verbündete sich damals mit Frankreich, es war nur von Krieg die Rede, und mein Vater wurde Soldat in der Hoffnung, als Leutnant zurückzukehren. Meine Mutter weinte, die Nachbarn zuckten die Achseln und sagten, es sei Tollheit, hinauszugehen und sich totschießen zu lassen, wenn man es nicht nötig habe. Die Soldaten gehörten damals zu der niedrigen Klasse der Menschen. Erst in späteren Tagen, während des Krieges mit den Aufständischen in den Herzogtümern Schleswig und Holstein, kam man zu einer richtigeren Auffassung. Es ist der rechte Arm, der das Schwert führt.

An dem Morgen, an dem die Kompanie aufbrach, bei der mein Vater stand, hörte ich ihn singen und heiteren Sinnes sprechen, allein sein Herz war in starker Aufregung, das begriff ich an der wilden Heftigkeit, mit der er mich beim Abschied küsste. Ich lag damals an den Masern krank, lag allein in der Stube, als die Trommeln wirbelten und meine Mutter weinend ihn zum Städtchen hinausbegleitete. Nachdem die Soldaten abmarschiert waren, kam meine alte Großmutter zu mir und blickte mich mit ihren milden Augen an und sagte, es wäre gut, wenn ich nun stürbe, dass aber Gottes Wille immer der beste sei. Dieser Morgen war der erste schmerzvolle, dessen ich mich entsinne.

Das Regiment, bei dem mein Vater stand, kam indes nicht weiter als bis nach Holstein, es wurde Frieden geschlossen, und nun saß der freiwillige Krieger wieder in seiner Werkstatt. Alles schien beim alten zu sein.

Ich spielte mit meinen Puppen, spielte Komödie, und zwar stets deutsche, denn nur in deutscher Sprache kannte ich dergleichen. Allein mein Deutsch war ein Kauderwelsch, das ich selbst erfand und in dem nur ein einziges deutsches Wort vorkam: ›Besen‹, ein Wort, das ich aufgeschnappt hatte, wenn mein Vater von Holstein erzählte. »Du hast den Vorteil von meiner Reise«, sagte er scherzend. »Gott weiß, ob du jemals so weit hinauskommst, aber das musst du, denke immer daran, Hans Christian!« Aber die Mutter sagte, dass ich, solange sie etwas über mich zu sagen hätte, zu Hause bleiben sollte, damit ich nicht wie er die Gesundheit aufs Spiel setze.

Mit seiner Gesundheit war es nämlich aus, sie hatte durch die ungewohnten Märsche und durch das Kriegsleben gelitten. Eines Morgens erwachte er in wilden Phantasien, sprach von Feldzügen und von Napoleon, er glaubte Befehle von ihm zu empfangen und selbst zu kommandieren. Meine Mutter sandte mich sofort nach Hilfe, aber nicht zu einem Arzt, nein, zu einer ›klugen Frau‹, die eine halbe Meile von Odense wohnte. Ich ging also zu ihr, sie legte mir mehrere Fragen vor, nahm darauf einen wollenen Faden, maß damit meine Arme, machte wunderliche Zeichen über mir, legte zuletzt einen grünen Zweig auf meine Brust, indem sie sagte, er sei ein Stück von jener Art Holz, an dem Christus gekreuzigt worden sei. Sie fügte hinzu: »Geh nun zurück längs des Flusses. Soll dein Vater sterben, so wirst du seinem Gespenst begegnen!«

Man denke sich meine Angst, ich, der von Aberglauben erfüllt und bei dem die Phantasie so leicht beweglich war. »Und dir ist nichts begegnet?«, fragte meine Mutter, als ich heimgekehrt war. Klopfenden Herzens versicherte ich: »Nein!« – Am dritten Abend darauf starb mein Vater. Seine Leiche blieb im Bett; ich lag mit meiner Mutter davor, und die ganze Nacht zirpte eine Grille. »Er ist tot«, sagte meine Mutter zu der Grille, »du brauchst ihm nicht nachzusingen, die Eisjungfrau hat ihn umarmt!«

Vom Tode meines Vaters ab war ich so gut wie ganz mir selbst überlassen, meine Mutter wusch für fremde Leute außer dem Hause, ich saß allein daheim mit meinem kleinen Theater, das mir mein Vater gemacht hatte, ich nähte Puppenkleider und las Komödienbücher. Man hat mir erzählt, dass ich damals ein hochaufgeschossener Knabe war, starkes hellgelbes Haar hatte, barhaupt und in der Regel mit Holzschuhen einherging.

Der Sohn einer Nachbarsfrau war in einer Tuchfabrik beschäftigt und verdiente dort wöchentlich eine kleine Summe Geldes; ich dagegen triebe mich herum und tue gar nichts, sagte man. Meine Mutter bestimmte deshalb, dass auch ich in die Fabrik gehen sollte. »Es ist nicht des Verdienstes wegen«, sagte sie, »aber es ist, weil ich dann weiß, wo er sich aufhält.« In der Fabrik arbeiteten einige deutsche Gesellen, sie sangen und plauderten lustig, ihre rohen

Illustration zur »Eisjungfrau«
von Vilhelm Pedersen

Hans Christian Andersen

Späße fanden Beifall. An meinem Ohr gingen diese Äußerungen vorüber, sie reichten nicht bis in mein Herz hinein. Ich hatte damals eine schöne und hohe Sopranstimme, die ich bis in mein fünfzehntes Jahr behielt. Ich wusste, dass man mich gern singen hörte; als man mich fragte, ob ich nicht einige Lieder könnte, begann ich sofort zu singen. Ich hatte großen Erfolg. Meine Arbeit wurde anderen Jungen übertragen. Gleich darauf erzählte ich, dass ich auch Komödie spielen könnte; ich wusste ganze Szenen von Holberg und Shakespeare auswendig und trug sie vor. Die Gesellen und die Frauen nickten mir freundlich zu, lachten und klatschten in die Hände. So fand ich den ersten Tag in der Fabrik sehr vergnüglich, allein eines Tages, als ich im besten Singen begriffen war und man von der Klarheit und merkwürdigen Höhe meiner Stimme sprach, sagte plötzlich einer der Gesellen: »Er ist gewiss kein Knabe, sondern ein Mädchen!« Er fasste mich an, ich schrie und jammerte, die anderen Gesellen fanden den rohen Spaß vergnüglich, sie hielten mich fest an Armen und Beinen, ich kreischte laut auf, und spröde wie ein Mädchen, stürzte ich aus der Fabrik nach Hause zu meiner Mutter, die mir sofort versprach, dass ich nie mehr dort hinzugehen brauchte. ◆

Es ist viel gerätselt worden über Andersens Sexualität, besonders über seine mögliche Homosexualität. Sicher ist die Szene in der Tuchfabrik für einen sensiblen Jungen nicht leicht zu verkraften, und der Frauenhaushalt, in dem er aufwächst, hat ihn gewiss auch geprägt. Dazu kommt, dass er – in der räumlichen Enge der Einzimmerwohnung – sicher öfter Zeuge elterlicher Liebeswonnen wird, besonders nachdem seine Mutter einen 10 Jahre jüngeren Mann geheiratet hatte.

Andersen war ein Junge ohne Spielgefährten. Meist hält er sich zu Hause auf, liest viel und spielt selbstzufrieden mit allen möglichen Bildern, selbst gemachten Spielsachen, Marionetten und Puppen – so jedenfalls beschreibt sich Andersen in sämtlichen autobiografischen Schriften.

🦢 Ich war ein sehr stilles Kind und ging nie auf die Straße, um mit den anderen Kindern zu spielen. Nur mit kleinen Mädchen war ich gern zusammen. Ich erinnere mich an ein etwa achtjähriges hübsches kleines Mädchen, das mich küsste und sagte, es wolle mich heiraten. Das gefiel mir, und ich erlaubte ihr stets, mich zu küssen, gab ihr von mir aus aber nie einen Kuss. Ich ließ mich von niemandem sonst küssen. Gegenüber erwachsenen Mädchen und solchen, die älter als zwölf waren, empfand ich eine seltsame Abneigung, ja mir schauderte vor ihnen. Ich gewöhnte mir sogar an, alles, was ich nicht gern anfasste, als ›mädchenhaft‹ zu bezeichnen (…)

Meine Mutter verheiratete sich wieder mit einem jungen Schuhmacher. Seine Familie, die auch dem Handwerkerstande angehörte, fand jedoch, dass er eine gar zu geringe Partie machte. Weder meine Mutter noch ich durften den Verwandten ins Haus kommen. Mein Stiefvater war ein junger, stiller

Munkemølle. Aquarell von J. H. T. Hanck, 1831

Mann mit lebhaften braunen Augen und fast immer guter Laune. In meine Erziehung wollte er sich gar nicht einmischen, sagte er, und ließ mich sein und werden, wie und was ich wollte. Ich lebte daher ganz für mein Puppentheater; mein größtes Glück war, recht viele bunte Lappen zusammenzutragen, aus denen ich Kleider für meine Theaterpuppen nähte.

Meine Eltern hatten die Wohnung gewechselt, waren außerhalb des Munkemølle-Tores gezogen, wir hatten einen Garten bekommen, er war nur klein und schmal, war eigentlich nur ein langes Beet mit Johannis- und Stachelbeersträuchern und ein Gang, der ebensoviel Platz einnahm wie das Beet. Der Gang führte hinab zum Fluss, an die Odense-Aa. Auf einem der großen Steine im Fluss, über die meine Mutter ein Brett legte, wenn sie Wäsche spülte, stand ich und sang laut in die Luft hinaus alle Lieder, die ich kannte, oft genug fand sich darin weder Sinn noch Melodie; es war nichts als ein Singsang, der mir fröhlich aus der Kehle drang. Der Nachbargarten gehörte einem Beamten, dem Etatrat Falbe, dessen Frau in Oehlenschlägers Lebensbeschreibung erwähnt wird. Sie war früher Schauspielerin gewesen und hatte als Ida Münster in dem Drama HERMAN VON UNNA ganz reizend ausgesehen; damals hieß sie Fräulein Bech. Ich wusste, wenn im Nachbargarten Besuch war, dass man meinem Gesang lauschte. Man sagte mir, dass ich eine prächtige Stimme hätte und dass ich gewiss damit mein

Adam Gottlob Oehlenschläger (1779–1850), dänischer Dichter deutscher Herkunft, ist der Kopf der dänischen Romantik, befreundet mit Goethe, Fichte und Schleiermacher. Ab 1809 wirkt er als Professor für Ästhetik in Kopenhagen. Seine Erzählungen, Dramen, Gedichte und Epen (DIE GÖTTER DES NORDENS) sind stark von der deutschen Romantik beeinflusst und tragen Züge von biedermeierlicher Selbstgenügsamkeit.

Glück machen würde. Oft dachte ich darüber nach, auf welche Weise das wohl geschehen könnte. Da mir die Phantasie Wirklichkeit war, so harrte ich der sonderbarsten Dinge. Ich hatte von einer alten Frau, die im Fluss Wäsche spülte, gehört, dass das Kaiserreich China gerade unter dem kleinen Odensefluss liege, und es schien mir durchaus nicht unmöglich, dass an einem mondhellen Abend, wenn ich gerade am Fluss säße, ein chinesischer Prinz sich durch die Erde zu uns hinaufwühlen könne, mich singen hören und mich dann mit in sein Königreich hinabnehmen und mich reich und vornehm machen, aber mir auch erlauben würde, Odense wieder zu besuchen, wo ich dann wohnen und ein Schloss bauen wollte; ganze Abende konnte ich damit verbringen, Zeichnungen und Grundrisse davon anzufertigen. Ich war durch und durch Kind – auch später war ich es, als ich in Kopenhagen auftrat und Gedichte vortrug; ich erwartete und glaubte, dass sich im Zuhörerkreise so eine Art Prinz befand, der mich hören würde, auch verstehen und mir weiterhelfen könnte. Auf diese Weise geschah es jedoch nicht, aber dennoch geschah es. ◆

Ein Ladenschild in Odense

Fabeln zählen zum volkstümlichen Erzählgut. Als Schöpfer der europäischen Fabel gilt Äsop. Die Fabelliteratur etabliert sich vor allem im Zeitalter des Humanismus. Weiteres Fabelgut gesellt sich aus Indien (Pancatantra) hinzu. Wichtige Fabeldichter sind Hans Sachs, Jean de La Fontaine, Christian Fürchtegott Gellert oder Magnus G. Lichtwer. Gotthold Ephraim Lessing bildet den Abschluss der klassischen deutschen Fabeltradition.

Der Begriff Fabel (von lat. fabula: Erzählung, Sage) bezeichnet zum einen das Stoff- bzw. Handlungsgerüst, das einem epischen oder dramatischen Werk zugrunde liegt und in dem die wichtigsten Motive enthalten sind. Zum anderen eine in Vers oder Prosa verfasste Erzählung mit belehrender Absicht, in der Tiere, Pflanzen oder fabelhafte Mischwesen menschliche Eigenschaften besitzen. Die Fabelhandlung zielt auf eine belehrende Schlusspointe, eine Moral hin.

Die Tiere in den Märchen von Andersen und in den Fabeln von Äsop, La Fontaine und Lessing unterscheiden sich ganz wesentlich voneinander: Seine Tiergeschichten erteilen keine moralischen Lektionen, Tiere sind nicht die besseren Menschen. Bei Andersen haben die Tiere Charaktereigenschaften, die denen der Menschen sehr ähnlich sind, und in ihren Gesprächen wie auch in ihrem Gebaren spiegeln sich menschliche Verhaltensweisen wider.

Mit Vorliebe lässt Andersen in seinen Erzählungen das Federvieh des heimischen Bauernhofs auftreten – Hähne und Hennen, Enten, Gänse und Truthähne – und gewöhnlich sind sie – sehr menschlich – als selbstsüchtige, engstirnige Geschöpfe dargestellt. Gewitzter, weil welterfahren und weit gereist – wie Andersen selbst – sind die bei ihm ebenfalls sehr beliebten Störche.

H. C. Andersen hat sich in allen Formen der Literatur betätigt, er schrieb Lyrik, Romane und – wenig erfolgreich – Theaterstücke. Sein schriftstellerisches Arsenal verfügt allein innerhalb des Märchengenres über einen Personenreichtum, der sich mit Balzac messen kann. Im Grunde aber ist ihm letztlich nur einer wichtig – er selbst. Durch seine gesamte poetische Produktion zieht sich wie ein roter Faden der Drang, sich selbst zu verstehen, zu erklären und zu verteidigen. Mal pinselt er die Geschichte seines Lebens auf die große Leinwand, wie im Roman DER IMPROVISATOR, bald führt er sie als Miniatur aus wie im Märchen DAS HÄSSLICHE ENTENKÜKEN. Als »Geschichte einer Ente« hatte Andersen diesen Text zunächst konzipiert. Geradezu als »eine Spiegelung meines eigenen Lebens« bezeichnet er gegenüber dem bedeutenden dänischen Literaturkritiker Georg Brandes dieses Märchen. Es sei als biografisch wie poetologisch programmatische Darstellung seiner »Genie«-Konzeption zu lesen, meint der Kieler Literaturwissenschaftler Heinrich Detering im Nachwort zu seiner zweibändigen Ausgabe von Andersens Märchen im Winkler Verlag. Zur exemplarischen Veranschaulichung stilisiere sich der Poet zunehmend in Märchen, Romanen, Briefen und namentlich in Autobiografien selbst – autobiografisch *und* paradigmatisch für einen spätromantischen Künstlermythos. Eine spätere Variante desselben Stoffes ist die Geschichte IM ENTENHOF (1861).

Zur Tiersymbolik bei Andersen betont Georg Brandes, dass Andersen im wesentlichen zahme Tiere zeichnet, »niemals viehisch, niemals brutal … Von Fehlern haben sie nur den, dumm, borniert und spießbürgerlich zu sein. Andersen stellt nicht das Tier im Menschen, sondern den Menschen im Tiere dar … Andersen zieht den Vogel dem vierfüßigen Tier vor. Es kommen mehr Vögel, als Säugetiere bei ihm vor, denn der Vogel ist sanfter, der Pflanze näher als dem Tier. Die Nachtigall ist sein Sinnbild, der Schwan ist sein Ideal, der Storch sein erklärter Liebling. Es ist natürlich, dass der Storch, der merkwürdige Vogel, welcher die Kinder bringt, der Storch, der possierliche Langbein, der reisende, beliebte, stets mit Sehnsucht erwartete und mit Freude begrüßte Vogel, sein liebstes Symbol und Titelbild wird.« Im Schildern der Tierwelt ist Andersen sehr genau. Nichts überfordert das kindliche Verständnis, eine Besonderheit von Andersen, der auch Naturwissenschaftliches kindgemäß zu vermitteln weiß.

Das hässliche Entenküken

Es war so herrlich draußen auf dem Lande, es war Sommer! Das Korn stand gelb, der Hafer grün, das Heu war unten auf den grünen Wiesen in Schobern

»Das hässliche Entenküken«. Nach einem Aquarell von Eugen Siegert

aufgesetzt, und dort ging der Storch auf seinen langen, roten Beinen umher und redete ägyptisch, denn diese Sprache hatte er von seiner Mutter gelernt. Rings um Äcker und Wiesen lagen große Wälder, und mitten in den Wäldern tiefe Seen; o ja, es war wirklich herrlich dort draußen auf dem Lande. Dort lag mitten im Sonnenschein ein alter Herrensitz mit tiefen Kanälen drumherum, und von der Mauer bis zum Wasser hinab wuchsen große Huflattichblätter, die so hoch waren, dass kleine Kinder unter den größten aufgerichtet stehen konnten; dort drinnen war es ebenso wild wie im dichtesten Wald, und hier lag eine Ente auf ihrem Nest; sie wollte ihre kleinen Entenjungen ausbrüten, aber nun mochte sie schon bald nicht mehr, weil es so lange dauerte und sie selten Besuch bekam; die anderen Enten schwammen lieber in den Kanälen umher, als dass sie hinauf-

liefen und unter einem Huflattichblatt saßen, um mit ihr zu schnattern.

Endlich krachte ein Ei nach dem anderen. »Piep! piep!«, sagte es, alle Eidotter waren lebendig geworden und steckten den Kopf heraus.

»Raab! raab!«, sagte die Ente, und dann sputeten sie sich alle, so sehr sie konnten, und guckten sich unter den grünen Blättern nach allen Seiten um, und die Mutter ließ sie gucken, soviel sie wollten, denn Grün ist gut für die Augen.

»Wie ist die Welt doch groß«, sagten alle Jungen; denn sie hatten jetzt allerdings eine ganze Menge mehr Platz als drinnen im Ei.

»Denkt ihr, das ist die ganze Welt?«, sagte Mutter, »die geht noch viel weiter, ganz bis auf die andere Seite des Gartens, bis in den Acker des Pfarrers hinein! Aber da bin ich nie gewesen! – Ihr seid doch wohl alle da?«, und dann erhob sie sich; »nein, ich habe nicht alle! Das größte Ei liegt da noch; wie lange soll das noch dauern! Jetzt habe ich bald genug!«, und dann legte sie sich wieder drauf.

»Na, wie geht es?«, sagte eine alte Ente, die kam, um einen Besuch zu machen.

»Es dauert so lange mit dem einen Ei!«, sagte die Ente, welche brütete; »es will nicht entzweigehen! Aber nun musst du dir die anderen ansehen! Es sind die süßesten Jungen, die ich gesehen habe! Sie gleichen alle ihrem Vater, dem Lumpen, er kommt nicht, mich zu besuchen.«

»Zeig mir doch mal das Ei, das nicht platzen will!«, sagte die Alte. »Du kannst mir glauben, das ist ein Putenei! So bin ich auch einmal an der Nase herumgeführt worden, und ich hatte meine Sorge und meine Not mit den Jungen, denn die sind ja bange vorm Wasser, musst du wissen! Ich konnte sie nicht hineinkriegen! Ich schnatterte und schnappte zu, aber es nützte nichts! – Lass mich das Ei sehen! Doch, es ist ein Putenei! Lass du das nur liegen und bring den anderen Kindern das Schwimmen bei!«

»Ich will doch noch ein bisschen darauf liegen!«, sagte die Ente. »Habe ich nun so lange gelegen, dann kommt es auf ein bisschen länger auch nicht an!«

»Bitte sehr!«, sagte die alte Ente, und dann ging sie.

Endlich platzte das große Ei. »Piep! Piep!«, sagte das Junge und quoll heraus; es war sehr groß und garstig. Die Ente sah es sich an. »Das ist ja ein furchtbar großes Entenküken!«, sagte sie; »keines von den anderen sieht so aus! Es sollte doch nicht etwa ein Putenküken sein? Nun, das werden wir bald heraus haben! Ins Wasser muss es, und wenn ich es selber hineinschubsen soll!«

Am nächsten Tag war ein herrliches, wunderbares Wetter; die Sonne schien auf all die grünen Huflattichstauden. Die Entenmutter mit ihrer ganzen Familie erschien unten am Kanal: platsch! sprang sie ins Wasser. »Raab! raab!«, sagte sie, und ein Junges nach dem anderen plumpste hinterdrein; das Wasser schlug über ihren Köpfen zusammen, aber sie kamen gleich wieder hoch und schwammen ganz wunderschön; die Beine gingen von selber, und alle waren sie draußen, sogar das hässliche graue Junge schwamm mit.

»Nein, das ist kein Puter!«, sagte sie. »Sieh mal, wie schön es seine Beine gebraucht, wie gerade es sich hält! Das ist mein eigenes Kind! Im Grunde ist es doch ganz hübsch, wenn man es sich richtig ansieht! Raab! raab! – Kommt jetzt mit, dann führe ich euch in die Welt hinaus und stelle euch auf dem Entenhof vor, aber bleibt immer dicht bei mir, dass keiner auf euch tritt, und nehmt euch vor der Katze in Acht!«

›Kalekutischer Hahn‹ ist eine altmodische Bezeichnung für den Truthahn, der auch ›indischer Hahn‹ hieß, weil er aus dem indischen Kalikut (Kalkutta) stammen sollte.

Illustration zum
»Hässlichen Entenküken«
von Jiří Trnka, Prag 1961

Und dann kamen sie zum Entenhof. Dort drinnen war ein fürchterlicher Krach, denn zwei Familien rauften sich um einen Aalkopf, und dann erwischte ihn doch die Katze.

»Seht, so geht es in der Welt zu!«, sagte die Entenmutter und leckte sich den Schnabel, denn sie hätte den Aalkopf auch gern gehabt. »Gebraucht nun die Beine!«, sagte sie, »seht zu, dass ihr euch sputet, und knickst mit dem Hals vor der alten Ente da drüben! Sie ist die vornehmste von allen hier! Sie ist spanischer Herkunft, darum ist sie dick; und habt ihr gesehen, sie hat einen roten Lappen um das Bein! Das ist etwas ganz besonders Schönes und die größte Auszeichnung, die eine Ente bekommen kann, das bedeutet, dass man sie nicht hergeben möchte und dass sie von Tieren wie von Menschen erkannt werden soll! – Sputet euch – nicht die Füße nach innen setzen! Eine wohlerzogene Ente setzt die Füße weit nach außen, ebenso wie Vater und

Mutter! Seht her! knickst nun mit dem Hals und sagt: ›Raab!‹«

Und das taten sie; aber die anderen Enten rundum betrachteten sie und sagten ganz laut: »Du liebe Zeit! Nun kriegen wir die Gesellschaft auch noch auf den Hals! Als ob wir nicht ohnehin schon genug wären! Und, pfui, wie das eine Junge nur aussieht! Das wollen wir hier aber nicht haben!«, und gleich flog eine Ente zu ihm hin und zwackte es ins Genick.

»Lasst es!«, sagte die Mutter, »es tut ja niemandem etwas!«

»Ja, aber es ist zu groß und zu absonderlich!«, sagte die Ente, die gezwackt hatte, »und da muss es geduckt werden!«

»Sie hat aber hübsche Kinder!«, sagte die alte Ente mit dem Lappen um das Bein. »Alles schöne Kinder, bis auf das eine, das ist nicht geraten! Ich wünschte, Sie könnte es noch einmal machen!«

»Das geht nicht, Euer Gnaden!«, sagte die Entenmutter, »er ist nicht schön, aber er hat ein wahrhaft gutes Gemüt, und er schwimmt so wunderbar wie jedes von den anderen, ja, ich darf sagen, etwas besser! Ich denke, er wird schön werden, wenn er erst erwachsen ist oder mit der Zeit etwas kleiner wird! Er hat zu lange im Ei gelegen, und darum hat er nicht die richtige Figur bekommen!«, und dann zupfte sie ihn am Genick und strich dem Burschen die Federn glatt. »Es ist außerdem ein Erpel«, sagte sie, »und da tut es ja nicht soviel! Ich glaube, er wird ordentlich kräftig, er wird sich schon durchschlagen!«

»Die übrigen Entchen sind niedlich!«, sagte die Alte. »Tut nun, als wärt Ihr zu Hause, und findet Ihr einen Aalkopf, dann könnt Ihr ihn mir bringen!«

Und dann waren sie wie zu Hause.

Aber das arme Entenküken, das zuletzt aus dem Ei gekrochen war und so garstig aussah, wurde gebissen, gestoßen und gehänselt, und zwar von den Enten ebenso viel wie von den Hühnern. »Er ist zu groß!«, sagten sie alle, und der Truthahn, der mit Sporen zur Welt gekommen war und deshalb meinte, er sei Kaiser, der blähte sich auf wie ein Schiff mit vollen Segeln, ging spornstreichs auf das Entenküken los, und dann kollerte er und wurde ganz rot am Kopf. Das arme Entenküken wusste nicht, wo es gehen oder stehen durfte, es war so traurig, weil es so hässlich aussah und dem ganzen Entenhof zum Gespött diente.

So ging es den ersten Tag, und danach wurde es schlimmer und schlimmer.

Auch im Tierreich gibt es Standesunterschiede – wie bei den Menschen. Der Außenseiter Andersen ist später stolz, bei Königen und Fürsten eingeladen zu sein. Sein Briefwechsel gibt davon ein beredtes Zeugnis. Er ist kein politischer Aufrührer, besonders Könige scheinen ihm von Gott gesandt. In DAS MÄRCHEN MEINES LEBENS weist er auf sein Desinteresse an politischen Fragen hin und postuliert, Künstler und Dichter sollten sich aus der Politik heraushalten. »Andersen hat mich hier vor einigen Jahren besucht«, schreibt Heinrich Heine. »Er kam mir vor wie ein Schneider; er sieht auch wirklich ganz so aus. Er ist ein hagerer Mann mit einem hohlen, eingefallenen Gesichte und verrät in seinem äußeren Anstande ein ängstliches, devotes Benehmen, so wie die Fürsten es gern haben. Daher hat Andersen auch bei allen Fürsten eine so glänzende Aufnahme gefunden. Er repräsentiert vollkommen die Dichter, wie die Fürsten sie gern haben wollen.«

Das arme Entenjunge wurde von allen gehetzt, sogar seine Geschwister waren ganz hässlich zu ihm, und sie sagten immer: »Wenn bloß die Katze dich holte, du altes Gräuel!«, und die Mutter sagte: »Ich wünschte, du wärest weit weg!« Und die Enten zwackten es, und die Hühner hackten es, und die Magd, die den Tieren Futter brachte, stieß mit dem Fuß nach ihm.

Da lief es und flog über den Zaun; die kleinen Vögel im Gebüsch flatterten erschrocken auf. »Das ist, weil ich so garstig bin«, dachte das Entenjunge und schloss die Augen, lief aber trotzdem weiter! Da kam es in den großen Sumpf hinaus, wo die Wildenten hausten. Hier lag es die ganze Nacht, es war so müde und kummervoll.

Morgens flogen die Wildenten auf, und sie sahen sich den neuen Gefährten an. »Was bist du für einer?«, fragten sie, und das Entenjunge wandte sich nach allen Seiten um und grüßte, so gut es konnte.

»Du bist ungemein garstig!«, sagten die Wildenten, »aber das kann uns ja einerlei sein, wenn du nur nicht in unsere Familie einheiratest!« – Das Ärmste! Es dachte wahrhaftig nicht ans Heiraten; wenn es nur im Schilf liegen und ein bisschen Moorwasser trinken durfte.

Dort lag es zwei ganze Tage, dann kamen zwei Wildgänse oder richtiger, Wildganter, denn es waren zwei Männchen; es war noch gar nicht sehr lange her, seit sie aus dem Ei geschlüpft waren, und darum waren sie sehr vorlaut.

»Hör mal, Kamerad!«, sagten sie. »Du bist so garstig, dass ich dich gut leiden mag! Willst du mitmachen und Zugvogel werden? Hier in der Nähe in einem anderen Sumpf sind einige nette, liebe Wildgänse, alles Fräuleins, die ›raab‹ sagen können! Du hast die Aussicht, dort dein Glück zu machen, so garstig bist du!«

»Piff! paff!«, ertönte es in diesem Augenblick über ihnen, und beide Wildganter fielen tot ins Schilf nieder, und das Wasser wurde blutrot. »Piff! paff!«, ertönte es abermals, und ganze Scharen von Wildgänsen flogen aus dem Schilf auf, und dann knallte es wieder. Eine große Jagd fand statt; die Jäger lagen rings um das Moor herum, ja, manche saßen oben in den Bäumen, die weit über das Schilf hinwegragten; der blaue Dampf wallte wie Wolken zwischen den dunklen Bäumen dahin und hing weit über dem Wasser; durch den Schlamm kamen die Jagdhunde, klatsch, klatsch! Schilf und Binsen bogen sich nach allen Seiten auseinander, das war ein Schrecken für das arme Entchen; es drehte den Kopf nach hinten, um ihn unter den

Flügel zu stecken, und gerade in dem Augenblick stand ein furchtbar großer Hund vor ihm, die Zunge hing ihm weit aus dem Hals, und die Augen schillerten ganz grausig; er senkte seinen Rachen über das Entchen, zeigte die scharfen Zähne – und platsch! ging er wieder, ohne es mitzunehmen.

»Oh, Gott sei Dank!«, seufzte das Entenjunge, »ich bin so garstig, dass es nicht einmal den Hund danach verlangt hat, mich zu beißen!«

Und dann lag es ganz still, während die Schrotkörner im Schilf pfiffen und Schuss auf Schuss knallte.

Erst im Laufe des Tages wurde es still, aber das arme Junge wagte nicht aufzustehen, es wartete noch einige Stunden, bis es sich umsah, und dann eilte es aus dem Moor fort, so schnell es konnte; es rannte über Feld und Wiese, da war es sehr windig, sodass das Entenjunge nur mühsam vorwärts kam.

Gegen Abend gelangte es an ein ärmliches kleines Bauernhaus; das war so kümmerlich, dass es selber nicht wusste, nach welcher Seite es einstürzen sollte, und so blieb es denn stehen. Der Wind umbrauste das Entenjunge so sehr, dass es sich auf den Bürzel setzen musste, um sich dagegen anzustemmen; und es wurde immer schlimmer. Da merkte es, dass sich die Tür von der einen Angel gelöst hatte und so schief hing, dass es durch den Spalt in die Stube schlüpfen konnte, und das tat es.

Hier wohnte eine alte Frau mit ihrer Katze und ihrem Huhn, und die Katze, die sie Söhneken nannte, konnte einen Buckel machen und spinnen, sie knisterte sogar, aber dann musste man sie gegen den Strich streicheln; das Huhn hatte ganz kleine, kurze Beine, und daher wurde es Kikeri-Kurzbein genannt; es legte gut Eier, und die Frau liebte es so, als wäre es ihr eigenes Kind.

Am Morgen wurde das fremde Entenjunge sogleich bemerkt, und der Kater begann zu spinnen und die Henne zu gackern.

»Was ist denn das?«, sagte die Frau und blickte sich um, aber sie hatte nicht sehr gute Augen, und daher meinte sie, das Entenjunge sei eine fette Ente, die sich

Illustration zum »Hässlichen Entenküken« von Theodor Hosemann

verirrt hätte. »Das ist ja aber ein angenehmer Fang!«, sagte sie. »Nun bekomme ich Enteneier, wenn es bloß kein Erpel ist! Das müssen wir ausprobieren!«

Und nun wurde das Entenjunge für drei Wochen auf Probe angenommen, aber Eier kamen nicht. Und der Kater war Herr im Hause, und das Huhn war die gnädige Frau, und andauernd sagten sie: »Wir und die Welt!«, denn sie meinten, sie wären die eine Hälfte, und obendrein der allerbeste Teil davon. Das Entenjunge fand, man könne auch anderer Meinung sein, aber das duldete die Henne nicht.

»Kannst du Eier legen?«, fragte sie.

»Nein!«

»Ja, willst du dann deinen Mund halten!«

Und der Kater sagte: »Kannst du einen Buckel machen, spinnen und knistern?«

»Nein!«

»Ja, dann darfst du keine Meinung haben, wenn vernünftige Leute reden!«

Und das Entlein saß in der Ecke und war missmutig; da musste es an die frische Luft und an den Sonnenschein denken! Es bekam eine so wunderliche Lust, auf dem Wasser zu schwimmen; zuletzt konnte es nicht an sich halten, es musste der Henne das erzählen.

»Was fällt dir denn ein?«, fragte sie. »Du hast nichts zu tun, darum kriegst du Schrullen! Leg Eier oder schnurre, dann gehen sie vorüber!«

»Aber es ist so herrlich, auf dem Wasser zu schwimmen!«, sagte das Entenjunge, »so herrlich, wenn man es über den Kopf bekommt und bis auf den Grund taucht!«

»Ja, das scheint ein großes Vergnügen zu sein«, sagte die Henne, »du bist sicher verrückt geworden! Frag den Kater – der ist das Klügste, was ich kenne –, ob er sich etwas daraus macht, auf dem Wasser zu schwimmen oder zu tauchen! Von mir will ich nicht reden. – Frag selbst unsere Herrschaft, die alte Frau, klüger als sie ist niemand auf der Welt! Meinst du, die hätte Lust zu schwimmen und Wasser über den Kopf zu bekommen?«

»Ihr versteht mich nicht!«, sagte das Entenjunge. »Ja, verstehen wir dich nicht, wer sollte dich dann verstehen! Du willst doch wohl nicht etwa klüger sein als der Kater und die Frau, von mir ganz zu schweigen! Stell dich nicht an, Kind, und danke du deinem Schöpfer für all das Gute, was man für dich getan hat! Bist du nicht in eine warme Stube gekommen und hast Gesellschaft, von der du etwas lernen kannst? Aber du bist ein Faselhans, und es macht keinen Spaß, mit dir zu verkehren! Mir kannst du glauben! Ich meine es gut mit dir, ich sage dir unangenehme Dinge, und daran kann man seine wahren Freunde erkennen! Sieh du nur zu, dass du Eier legst und schnurren oder knistern lernst!«

»Ich glaube, ich gehe in die weite Welt hinaus!«, sagte das Entchen.

»Ja, tu das nur!«, sagte das Huhn.

Und dann ging das Entchen; es schwamm auf dem Wasser, es tauchte unter, aber es wurde von allen Tieren seiner Hässlichkeit wegen übersehen.

Jetzt kam der Herbst, die Blätter im Wald wurden gelb und braun, der Wind bemächtigte sich ihrer, sodass sie tanzten, und oben in der Luft sah es kalt aus; die Wolken hingen schwer von Hagel und Schnee, und auf dem Zaun saß der Rabe und schrie vor lauter Kälte: »Au! au!« Ja, es konnte einen richtig frösteln, wenn man daran dachte; das arme Entenjunge hatte es wahrhaftig nicht schön.

Eines Abends – die Sonne ging so herrlich unter – kam ein ganzer Schwarm von wunderschönen großen Vögeln aus den Büschen, das Entenjunge hatte nie so schöne gesehen, sie waren ganz glänzend weiß, mit langen, biegsamen Hälsen; es waren Schwäne, sie stießen einen ganz seltsamen Laut aus, breiteten ihre prächtigen langen Fittiche aus und flogen aus den kalten Gegenden in wärmere Länder, an offene Seen! Sie stiegen so hoch, ganz hoch, und dem hässlichen kleinen Entenjungen wurde es ganz wundersam zumute; es drehte sich im Wasser um wie ein Rad, streckte den Hals nach ihnen aus, hoch in die Luft, und stieß einen Schrei aus, so seltsam, dass ihm selber ganz bange dabei wurde. Oh, es konnte die schönen Vögel nicht vergessen, die glücklichen Vögel, und sobald es sie nicht mehr erblicken konnte, tauchte es bis auf den Grund, und als es wieder hochkam, war es ganz außer Rand und Band. Es wusste nicht, wie die Vögel hießen, wusste nicht, wohin sie flogen, aber dennoch liebte es sie, wie es nie bisher jemanden geliebt hatte; es beneidete sie gar nicht, wie konnte es ihm in den Sinn kommen, sich eine solche Schönheit zu wünschen, es wäre froh gewesen, wenn wenigstens die Enten es unter sich geduldet hätten. – Das arme, hässliche Tier!

Und der Winter wurde kalt, so kalt! Das Entenjunge musste herumschwimmen, um zu verhindern, dass das Wasser ganz zufror; aber jede Nacht wurde das Loch, in dem es schwamm, enger; es fror, dass es in der Eisrinde krachte; das Entenjunge musste ständig die Beine regen, damit das Loch sich nicht schloss; zuletzt war es erschöpft, lag ganz still und fror im Eise fest.

Früh am Morgen kam ein Bauersmann, er sah es, ging hinaus und schlug mit seinem Holzschuh das Eis entzwei und trug das Entenjunge zu seiner Frau nach Hause. Dort wurde es ins Leben zurückgerufen.

Die Kinder wollten mit ihm spielen, aber das Entenjunge glaubte, sie wollten ihm ein Leid zufügen, und sauste vor Schrecken mitten in die Milchschüssel, sodass die Milch in die Stube schwappte; die Frau schrie und schlug die Hände über dem Kopf zusammen, und da flog es in die Schüssel, in der die

Illustration zum
»Hässlichen Entenküken«
von Vilhelm Pedersen

Butter lag, und dann in die Mehltonne und wieder heraus. Na, wie das jetzt aussah! Die Frau schrie und schlug mit der Feuerzange nach ihm, und die Kinder purzelten eines über das andere, um das Entenjunge zu fangen, und sie lachten, und sie schrien! – Es war nur gut, dass die Tür offen stand, es schoss hinaus zwischen die Sträucher in den frischgefallenen Schnee – da lag es, wie tot.

Aber es wäre zu trostlos, wollte man von all der Not und dem Elend erzählen, das es in diesem harten Winter durchmachen musste. – Es lag im Sumpf zwischen dem Schilf, als die Sonne wieder anfing, warm zu scheinen; die Lerchen sangen – es war ein schöner Frühling.

Da hob es mit einemmal seine Schwingen, sie rauschten stärker als früher und trugen es kräftig weiter; und eh es sich so recht versah, war es in einem großen Garten, wo die Apfelbäume in Blüte standen, wo der Flieder duftete und an den langen, grünen Zweigen bis ganz zu den gewundenen Kanälen hinabhing! Oh, hier war es so schön, so frühlingsfrisch! Und gerade vor ihm aus dem Dickicht kamen drei wunderbare, weiße Schwäne; sie rauschten mit den Fittichen und schwammen leicht auf dem Wasser dahin. Das Entenjunge erkannte die prächtigen Tiere wieder und wurde von einer seltsamen Traurigkeit befallen. »Ich möchte zu ihnen hinfliegen, den königlichen Vögeln! Und sie werden mich totstechen, weil ich, der ich so garstig bin, mich ihnen zu nähern wage! Aber das ist mir einerlei! Lieber von ihnen getötet als von den Enten gezwackt werden, von den Hühnern gehackt und von der Magd, die den Hühnerhof versorgt, gestoßen werden und im Winter Qualen leiden!«, und es flog ins Wasser hinaus und schwamm den prächtigen Schwänen entgegen, diese sahen es und rauschten mit brausendem Gefieder auf das Entenjunge zu. »Tötet mich nur!«, sagte das arme Tier und neigte den Kopf bis auf

Jugend in Odense

die Wasserfläche hinab und wartete auf den Tod – aber was sah es in dem klaren Wasser? Es sah unter sich sein eigenes Bild, aber es war nicht mehr ein unbeholfener, schwarzgrauer Vogel, garstig und scheußlich, es war selber ein Schwan.

Es macht nichts, dass man auf dem Entenhof geboren ist, wenn man nur in einem Schwanenei gelegen hat!

Es war richtig froh über all die Not und die Unbilden, die es durchgemacht hatte; nun konnte es sein Glück erst schätzen, all die Schönheit, die es grüßte. – Und die großen Schwäne schwammen rund um das Junge herum und streichelten es mit dem Schnabel.

In den Garten kamen einige kleine Kinder, die warfen Brot und Körner ins Wasser, und das Kleinste rief: »Da ist ein neuer!« Und die anderen Kinder jubelten auch: »Ja, da ist ein neuer gekommen!«, und sie klatschten in die Hände und tanzten herum, holten die Eltern, und es wurde Brot und Kuchen ins Wasser geworfen, und alle sagten: »Der neue ist der hübscheste! So jung und so schön!« Und die alten Schwäne verneigten sich vor ihm.

Da fühlte er sich ganz beschämt und steckte den Kopf unter die Fittiche, er wusste selber nicht warum! Er war viel zu glücklich, jedoch nicht stolz, denn ein gutes Herz wird niemals stolz! Er dachte daran, wie er verfolgt und verhöhnt worden war, und hörte nun alle sagen, dass er der schönste von allen schönen Vögeln wäre. Und der Flieder neigte seine Zweige bis zu ihm ins Wasser hinab, und die Sonne schien so warm und so gut, da brauste sein Gefieder, der schlanke Hals reckte sich, und aus tiefem Herzen jubelte er: »So viel Glück habe ich mir nicht träumen lassen, als ich das hässliche Entenküken war!« ◆

Wegen seines würdevoll-majestätischen Anblicks ist der Schwan ein Sinnbild des Hellen und Hoheitsvollen. Fast scheint er wie eine Wolke über Seen und Flüsse zu schweben. Berühmt ist der Schwanengesang, den der sterbende Schwan erschallen lassen soll. Georg Brandes bedauerte, dass die Geschichte vom hässlichen jungen Entlein damit endet, dass ein zahmer Schwan (»ein Haustier«) sich von den Kindern aus dem Herrenhaus füttern lässt. »Lass ihn sterben«, rät er, »wenn es sein muss: Das ist tragisch und groß. Lass ihn seine Schwingen erheben, im Jubel über seine Schönheit und Kraft brausend durch die Luft dahinfliegen.« Aber solch ein romantischer Schluss hätte nicht gestimmt. Andersen war im wirklichen Leben schließlich selbst ein zahmer und kein wilder Schwan.

Fresko von Niels Larsen Stevns nach einer Illustration aus dem »Märchen meines Lebens«

Mein Herz ist ein Tagebuch

Ja, ich bin ein seltsames Wesen: mein Herz ist ein Tagebuch, in dem einzelne Blätter zusammengeklebt sind, doch das Buch selbst kann jeder besichtigen. Die meisten Gründe für meine Handlungen stehen auf den verschlossenen Seiten.

Andersen hält die genaue Schilderung seines Lebens »für den besten Kommentar zu seiner Dichtung, alles führt zum MÄRCHEN MEINES LEBENS hin oder geht davon aus.« Seine Autobiografie ist kein Werk neben anderen, keine eitle Selbstdarstellung, sondern Fundament für alles Übrige.

Die Biografie, heute als literarische Form ganz selbstverständlich, ist eine Schöpfung des 19. Jahrhunderts. Es gab sie vorher zumeist nur als trockene Zusammenstellung von Lebensereignissen und Büchertiteln, verbunden mit Zitaten aus Schriften, eigenen und fremden Werturteilen und rhetorischen Lobsprüchen. Bald nach dem Tod einer Berühmtheit schrieb üblicherweise ein Freund oder Verwandter eine ausführliche Lebensgeschichte, und daraus pflegten alle Späteren immer wieder zu schöpfen. Goethes Autobiografie DICHTUNG UND WAHRHEIT ragt wie ein Leuchtturm aus den Untiefen seichter biografischer Literatur heraus. Und Andersen knüpft nicht ganz zufällig an diesen Titel an, wenn er MÄRCHEN MEINES LEBENS – OHNE DICHTUNG veröffentlicht.

Goethe schrieb *eine* Autobiografie – Andersen gleich mehrere. Sie beginnen mit dem wirren Band JUGENDLICHE VERSUCHE, den er als Siebzehnjähriger herausgab. Und noch in seinem Sterbejahr ist im Tagebuch zu lesen: »Heute habe ich an meiner Lebensgeschichte geschrieben.« Er schreibt also von seinem ersten Hervortreten 1822 bis zu seinem Tod 1875 immer wieder über den armen Schustersohn aus Odense, der letztlich wenn auch nicht die Prinzessin so doch das halbe Königreich gewann.

Andersen verfasst drei große Erinnerungsbücher, je eines in drei Jahrzehnten: DAS LEBENSBUCH (1832), DAS MÄRCHEN MEINES LEBENS OHNE DICHTUNG (1847) und DAS MÄRCHEN MEINES LEBENS (1855). Das erste stammt aus einer Zeit großer Armut und Bedrückung, das zweite aus seiner produktivsten Periode, die dritte und wichtigste Autobiografie zeigt ihn auf der Höhe des Ruhms. Vom LEBENSBUCH weiß man aus Andersens Briefwechsel seit 1877,

Andersen-Porträt von August Grahl, 1846

aber erst 1926 taucht das Manuskript in der Königlichen Bibliothek von Kopenhagen auf und wird unverzüglich veröffentlicht. Das Märchen meines Lebens ohne Dichtung bestellt sein Verleger Carl B. Lorcks in Leipzig als Einführung zur ersten deutschen Gesamtausgabe seiner Werke im Jahr 1847. Das Buch erregt großes Aufsehen – die Kritik stellt es Goethes Dichtung und Wahrheit und Rousseaus Bekenntnissen an die Seite. Es wird sogleich ins Englische übertragen und in Amerika nachgedruckt. Andersen hat diese Erinnerungen auf seiner großen Reise in den Süden in den Jahren 1845–46 verfasst. Er schickt sie bogenweise ab, so wie sie jeweils fertig werden. Dadurch wird der Aufbau des Buchs ziemlich ungleichmäßig. Die aktuelle Reise zum Beispiel nimmt etwa ein Viertel des ganzen Werkes ein, das Sechsfache der ungleich wichtigeren ersten Bildungsreise nach Italien in den Jahren 1833–34. Doch Papiere, an denen er seine Angaben kontrollieren könnte, sind ihm beim Schreiben kaum zugänglich, und da er sich nicht in allen Einzelheiten auf sein Gedächtnis verlassen kann, bittet er den Freund Edvard Collin in Kopenhagen, das bereits Geschriebene durchzusehen, bevor er es dem deutschen Übersetzer schickt. Collin schreibt das Manuskript sauber ab, korrigiert Jahreszahlen, Namen, Fakten und streicht polemische oder taktisch ungeschickte Passagen in der gutgemeinten Absicht, dem Dichter zu nützen. Andersen ist ihm dankbar, aber der Freundschaftsdienst sollte sich als höchst zweischneidig erweisen – zu Collins Eigenschaften gehörte nicht unbedingt ein feines Ohr für Musikalität und Rhythmus in Andersens Prosa. Er hat die sprunghafte und grammatikalisch oft fragwürdige, aber sehr lebendige Sprache des Dichters

Henriette und Edvard Collin. Gemälde von Wilhelm Marstrand, 1842

bearbeitet, um sie nach seinen Begriffen als Jurist zu glätten. Der Inhalt mag so an Genauigkeit gewonnen haben – die künstlerische Form ging verloren.

Andersens Qualität als Autobiograf wird deutlich in der erheblich umfang-reicheren Darstellung, die er 1855 als Einführung zur ersten Ausgabe seiner Gesammelten Schriften in dänischer Sprache verfasste – Das Märchen meines Lebens. Wie sich Das Märchen meines Lebens ohne Dichtung zum Märchen meines Lebens verhält, macht ein Brief vom 13. Oktober 1854 deutlich:

🦢 Ich kann jetzt anfangen, ein Ende der Arbeit abzusehen, und im selben Augenblick sprießen neue Ideen und Gedanken auf, und dann reißt der Strom mich mit sich. Meine Biografie war auf Deutsch und auf Englisch nur eine Skizze; jetzt ist sie etwas bedeutender, sie ist ›ein Menschenleben‹. Je mehr sie sich während des Niederschreibens ausgerundet und für mich eine zunehmende Bedeutung erhalten hat, desto eifriger war ich darauf bedacht, zu streichen, hinzuzufügen, abzuschleifen; mir ist, als könnte ich niemals damit fertig werden; immer kehre ich wieder zurück, und so eilen mir die Tage dahin. ◆

Das neue Werk ist nicht lediglich eine Fortsetzung des alten über die Jahre 1847–55. Gründlich umgeschrieben, wird das Buch doppelt so lang. Während der Arbeit nutzt er das Manuskript zu den Memoiren von 1847, also seinen eigenen Text, nicht Collins Bearbeitung. Die Manuskriptfassung wird 1942 auf Dänisch herausgegeben, und so fällt es heute leicht, dem Dichter über die Schulter zu schauen und zu sehen, wie und wo er gestrichen, hinzugefügt und abgerundet hat. Im Kapitel über die Kindheit hat er zwar wenig verändert, aber einiges hinzugefügt und farbiger gestaltet, zum Beispiel den Bericht über einen Besuch im Zuchthaus von Odense.

Das Zuchthaus spielt auch in Andersens dichterischem Werk eine Rolle: Sein zweiter Roman O.Z. (Odense Zuchthaus), erschienen im Jahr 1836, schildert das Schicksal eines im Zuchthaus Geborenen.

🦢 Das Odenser Zuchthaus war für mich gleichsam der Aufbewahrungsort für Diebes- und Räubergeschichten; oft stand ich, natürlich in großer Entfernung, draußen und hörte zu, wie die Männer und Frauen drinnen sangen, während sie das große Spinnrad drehten.

Ich kam mit meinen Eltern zum Familienfest des Pförtners; das große, eisenbeschlagene Tor wurde geöffnet und mit dem Schlüssel an dem rasselnden Schlüsselbund wieder geschlossen, wir gingen eine steile Treppe hinauf – es wurde gegessen und getrunken, zwei von den Gefangenen bedienten bei Tisch – man konnte mich nicht dazu bewegen, etwas zu mir zu nehmen, selbst die süßesten Speisen schob ich weg – meine Mutter sagte, ich sei krank, und ich wurde in ein Bett gelegt, aber ich hörte ganz nahebei das Spinnrad schnurren und lustige Lieder, ob es in meiner Phantasie war oder in Wirklichkeit, kann ich heute nicht sagen, aber eins weiß ich, ich war in einer Angst, in einer Aufregung und dennoch in einer angenehmen Stimmung, als sei ich in das Schloss der Räubergeschichten gekommen. ◆

Das ganze Werk hat eine dokumentarisch unterbaute künstlerische Form erhalten. Die kompositorische Unausgewogenheit der früheren Biografie hat Andersen ausgeglichen. Etliches von dem, was Collin gestrichen hatte, wird wieder aufgenommen. So fand der Freund es nicht schicklich, eine Lieblingsanekdote von Andersen zu drucken, die von seinen ersten Gedichten handelt. Jetzt erzählt Andersen die Geschichte mit Genuss und mit einigen Ausschmückungen.

Zu jener Zeit ging auch eine frische neue Strömung durch die dänische Literatur, und dafür hatten die Leute Interesse. Die Politik spielte eine geringe Rolle; Literatur und Theater waren die Themen des Tages. Johan Ludwig Heiberg, der durch seine trefflichen Arbeiten: PSYCHE und TÖPFER WALTER unter den dänischen Dichtern einen hohen Rang einnahm, hatte damals gerade, unter Collins Schutz, gegen den Willen der übrigen Direktoren, die eine Aufführung des KÖNIG SALOMON ablehnten, das Vaudeville auf der dänischen Bühne eingeführt. Es war ein dänisches Vaudeville, Blut von unserem Blut, wie man fand, und es wurde daher mit Jubel aufgenommen und verdrängte alles andere vollständig. Thalia hielt Karneval auf der dänischen Bühne ab, und Heiberg war ihr Auserkorener. Bei einem Essen im Hause H. C. Ørsteds machte ich Heibergs Bekanntschaft; fein, redegewandt und der Liebling des Augenblicks, behagte er mir in hohem Maße, er gab sich freundlich mit mir ab, ich verkehrte später in seinem Haus, und er fand meine humoristischen Gedichte, die er hörte, würdig, in seine vortreffliche Wochenzeitschrift DIE FLIEGENDE POST aufgenommen zu werden; mit DER ABEND und DIE GRAUENVOLLE STUNDE trat ich hier erstmals auf, aber ohne Namen, nur mit dem Zeichen h – – es sollte besagen: H. C. A.; aber die Leute meinten, es sei der Name Heiberg, und diese Annahme war den Gedichten sicherlich von großem Nutzen, sie hatten besonderen Erfolg. Ich entsinne mich noch deutlich des Abends, als die Zeitung mit den beiden Gedichten kam; ich war in einem Familienkreis, wo man mir viel Gutes erwies, mein ganzes Dichten aber nur als Verseschmiederei ansah und es mir oftmals sagte, natürlich in der besten Absicht. Der Hausherr trat mit DIE FLIEGENDE POST in der Hand in die Stube und sagte mit strahlendem Blick: »Heute Abend sind zwei hervorragende Gedichte in der fliegenden Post! Das ist schon ein Kerl, dieser Heiberg!« Und nun las er meine beiden Gedichte vor; mein Herz schlug stärker, aber ich sagte kein Wort, ein junges Mädchen aber, das zugegen war und das wusste, dass ich die Gedichte geschrieben hatte, konnte ihre Freude über das Vergnügen, das sie machten, nicht unterdrücken und sagte daher: »Die

Ursprünglich ein Spottlied aus dem normannischen Vaux de Vire, bezeichnet das Vaudeville seit dem 18. Jahrhundert ein satirisches Musiktheater und wurde in Frankreich zum Vorläufer der Komischen Oper.

Über Johan Ludvig Heiberg (1781–1860) schreibt Meyers Konversationslexikon von 1888: »Die meisten Erfolge errang er als Dramatiker, besonders als Vaudevilledichter und -bearbeiter; doch steht er auch als Lyriker ziemlich hoch. Außerdem dichtete er das national-romantische Schauspiel ELVERHOJ (1828), welches in seiner Zeit sehr viel Aufsehen erregte und noch heute oft gegeben wird. Als Direktor des Königlichen Theaters in Kopenhagen, an welchem seine Frau lange Jahre als hervorragendste Schauspielerin des Nordens wirkte, hat er auch indirekt sehr viel für die Hebung des dänischen Dramas getan.«

sind von Andersen!« Es entstand eine große Pause – ein allgemeines Schweigen, der Hausherr sagte kein Wort, sah mich an und ging aus der Stube – keiner sprach mehr über die Gedichte, ich stand traurig da. Bisher war in einer anderen Kopenhagener Zeitung nur mein Gedicht aus der Schulzeit abgedruckt worden: Das sterbende Kind. ◆

Aber noch immer war Andersen mit seinem Lebensbericht nicht fertig. 1867 erschien eine amerikanische Übersetzung vom Märchen meines Lebens, die er jetzt durch die Darstellung der dreizehn Jahre von 1855 bis 1867 ergänzte. So konnte er mit der Schilderung von seines Lebens »schönstem Fest« dem Werk einen wirkungsvollen Schlussakkord setzen: die Ernennung zum Ehrenbürger von Odense. Doch auch hier – wie so oft – kann er die Ehrung nicht genießen. Wieder quält ihn ein lebenslanges Übel, der Zahnschmerz. Trefflich wäre darüber zu spekulieren, ob sein Zahnweh nicht auch psychosomatische Ursachen hatte, denn es überfällt ihn ziemlich regelmäßig an ganz besonderen Ehrentagen, zuletzt bei den Feierlichkeiten zu seinem 70. Geburtstag.

Die Figurenwelt von H. C. Andersen. Scherenschnitt des Dichters, 1874

🦢 Wie glücklich war ich, und dennoch – zu himmlischer Glückseligkeit darf sich der Mensch nicht versteigen, ich sollte und musste fühlen, dass ich nur ein armseliges Menschenkind war, durch die Bresthaftigkeit des Irdischen in Fesseln geschlagen. Ich litt an heftigem Zahnweh, das durch die Hitze hier oben und durch die Gemütsbewegung unerträglich wurde; trotzdem las ich meinen kleinen Freunden ein Märchen vor. Dann kamen die Deputationen der verschiedenen Körperschaften der Stadt mit Fackeln und wehenden Fahnen zum Rathaus gezogen. Die Prophezeiung jener alten Frau, als ich zum ersten Mal aus meiner Vaterstadt schied, sollte nun in Erfüllung gehen: Odense wurde für mich illuminiert. ◆

In der letzten Tagebucheintragung des Jahres 1867 bezeichnete er dieses Jahr als das für ihn »ehrenvollste und abwechslungsreichste«. Zwei Arten, Memoiren zu schreiben, lassen sich unterscheiden: Der Verfasser kann – wie etwa Saint-Simon – seine eigene Person in den Hintergrund treten lassen und die Lebensgeschichte als Beitrag zur zeitgenössischen Geschichte schildern, oder er kann umgekehrt – wie Kirchenvater Augustin, Rousseau, Goethe – sein Ego in den Mittelpunkt stellen und die Zeitläufte lediglich in dem Maße mit einbeziehen, wie sie zum Verständnis des Ichs erforderlich sind.

Große Teile der autobiografischen Schriften von Andersen lassen sich als kluge und witzige kulturgeschichtliche Betrachtungen und reizvolle Schilderungen von Landschaften aus dem Europa des 19. Jahrhunderts lesen, aber zweifellos gehört DAS MÄRCHEN MEINES LEBENS zur Kategorie der ichbezogenen, ja beinahe egomanischen Schriften. Anlässlich der deutschen Ausgabe schreibt er an den Erbgroßherzog von Sachsen-Weimar-Eisenach, Carl Alexander: »Da liege ich vor Ihnen wie ein aufgeschlagenes Buch!«

Mit den berühmten und oft zitierten Einführungsworten stellt er den Fokus ein, in dem wir die Schilderung seines Lebens sehen sollen:

🦢 Mein Leben ist ein schönes Märchen, so reich und hold! Wäre ich, als Knabe, da ich arm und allein in die Welt hinausging, einer mächtigen Fee begegnet und hätte sie gesagt: ›Wähle deine Bahn und dein Ziel, dann, je nach der Entwicklung deines Geistes und wie es vernünftigerweise in dieser Welt zugehen muss, beschütze und führe ich dich!‹ mein Schicksal hätte nicht glücklicher, klüger und besser geleitet sein können, als es der Fall ist. Die Geschichte meines Lebens wird der Welt sagen, was sie mir sagt: es gibt einen liebevollen Gott, der alles zum besten lenkt. ◆

Eine weitere Variante autobiografischen Erzählens sind Tagebücher. Herders JOURNAL MEINER REISE IM JAHRE 1769 ist nicht nur ein Beispiel für die Form des Reisetagebuchs, son-

Saint-Simon (1760–1825) gilt als Vertreter des »utopischen Sozialismus« mit einer gerechten Gesellschaftsordnung und einer Abstufung der Rechte nach dem Grundsatz der Leistung. Einer seiner Anhänger war Heinrich Heine.

Auch für seine ABHANDLUNG ÜBER DEN URSPRUNG DER SPRACHE (1771) ist Johann Gottfried Herder (1744–1802) berühmt. Mit seiner Sammlung STIMMEN DER VÖLKER IN LIEDERN (1807) wird Herder zum Begründer der Volksliedforschung.

dern gleichzeitig ein anthropologischer Essay, der sich an ein größeres Publikum richtet. Goethes Tagebücher von 1775 bis 1832 sind dagegen eher alltäglicher Rechenschaftsbericht und Materialsteinbruch für das autobiografische Werk. Die europäische Romantik kultiviert das »journal intime«, das Seelen- und Gefühlstagebuch mit intensiver Selbstanalyse. Schon Anfang des 19. Jahrhunderts wird auch der Traum zum festen Bestandteil des Lebens erklärt und damit zu etwas ganz Natürlichem, das der Beschreibung wert ist. Sigmund Freud nimmt sich dann gegen Ende des 19. Jahrhunderts der Traumdeutung an. Im Dichter sieht er so etwas wie einen Tagträumer, und in seinem Aufsatz DER DICHTER UND DAS PHANTASIEREN schreibt er – und fast klingt es wie eine Charakteristik von Andersen: »Gehen wir daran, einige der Charaktere des Phantasierens kennenzulernen. Man darf sagen, der Glückliche phantasiert nie, nur der Unbefriedigte. Unbefriedigte Wünsche sind die Triebkräfte der Phantasien, und jede einzelne Phantasie ist eine Wunscherfüllung, eine Korrektur der unbefriedigten Wirklichkeit.«

Wäre sein Leben wirklich ein so schönes Märchen gewesen, wie Andersen nicht müde wird zu behaupten, wäre er sich »seiner Lage oder Person immer so gewiss gewesen«, dann hätte er Tausende von Tagebuch-Seiten und sicher noch vieles andere kaum geschrieben. Während Andersen im MÄRCHEN MEINES LEBENS diplomatisch schönt, treten er und sein schwieriges Leben in den Tagebüchern ungeschminkt hervor. Nehmen wir wieder seinen Ehrentag, die Verleihung der Ehrenbürgerwürde in Odense. Die Zahnschmerzen bleiben ihm treu und verderben ihm die heißersehnte Ehrung, und minutiös notiert der empfindliche Autor, wer ihn in rechter Weise gewürdigt und wer seiner nicht ausreichend gedacht hat.

Andersen-Büste von Herman Vilhelm Bissen, 1864

Odense Freitag 6. Dezember 1867
Unruhig geschlafen, aber das Zahngeschwür etwas zurückgegangen, Brief an Jette Collin geschickt. Ich war um halb zehn auf, jetzt ist der Barbier dagewesen, danach der Friseur; ich war ziemlich beklommen. Die Schulen hatten heute frei wegen meines Festtages. Etwa gegen elf Uhr kamen Bürgermeister Mourier und Polizeidirektor Koch und holten mich im Wagen ab, ich hatte den ganzen Ehrensitz allein; es wehten Flaggen. Die Bürger in Uniform standen vor dem Rathaus, die Musik spielte mein Lied ICH LIEBE DICH, DÄNEMARK, MEIN VATERLAND. Im Saal war meine Büste

Andersen über sich selbst

aufgestellt, mit Grün drum herum; mehrere hundert Menschen waren versammelt, Männer und Frauen. Die Kommunalverwaltung begrüßte mich, und Mourier hielt eine Rede und überreichte mir den Ehrenbürgerbrief; ich bedankte mich, war aber nahe am Umsinken, ich sah in vieler Augen Tränen, vorher und hinterher wurde mir von der ganzen Versammlung neunmal ein Hurra zugerufen. Um halb eins war ich zu Hause und bekam Besuch von einigen aus der Kommunalverwaltung, darunter einem Sohn von Peter Wick. Es kam ein Glückwunschschreiben an mich von Melchior, darauf eine Nummer vom Tageblatt, das sich nett über mein Fest äußerte. Von Reitzel bekam ich zwei Exemplare der Gedichte und eines der Märchen. – Ich bin müde, aber viel unbefangener als heute morgen. Um vier Uhr wurde ich vom Polizeidirektor Koch ins Rathaus geholt, wo im ganzen Saal Tische gedeckt waren, meine Büste mit Lorbeerkranz und der Danebrog-Flagge und Blumen. Ich hatte Frau Mourier zu Tisch und an der linken Seite Frau Koch, gegenüber Mourier, die Bischöfin und die alte Exzellenz Holstein zu Langesø. Petersen trank auf mein Wohl, ich dankte; prächtig jugendfrisch sprach der junge Lehrer; der Katechet Möller, Henrichsen und Etatrat S. brachten humoristische Trinksprüche aus; ich habe es nun in der Zeitung beisammen, es kamen viele Telegramme vom Studentenverband, vom Arbeiterverein in Slagelse, aus Stege, Hjörring, Aalborg und von Kopenhagener Freunden, und nach Tisch traf ein Telegramm vom König ein »mit Glückwunsch von Mir« und seiner Familie, das wurde von der ganzen Versammlung mit großem Jubel aufgenommen. Dann kamen die Kinder und tanzten um mich herum, ich las WAS VATTER TUT vor, und darauf DER SCHMETTERLING! Während des letzteren entstand große Unruhe am anderen Ende des Saals, der Fackelzug kam, eine Deputation vom Arbeiter- und Industrieverein begrüßte mich, und nun musste ich am offenen Fenster den Gesang anhören: schön nahmen sich die Fahnen der Handwerker zwischen den leuchtenden Fackeln aus, neunmal wurde Hurra für mich gerufen; ich sagte ein paar Worte, und dann begann wieder der Tanz der Kinder. Die ganze Stadt hat heute geflaggt, um zehn Uhr kam ich müde, aber froh nach Hause, konnte aber nicht einschlafen; von Collins oder Drewsens, die man als meine Nächsten ansieht, hörte ich nichts, Bloch ist es auch nicht eingefallen, dagegen Robert Watt. ◆

Andersen war ein nahezu besessener Briefschreiber, fast alle seine Briefe sind erhalten, wurden aber in Deutschland lange

Peter Wick (1765–1828) ist Schneidermeister in Odense. C. A. Reitzel (1789–1853) ist Buchhändler und Verleger von Andersens Werken.

Ingeborg Drewsen (1804–1877) ist die Tochter von Jonas Collin und seit 1826 mit dem dänischen Justizbeamten Adolph Drewsen verheiratet. Mit der Familie des Malers Carl Bloch (1834–1890) ist Andersen eng befreundet, mit William Bloch (1845–1926), dem späteren Schriftsteller und Regisseur, unternimmt er seine letzte Reise nach Deutschland und Österreich. Mit dem Theaterdirektor Robert Watt (1837–1894) hat er 1867 einige Zeit in Paris verbracht.

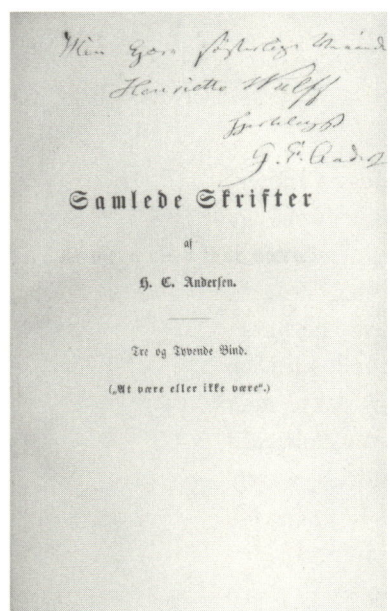

Widmungsexemplar der Gesammelten Schriften an Henriette Wulff, 1857

Zeit nur zum Teil in Buchform ediert. Sie sind der dritte Pfeiler von Andersens Selbstäußerungen.

Der Brief ist eines der ältesten Medien der Nachrichtenübermittlung, wird aber als kulturelles Phänomen eigentlich erst ab dem 18. Jahrhundert interessant. Alphabetisierung und Brieftransport florieren. Man belauscht innerseelische Regungen, strebt nach Besinnung, Gefühl und Reflexion, was ein geradezu inflationäres Aufkommen von Briefen und Briefwechseln (›Seelenbesuchen‹) bedingt. Goethe und Charlotte von Stein schickten einander mehrmals täglich kleine Billetdoux mit Liebesschwüren, obwohl sie am selben Ort lebten. Über zehn Jahre lang tauschten sie Briefe und Billets, die manchmal an Blumen oder kleinen Geschenken befestigt waren. Daneben wird der Brief zunehmend zur literarischen Gebrauchsform. Briefe und Briefwechsel gelangen an die Öffentlichkeit. Als Requisit und Spannungsträger wird der Brief fester Bestandteil von Drama und Prosa. Es entsteht sogar eine neue literarische Gattung, die sich überwiegend bis ausschließlich fingierter Briefe bedient. Die berühmtesten Briefromane jener Zeit sind PAMELA (1740) von Samuel Richardson, DIE LEIDEN DES JUNGEN WERTHERS (1774) von Johann Wolfgang Goethe und GEFÄHRLICHE LIEBSCHAFTEN (1782) von Choderlos de Laclos.

Andersen ist ein leidenschaftlicher Briefschreiber, der mit ganz Dänemark und der halben Welt korrespondiert. In ihrer Gesamtheit veröffentlicht, nähmen sie einen ähnlichen Umfang an wie seine GESAMMELTEN WERKE. Empfangene Briefe hebt er auf, seine Briefe werden von den Empfängern als literarischer Schatz vererbt. Gleich nach seinem Tod erscheint eine umfangreiche Auswahl in drei dicken Bänden. 1882 veröffentlicht Edvard Collin weitere Briefe in seinem Buch H. C. ANDERSEN OG DET COLLINSKE HUS, kurz darauf folgt in Buchform Andersens deutsche Korrespondenz (H. C. ANDERSENS BRIEFWECHSEL MIT DEM GROSSHERZOG CARL ALEXANDER VON SACHSEN-WEIMAR-EISENACH UND ANDEREN ZEITGENOSSEN, Leipzig 1887). Im Jahr 2002 erst erscheint auf Deutsch der Briefwechsel, den Andersen mit Lina von Eisendecher aus Oldenburg führte. Andersen selbst machte sich in seinem letzten Lebensjahr daran, die Korrespondenz zu ordnen. Er bestimmte testamentarisch, dass einige Freunde dieses Briefarchiv übernehmen und auf eine mögliche Herausgabe prüfen sollten.

Andersen erhält 1843 in Paris »Fanpost« von Lina Eisendecher, einer jungen Beamtengattin aus Oldenburg. Sie wird zu einer klugen und treu ergebenen Verehrerin, die ihm vor allem in Weimar die Türen öffnet.

Andersen über sich selbst

Andersen schreibt nicht, um ein intellektuelles Gespräch zu führen oder Probleme zu erörtern, sondern immer wieder nur, um sich selbst mitzuteilen und zu erklären. Laut Andersen-Kenner Erling Nielsen sind seine Briefe »des einsamen Mannes vertraulicher Feierabendschwatz«. Er erzählt, eher monologisch denn als Bestandteil eines Zwiegesprächs, vom Hölzchen aufs Stöckchen und gibt sich in seinen Briefen als unverstelltes Selbst. Aber ganz unverfälscht sind seine Äußerungen nicht. Das ist sehr schön zu überprüfen an zwei Briefen über einen Aufenthalt in einem Gutshof auf Fünen, beide vom 19. Juli 1836. Der eine an die Freundin Henriette Wulff und der zweite an Edvard Collin, Gestalten aus der Selbstbiografie, die ihn sein ganzes Schriftstellerleben lang begleiten. In beiden Briefen schildert er dasselbe Ereignis mit viel hypochondrischer Larmoyanz und Empfindlichkeit, aber auch gewürzt mit einer deftigen Prise Selbstironie. Bei der Freundin ist er zarter und humorvoller als beim Freund. Andersen zeigt sich als meisterlicher Briefschreiber mit der Fähigkeit zur diplomatischen Nuance.

An Henriette Wulff:

Tolderlund [Fünen], am 19. Juli 1836
Hier eingetroffen, fand ich Ihre liebe Epistel vor und ergreife am nächsten Tag die Feder, um auf diesem Hippogryph zu Ihrem Landsitz hinzufliegen und mich mit Ihnen zu unterhalten. Eine Feder, wenn sie Tinte zu trinken bekommt und die Landstraße eines Postpapiers hat, auf der sie laufen kann, ist doch ein ganz gutes Reitzeug! – Auf Lykkesholm blieb ich volle drei Wochen; aber Sie müssen auch bedenken, man lebt dort sehr gut, hat große Säle, durch die man gehen kann, und ich fühle mich erst in großen Zimmern so richtig wohl; außerdem ist der Garten besonders hübsch, reich an Rosen und Levkojen; ein ansehnlicher Binnensee trennt ihn vom Wald, zu dem man auf einer Floßbrücke hinüberwandern kann. Ich habe die Waldnatur so recht in mich eingesogen, wie Sie aus meinem neuen Roman ersehen werden. Der IMPROVISATOR zeigte die Auffassung des Nordländers von Italien; nun habe ich als Italiener eine Auffassung von Dänemark gegeben. Sie werden sehen, ich habe sie mit Liebe gegeben, wie der Fremde leicht die Fremde sieht. Gestern reiste ich von Lykkesholm ab, wo ich das Malheur hatte, dass die Schere, die in meiner Brieftasche verwahrt lag, aus der Tasche rutschte, und ich setzte mich einen Zoll tief in die Schere, so dass mein edles Blut mir an den Beinen

Hippogryph: Nach Pegasus, dem Flügelross der Dichtkunst. Das Wort leitet sich vom griechischen »Hippos«, also Pferd her.

»Der schönste Ort den ich auf Fünen kenne«, schrieb Hans Christian Andersen im Jahr 1832 über Lykkesholm. Das Schloss liegt in schöner, ruhiger Umgebung und wird heute für Kurse, Hochzeiten, Jagdgesellschaften und vieles andere mehr vermietet.

Mit dem neuen Roman meint Andersen NUR EIN SPIELMANN (1837), dessen Heldin Naomi heißt. Auch hier thematisiert Andersen seine Außenseiterrolle – Naomi ist ein Judenmädchen, unehelich, sie zigeunert herum.

Lykkesholm. Zeichnung von H. C. Andersen

niederfloss. Es hätte sehr gefährlich werden können. Gleich darauf flog mir ein Schildkäfer ins Auge, den ich erst heute mit Hilfe des Arztes herausbekommen habe; mein ganzes bezauberndes Auge ist entzündet, so dass ich es in Rosenwasser baden muss. (…) In den letzten Tagen, die ich auf Lykkesholm verbrachte, war der Schauspieler Foersom dort; eine solche Mischung aus Rohheit und Gutmütigkeit wie bei ihm habe ich noch nie angetroffen; auf die Dauer langweilte er mich sehr. Eines Morgens fand ich ihn in meinem Zimmer, wie er ungeniert dastand und meine Zahnbürste benutzte. »Wie können Sie nur eine fremde Bürste nehmen?«, fragte ich. »Oh, das macht mir nie was aus!«, antwortete er. Aber mir, das können Sie sich wohl vorstellen, machte es etwas aus; die Bürste flog auf der Stelle zum Fenster hinaus, obwohl ich hinterher einige Tage ohne Zahnbürste sein musste.

Von meinem neuen Roman habe ich drei Kapitel fertig; die Sprache schwillt von einer Sommerwärme, die ich empfangen habe, der liebe Gott mag wissen woher. Der Name der Heldin ist Naomi. (…) Für ein kleines Land zu schreiben, bin ich verurteilt; und wie viele erkennen mich an? Es ist, als ob man ein Orangenbaum in einem Sumpf wäre; der Bauer denkt, es sind saure Äpfel, labt seinen Durst und lässt ihn stehen und verfaulen. (…) Viele hier in Odense fühlen sich in O.Z. getroffen; mehrere werden genannt, dieser und jener nennt sich sogar selbst. Ich habe keine Ahnung davon. Der ganze neue Roman spielt in Fünen; dann wird es wohl böse aussehen, wenn er gelesen wird. Sonst nützte es dem

Andersen über sich selbst

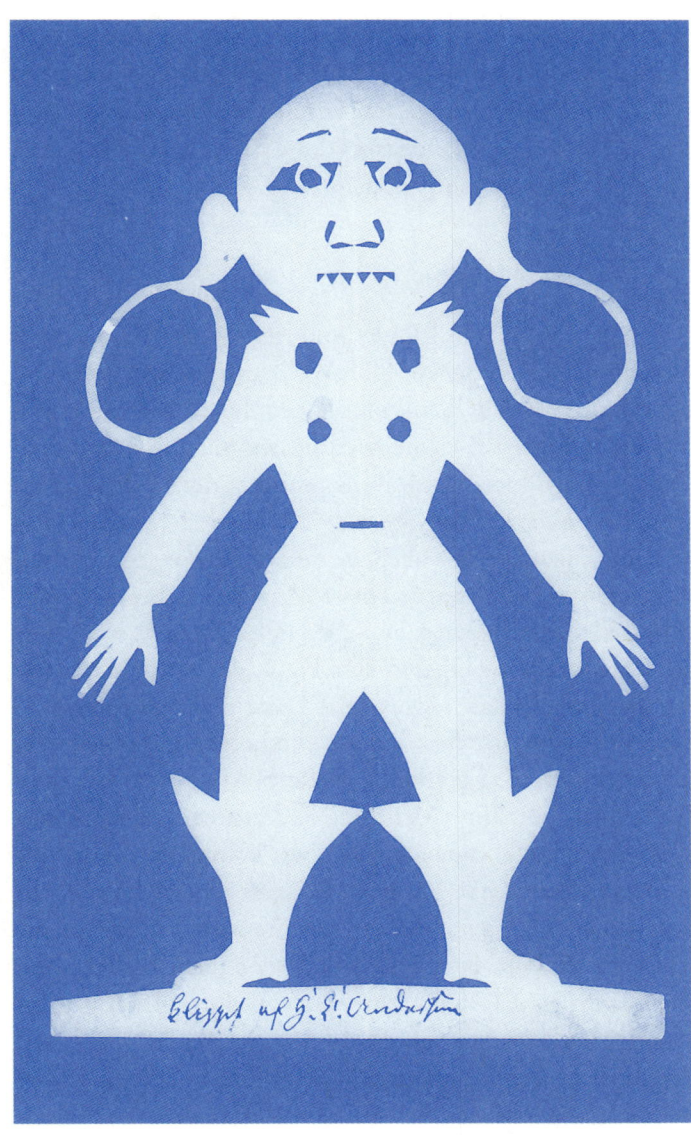

»Der Pirat«. Scherenschnitt
von H. C. Andersen

Absatz sehr, dass Leute ringsum im Lande meinen, im Buch Bekannte zu treffen. Hempel sagte neulich ganz spießbürgerlich mit einer Betonung, als ginge
es um Butter oder Käse: »Der Herr sei gelobt, dieses Buch geht gut!« Überall,
wohin ich komme und wo Kinder sind, haben diese meine Märchen gelesen;
sie bringen mir darum die besten Rosen und einen Kuss; aber die Mädchen
sind so sehr klein; einige habe ich daher gebeten, ob ich das Kapital nicht mit
Zinsen erst in sechs bis acht Jahren abheben dürfte. Schreiben Sie mir nun
schnell, schreiben Sie, was Sie mögen, es verwandelt sich doch in einen Strauß

geistiger Blüten, und daran habe ich keinen Überfluss in dem lieben grünen Fünen. Drei Tage hintereinander ist Regen und Oktoberwetter gewesen; ist es auch bei Ihnen so? Wie hält Ihre Mutter es aus? Grüßen Sie sie und den Vater! Geben Sie dem kleinen Peter einen Händedruck, und Sine einen Gruß bitte. Leben Sie nun wohl! Schreiben Sie morgen, dann ist es getan.

Der Bruder ◆

An Edvard Collin:

Tolderlund [Fünen], am 19. Juli 1836

Nun bin ich in Tolderlund, wie Sie sehen, fühle mich aber nicht recht wohl. Es ist ein unerträglich kaltes Wetter! Wind und Regen; hinzu kommt außerdem, dass es ein kleiner Landsitz ist, kleine, niedrige Zimmer, in denen man sich nicht bewegen kann, tiefliegend und feucht, mir tut der Hals weh, der Rücken weh, und ich fühle mich viel zu einsam. (…) Unterdessen kamen viele Gäste nach Lykkesholm, und einer, der blieb, war der Schauspieler Foersom. Er ist gutmütig, aber höchst roh! denken Sie! beim Mittagessen, bei dem mindestens vierzig Menschen zugegen waren und die Hälfte Damen, machte er aus einem Taschentuch und seinen Fingern eine Figur, die einen Mann mit bloßen Schenkeln vorstellte und das … vorzeigte. Das einzig Komische war, dass eine der Damen, die nicht gut sehen konnte, die Lorgnette hervorholte, um sich genau anzusehen, was es eigentlich war. Eines Morgens kam ich in mein Zimmer, und da stand Foersom seelenruhig und benutzte meine Zahnbürste. »Genieren Sie sich nicht!«, sagte ich, »aber wie können Sie die Zahnbürste von einem anderen nehmen?« – »Oh«, erwiderte er, »das macht mir weiß Gott nichts aus, Ihnen fehlt ja nichts!« – Als er draußen war, flog meine gute Zahnbürste sogleich aus dem Fenster, ich wollte sie nicht mehr in den Mund nehmen. Foersoms ganze Rohheit langweilte mich, und ich begann nun, mich nach Odense zu sehnen; wir fuhren also zum Jahrmarkt. Nun muss ich Ihnen meine Leidensgeschichte erzählen. Mein Koffer hatte auf dem Wagen keinen Platz, er musste wieder nach oben, und ich musste, während die anderen auf dem Wagen saßen, etwas für die Reise herauskramen. In der Eile steckte ich meine Schere in die Brieftasche und diese in die hintere Hosentasche. Wir fuhren los, die Schere rutschte heraus, ich stieg in einem Gasthaus ab, wo wir Met trinken wollten, ich sitze wieder auf, und nun hat sich die Schere herumgedreht, so dass ich mich einen ganzen Zoll tief in sie hineinsetzte. Ich konnte fühlen, wie das Blut floss, und nun musste ich hinein und das Hinterteil in Essig und Wasser baden. Pauli

Andersen spielt hier auf einen lebenslangen Komplex an: Für Edvard, den Sohn seines väterlichen Freundes Jonas Collin, ist Andersen zu distanzlos. Er begegnet den ständigen Annäherungen Andersens nicht unfreundlich, aber letztlich ohne Verständnis für dessen Seelenlage. So lehnt er das brüderliche ›Du‹ wiederholt entschieden ab, eine Zurückweisung, die Andersen bis ans Ende seines Lebens nicht verwindet.

Andersen über sich selbst

hielt die Tasse, und Foersom quetschte die Wunde aus, es war eine großartige Szene. Nun kam ich nach Odense; der Jahrmarkt war schlecht, das Wetter und ich schlecht, da fliegt mir ein Biest von einem Schildkäfer ins Auge, heraus konnten wir ihn nicht kriegen, keiner konnte ihn sehen, und ich litt Schmerzen. Dann wollte man mir einreden, es wäre Gicht. Uh! ich war ganz außer mir vor Wut. Die ganze Nacht wurde ich gequält, am nächsten Tag gab der Doktor mir etwas Augenwasser, und nun, aber erst gegen Nachmittag, holte man ein Monstrum, ein fliegendes Dromedar aus dem Auge. Nach diesem Leiden bekam ich Leibweh und Schmerzen in der Brust, und da kommt Ihr Brief. Nun müssen Sie sich vorstellen, ich war so richtig wehmütig gestimmt, hatte eine Sehnsucht nach Ihnen und den Ihren, wie ich sie lange nicht empfunden habe, und wie ich nun lese, da ist die Hälfte Ihres Briefes so genannter lustiger Unsinn, wie ich ihn zu empfangen nicht im geringsten aufgelegt war. Ich war jetzt in der Stimmung, dass ich dachte: O dieser Mensch, er hat mich doch nicht so gern wie ich ihn. Ich war gereizt, weil Sie sagten: Heute erwarte ich Emil! Mir war so. Ja, siehst du, ihn erwartet er, ihn hat er gern, ihm erweist er auch mehr Vertrauen, mit ihm geht er spazieren und spielt Schach! Uff! ich war wütend auf Sie, die Welt und Sie. (…)

Sind Sie nun ein Mensch mit Gefühl, dann schreiben Sie mir schnell, und mit schnell meine ich: gleich, einen langen Brief, antworten Sie mir auf das, was ich in einem der früheren Briefe gefragt habe, oder sagen Sie mir geradeheraus, dass Sie mir nicht darauf antworten wollen, dann weiß ich das. Emil habe ich besonders gern, machen Sie aber mehr von ihm her als von mir, dann habe ich bald etwas gegen ihn. (…) ◈

Blick auf Kopenhagen von der Frederiksberger Höhe. Unbekannter Künstler, um 1820

Die Stadt, die für mich die Welt war

*Am Montagmorgen, dem 6. September 1819, sah ich von der Frederiksberger
Höhe aus zum ersten Male Kopenhagen; dort draußen stieg ich mit meinem
kleinen Bündel aus und ging durch den Park, die lange Allee und die Vorstadt in
die Stadt hinein. Die ganze Stadt war in Bewegung, großes Menschengewimmel
auf den Straßen; jedoch überraschten mich all dieser Lärm und das Getümmel
nicht, es entsprach just dem Gewühle, das, wie ich mir vorgestellt hatte,
immer in Kopenhagen sein müsste, dieser Stadt, die für mich die Welt war.*

Kopenhagen ist die Hauptstadt von Dänemark, das um
1800 außer den beiden Königreichen Dänemark und
Norwegen (mit Island und den Färöern) auch die beiden
Herzogtümer Schleswig und Holstein umfasst. Mehr als
zehn Prozent der Untertanen des Königs von Dänemark
sprechen Deutsch als Muttersprache.

So wird auch am dänischen Hof bis Ende des 18. Jahrhunderts Deutsch gesprochen. Im Jahr 1750, unter König
Friedrich V., ist der mächtigste Mann in Kopenhagen ein
gebürtiger Mecklenburger: der Oberhofmarschall Adam
Gottlob Graf von Moltke. Auf dem Landsitz seiner Nach-
fahren wird Andersen später häufig zu Gast sein. Von vier
Mitgliedern des Geheimen Rats stammen drei aus Mecklen-
burg, einer gar aus Bayern. Die wichtigsten Regierungsbe-
hörden haben lediglich einen gebürtigen Dänen zum Chef,
auf den wichtigsten Gesandtenposten in den europäischen
Hauptstädten sitzen ein Sachse, ein Hannoveraner, ein
Mecklenburger und zwei Holsteiner. Und das ist keine Ausnahme in der feudalen Gesellschaftsordnung der Zeit, die in
unserem Sinn noch keine Nationen kennt.

Ein österreichischer Gesandter berichtet 1742 aus Kopenhagen: »Bei Hofe und in den vornehmsten Häusern wird gar
kein Dänisch, sondern lauter Deutsch gesprochen. Alle Bürger nehmen auch deutsche Mägde in ihre Dienste, damit die
Kinder von Jugend auf die deutsche Sprache lernen mögen,

Kopenhagen ist heute eine der hei-
tersten und buntesten Städte Europas, vielleicht die größte Kleinstadt
der Welt. Kaum eine Altstadt nördlich
der Alpen hat die Jahrhunderte so
harmonisch und in den humanen Di-
mensionen früherer Zeiten überstanden. Hier kann man den kleinen Kay
aus Andersens SCHNEEKÖNIGIN treffen. Hinter den Fenstern von Schloß
Amalienborg brennen heute wie damals die Lichter der Königswohnung,
unten schreiten die Gardisten unter
ihren warmen, turmhohen Bärenfell-
mützen gemessen auf und ab.
Während überall in Europa die Industrialisierung anbricht, bleibt Kopenhagen die mittelalterliche Märchenstadt,
die sie immer gewesen war. Innerhalb
des Verteidigungsgürtels rund um die
Stadt dürfen noch um 1850 keine
neuen Häuser gebaut werden, und
die wackelige Stadtmauer, die heute
abgetragen ist, sollte die Bewohner
damals noch vor Feinden schützen.
Andersen hat überall in der Altstadt
von Kopenhagen gewohnt, mal bei einer armen Witwe im möblierten
Zimmer, mal als geduldeter Hausgast

bei reichen Bürgerfamilien, sogar ins Königsschloss wird manchmal eingeladen.

Auf der anderen Seite der Altstadt wird um 1850 das Thorvaldsen-Museum errichtet. Mit seinen Hunderten von Marmorskulpturen und gigantischen Gipsabgüssen ist es das Mausoleum eines neoantiken Bildhauers. Körper aus einer anderen Welt, die im kühlen, protestantischen Norden wirken wie aufgespießte tropische Insekten.

Das Opernhaus liegt immer noch am großräumigen Kongens Nytorv. Hier tanzte damals der stilbildende Ballettmeister Bournonville, hier ließ sich der Theaternarr Andersen von Jenny Lind, der schwedischen Nachtigall, bezaubern.

Es sind immer noch dieselben Gassen, über die auch Andersen und Kierkegaard spaziert sind. Sie hatten sich übrigens nicht viel zu sagen, weil sie ständig mit sich selbst beschäftigt waren. Es stimmt: Kopenhagen ist die größte Kleinstadt der Welt. Und immer eine Reise wert.

so dass also die dänische Sprache bloß den Bauern übrig bleibt, welche jedoch das Deutsche auch ziemlich gut verstehen, ob sie es schon nicht sprechen können. Der Adel in Kopenhagen ist bis auf 6 Familien deutsch.«

Doch im gebildeten dänischen Bürgertum mehren sich um das Jahr 1740 Stimmen, die gegen die Dominanz der Deutschen aufbegehren und dabei vor allem die Aristokraten bei Hof und in der Regierung meinen. Der Schriftsteller Werner Abrahamson (1744–1812) aus Schleswig schimpft über die in Kopenhagen lebenden Holsteiner, »weil sie sich immer noch Deutsche nennen und erschrecken, wenn man sie irrtümlich für Dänen hält, weil sie die dänische Sprache verachten; weil sie mit lächerlicher Hartnäckigkeit dieser Sprache unkundig und in ihr ungeübt bleiben, obwohl sie in der Hauptstadt und in den Provinzstädten Ämter bekleiden.«

In der ›Deutschenfehde‹ spielt eine Oper die Rolle des Zünders für revolutionäre Aufwallungen. Man empfindet es als Skandalon, dass der nationale Mythos des Holger Danske, der Parallelen zum deutschen Barbarossamythos aufweist, ausgerechnet von einem Deutschen als Oper bearbeitet wird. Der Lübecker Musiker Friedrich Ludwig Aemilius Kunzen (1761–1817) verdient seit 1784 in Kopenhagen als Pianist und Klavierlehrer sein Geld. Und der junge dänische Dichter Jens Baggesen (1764–1826), ein Verehrer von Klop-

»Holger Danske«. Märchenillustration von Vilhelm Pedersen

stock, Schiller und Kant, schreibt das Libretto für die Oper HOLGER DANSKE, die zu heftigen deutsch-dänischen Spannungen führt und nur sechsmal aufgeführt wird.

Auch Andersen bearbeitet den Stoff, den er bereits 1830 für ein Gedicht verwandt hatte. Natürlich kannte er auch Ingemanns Drama von 1837. Möglicherweise schreibt er 1845 diesen Text, um Vorwürfen zu begegnen, die ihm nach seinem Reisebuch EINES DICHTERS BASAR wegen seiner mangelnden Vaterlandsliebe gemacht worden waren. Hier liefert er ein patriotisches Übersoll.

H. C. Andersen mit Fez. Zeichnung von Christian Hansen. Athen, 1841

🕊 Der kleine Junge im Bett sah deutlich das alte Kronborg am Öresund vor sich, den richtigen Holger Danske, der tief dort unten saß mit dem im Marmortisch festgewachsenen Bart und von allem träumte, was hier oben geschieht; Holger Danske träumte auch von der kleinen, armseligen Stube, wo der Bildschnitzer saß, er hörte alles, was da gesprochen wurde, und nickte im Traum und sagte: »Ja, erinnere dich nur meiner, du dänisches Volk! Gedenket meiner! Ich komme in der Stunde der Not!«

Und außerhalb Kronborgs glänzte der lichte Tag und der Wind trug die Klänge des Jagdhorns aus dem Nachbarlande herüber, die Schiffe fuhren vorbei und grüßten: »Bumm! Bumm!«, und von Kronborg kam Antwort: »Bum bumm!« Aber Holger Danske erwachte nicht, wie sehr sie auch schössen, denn es war ja nur ein: »Guten Tag! Vielen Dank!« Da muss anders geschossen werden, wenn er erwachen soll; aber er wird schon erwachen, denn er ist ein ganzer Kerl, der Holger Danske!« ◆

Kopenhagen erobert sich mit mäzenatischem Großmut einen festen Platz in der deutschen Literaturgeschichte: Friedrich Gottlieb Klopstock (1724–1803) wird vor allem auf Betreiben Bernstorffs 1750 in die dänische Hauptstadt berufen, wo er drei Jahre lebt. Klopstock hatte 1748 die ersten drei Gesänge seines MESSIAS veröffentlicht und wurde als große Hoffnung der aufblühenden deutschen Nationalliteratur gehandelt. Damit war ein Epos entstanden, das sich neben den antiken Klassikern Homer und Vergil behaupten konnte und bewies, dass die deutsche Literatur auch in einer Gattung bestand, die in der ästhetischen Theorie der Zeit als die höchste und würdigste galt. Immerhin hatte Preußenkönig Friedrich II., den die Nachwelt verklärend den Großen nennt, noch dem Französischen den Vorzug gegeben. Das Außergewöhnliche am Mäzenatentum des Dänenkönigs ist, dass Klopstock ohne jedwede Amts-

Andersen-Porträt von
Christian Albrecht Jensen, 1836

pflichten den MESSIAS vollenden kann. Er genießt die königliche Pension über ein halbes Jahrhundert bis zu seinem Tod im Jahr 1803.

Der Dänen größte Tat für die deutsche Literatur aber ist ihre Fürsorge für Friedrich Schiller im Jahr 1791. Friedrich Christian von Augustenburg und Graf Ernst von Schimmelmann bieten dem schwer kranken und ewig in materiellen Nöten schwebenden Dichter eine dreijährige Pension an. Jedes Jahr 1000 Taler, ein Mehrfaches seines Gehalts an der Universität Jena. Ernst Schimmelmann ist Finanzminister und Prinz Friedrich Christian von Augustenburg so etwas ähnliches wie ein Bildungsminister. Sie finanzieren dieses Stipendium aus ihrer privaten Schatulle. Schimmelmann und der Prinz schreiben mit zeitgenössischem Pathos: »Nehmen Sie dieses Anerbieten an, edler Mann! Der Anblick unserer Titel bewege Sie nicht, es abzulehnen. Wir kennen keinen Stolz als nur den, Menschen zu sein, Bürger in der großen Republik, deren

Grenzen mehr als das Leben einzelner Generationen, mehr als die Grenzen eines Erdballs umfasst. Sie haben hier nur Menschen, Ihre Brüder vor sich, nicht eitle Große, die durch einen solchen Gebrauch ihrer Reichtümer nur einer etwas edleren Art von Hochmut frönen.«

Auch dieses Stipendium ist mit keiner Residenzpflicht verbunden. Zwar hätte man ihn gern in Kopenhagen gesehen, aber Schiller will sich in Jena lieber in das Studium Kants vertiefen. Seine zahlreichen Briefe an den Prinzen von Augustenburg publiziert er zum Dank als BRIEFE ÜBER DIE ÄSTHETISCHE ERZIEHUNG DES MENSCHEN, seine wichtigste kunsttheoretische Veröffentlichung.

Geltung über die engen dänischen Grenzen hinaus behält die Kopenhagener Kunstakademie, bis zur Mitte des 19. Jahrhunderts für Künstler aus Norddeutschland eine wichtige Ausbildungsstätte. Besonders, weil bei den jährlichen Wettbewerben Stipendien für Italienreisen die Besten belohnen. Zu ihnen gehörten zwei überragende Künstler: der in Schleswig geborene Asmus Jacob Carstens (1754–1798), der bedeutendste Zeichner des Klassizismus in Deutschland, dessen künstlerischen Nachlass Goethe für Weimar erworben hat, und der aus Bredstedt stammende Maler Christian Albrecht Jensen (1792–1870), Dänemarks bedeutendster Porträtist im 19. Jahrhundert. Auch Andersen wird natürlich von ihm gemalt.

Bei Jens Juel, Jensens Vorgänger, gingen zeitweise auch Philipp Otto Runge und Caspar David Friedrich an der Kopenhagener Akademie in die Lehre.

Das deutsche Kopenhagen blutet langsam aus, aber noch zehren die jungen dänischen Autoren von den früheren Verhältnissen, die ihnen den Erfolg auf dem deutschen Buchmarkt erleichtern. Hans Christian Andersen ist der letzte, der davon in den 1840er Jahren profitiert. Der kulturelle Austausch wird 1848 durch den nationalen Konflikt um Schleswig-Holstein vollends unterbrochen und erst nach 1870 wiederbelebt.

Zur Zeit Andersens wirken in Dänemark eine Reihe hervorragender Künstler, Philosophen und Wissenschaftler, die auch in Europa Ansehen genießen. Der Bildhauer Thorvaldsen und der Sprachforscher Rasmus Kristian Rask (1787–1832) sind weit über die Grenzen des kleinen Landes hinaus bekannt. 1818 veröffentlicht Rask in Kopenhagen seine UNTERSUCHUNG ÜBER DEN URSPRUNG DER ALTEN NORDISCHEN ODER ISLÄNDISCHEN SPRACHE und legt damit einen Grundstein zur Erforschung der indogermani-

Mit seinen religiös-symbolhaften Naturgemälden ist Caspar David Friedrich (1774–1840) einer der bedeutendsten Vertreter der deutschen Romantik. Zwischen 1794 und 1798 studiert er an der Kopenhagener Akademie bei Nicolai Abraham Abildgaard (1743–1809) und dem auf Fünen geborenen Jens Juel (1745–1802), den beiden bedeutendsten dänischen Malern des 18. Jahrhunderts. Im Herbst des Jahres 1798 übersiedelt Friedrich nach Dresden, wo er zeitlebens bleiben wird. Andersen wird ihn dort im Jahr 1831 kennen lernen. 1801 freundet sich Friedrich mit Philipp Otto Runge (1777–1810) an, der ebenfalls bei Juel studiert hatte.

N. F. S. Grundtvig (1783–1872) ist der Initiator der dänischen Volkshochschulbewegung, die sich zum ländlichen Gegenpol der bürgerlichen Hauptstadtkultur entwickelte und das Lateingymnasium unterlief, das Grundtvig als »Schwarze Schule« verspottete. Mit seiner Volkshochschule sagte Grundtvig dem frivolen Kopenhagen den Kampf an.

schen Sprachen. Zu den herausragenden Figuren gehören der Philosoph Søren Kierkegaard, der Naturwissenschaftler und Andersen-Freund Ørsted und der Theologe Grundtvig. Nicht ohne Grund wird diese Zeit in Dänemark als »das goldene Zeitalter« (Guldalderen) bezeichnet. Weltweit bekannt aber werden einzig der Märchendichter und Søren Kierkegaard, der zu Andersens Kummer ebenfalls ein heftiger Andersen-Kritiker ist.

Kompliziert ist auch Andersens Verhältnis zu einer weiteren führenden Persönlichkeit im Kulturleben Dänemarks in der ersten Hälfte des 19. Jahrhunderts, dem eleganten und witzigen Kritiker und Hegel-Anhänger Johan Ludvig Heiberg. Heiberg ist der Literaturpapst seiner Zeit und ein König der Bühne. Zusammen mit seiner Ehefrau, der umschwärmten Schauspielerin Johanne Louise Heiberg, bestimmt er über Jahrzehnte hinweg das Leben in den Kopenhagener Salons und im Theater. Andersens Ambitionen als Dramatiker werden von Heiberg energisch unterdrückt. Aus heutiger Sicht und angesichts des Lebenswerks von H. C. Andersen vielleicht sogar zu Recht.

Den Lyriker Andersen schätzt er und druckt in KJØBENHAVENS FLYVENDE POST einige Gedichte. Aber das Verhältnis bleibt gespannt. Als Andersens Drama DAS MAURENMÄDCHEN im Dezember 1840 durchfällt, bereist der Dichter gerade Italien und erfährt nur bruchstückhaft von diesem Echo. Er hört, Heiberg habe sich abermals über ihn lustig gemacht, kann aber genaue Informationen erst nach seiner Rückkehr einholen. Heiberg hat ihn übel gezaust: Der Band NEUE GEDICHTE enthielt eine brillante »apokalyptische Komödie« mit dem Titel EINE SEELE NACH DEM TODE. Eine Satire auf den Kopenhagener »Durchschnittsbürger«, der nach seinem Ableben weder im Himmel noch im Elysium Platz findet, in der Hölle aber willkommen ist. Die ist kein Ort voller Feuer und Schwefel, sondern lediglich eine unaufhörliche Wiederholung der mittelmäßigen Existenz, die er zeitlebens geführt hat. Mephistopheles versichert der Seele, sie werde hier alles finden, woran sie gewöhnt sei, auch Theater. Bei Ankunft der Seele in der Hölle werden dort gerade DER MULATTE und DAS MAURENMÄDCHEN gespielt, und Mephistopheles erzählt von Andersens europäischem Ruhm, der »von Schonen bis zum Hunsrück« reiche – ja sogar bis nach Konstantinopel, wo der Großeunuch dem Harem des Sultans das

Porträt des Autors und Theaterdirektors Johan Ludvig Heiberg (1791–1860)

Andersen in Kopenhagen

Schauspiel DER MULATTE und den zum Tode Verurteilten DAS MAURENMÄDCHEN vorlese.

Doch Andersen wehrt sich. In seinem Reisebuch EINES DICHTERS BASAR schildert er die schlimmen Erfahrungen, die er in einem osteuropäischen Quarantänelager gemacht hatte:

🕊 In dieser Hölle träumte mir, ich sei in die Heibergsche Hölle eingeschlossen, und es war natürlicherweise ganz so, wie er erzählt hat; man gab nur meine beiden Stücke, und es war mir sehr recht, nein, als gutem Christen sogar besonders angenehm, zu erfahren, wie er uns auch erzählt hat, dass die Verdammten, nachdem sie meine Stücke gesehen hatten, sich als hinlänglich bestraft mit gutem Gewissen niederlegen konnten. Dort zum mindesten habe ich mit meinen Werken etwas Gutes bewirkt. Allerdings erfuhr ich da unten, dass man beschlossen hatte, nicht nur meine beiden Stücke an einem Abend, sondern zum Abschluss auch Heibergs FATA MORGANA aufzuführen; aber die verlorenen Seelen hatten dagegen protestiert – schließlich kann man einem auch die Hölle zu heiß machen, und irgendwo muss doch eine Grenze sein! ◆

Die Schauspielerin Johanne Luise Heiberg (1812–1890)

Das biedermeierliche Kopenhagen ist – auch – eine Schlangengrube. In dieses Kopenhagen kommt H. C. Andersen im September des Jahres 1819, 14 Jahre alt, ein ungelenker Tölpel mit bestenfalls rudimentärer Schulbildung, mit 10 Talern in der Tasche und vom Wunsch beseelt, berühmt zu werden. Um jeden Preis und gleichgültig, womit. Er will entweder singen oder tanzen, vielleicht auch beides. Schauspieler will er sein, und natürlich Dichter. Seine ersten Auftritte sind beileibe kein Erfolg zu nennen, und als Fünfzigjähriger gibt er darüber im MÄRCHEN MEINES LEBENS mit viel Selbstironie Auskunft. Aber erstaunlich, wie leicht es dem ungehobelten Landei fällt, in Kopenhagen zu allen tonangebenden Menschen Kontakte zu knüpfen. Es spricht für sein Talent, aber auch für die heute kaum nachzuvollziehende Offenheit und Durchlässigkeit der spätfeudalen Gesellschaft. Zumindest für Intellektuelle und Künstler. Diesem scheuen Proletarierkind öffnen sich alle Türen, bis hin zum König. Er wird den Tag seiner Ankunft in Kopenhagen bis ans Lebensende wie einen zweiten Geburtstag feiern.

Theatervorhang mit Ballerinas. Scherenschnitt von H. C. Andersen

Madame Schall, Solotänzerin am Königlichen Theater in Kopenhagen.
Lithografie um 1821

Mein erster Gang in der Stadt war zum Theater; ich ging mehrmals drum herum, blickte an den Mauern hoch und betrachtete das ganze Bauwerk als ein Zuhause, das sich mir noch nicht aufgetan hatte. Einer der fliegenden Kartenverkäufer an der Ecke hielt mich an und fragte, ob ich eine Einlasskarte haben wollte; ich hatte so gar keine Ahnung von der Welt und von Sitte und Brauch in Kopenhagen, dass ich glaubte, der Mensch wolle mir die Karte schenken; ich dankte auf das herzlichste, er dachte, ich machte mich über ihn lustig, und wurde böse, so dass ich erschrocken von dem Orte fortlief, der mir der liebste war; am wenigsten dachte ich daran, dass hier zehn Jahre später meine erste dramatische Arbeit aufgeführt werden und ich demnach doch in diesem Haus vor das dänische Publikum treten sollte. Am nächsten Tag zog ich meine Konfirmations-kleider an, die Stiefel wurden natürlich nicht vergessen, und die Schäfte wurden bis hoch über die Beinkleider gezogen; dergestalt, in meinem größten Putz und mit einem Hut, der mir bis über die Augen herabrutschte, ging ich zur Tänzerin Madame Schall, um ihr meinen Empfehlungsbrief zu überbringen. Bevor ich am Glo-ckenstrang zog, kniete ich vor der Tür nieder und betete zu Gott, dass ich hier Hilfe und Schutz finden möge; im selben Augenblick kam, mit ihrem Markt-korb am Arm, eine Dienstmagd die Treppe herauf, sie lächelte freundlich, steckte mir ein Sechsschillingstück zu und rannte weg; ich sah sie an und sah das Schillingstück an, ich hatte doch meine Konfirmationskleider an, musste doch sehr vornehm aussehen, so meinte ich, wie konnte sie glauben, dass ich betteln wollte; ich rief sie zurück. »Behalt es nur!«, rief sie zu mir herunter und war weg.

Endlich wurde ich zu der Tänzerin eingelassen, die mich mit großem Erstaunen ansah und anhörte; sie kannte nicht im geringsten den alten Iversen, von dem der Brief kam; meine ganze Erscheinung und mein Benehmen kamen ihr höchst absonderlich vor. Ich sprach auf meine Art von der großen Lust, die mich erfüllte, ans Theater zu kommen, und auf ihre Frage, welche Rollen ich meinte ausführen zu können, entgegnete ich: »CENDRILLON! den liebe ich so sehr!« Dieses Stück hatten die königlichen Schauspieler in Odense gegeben, und die Hauptrolle darin hatte mich in solchem Grade beschäftigt, dass ich sie ganz und gar aus dem Gedächtnis spielen konnte. Ich wollte ihr eine Probe davon geben, und da sie Tänzerin war, meinte ich, es müsse für sie am interessantesten sein, wenn sie die Szene sähe, in der Cendrillon tanzt. (…) Meine seltsamen Gebärden, meine ganze erstaunliche Beweglichkeit hatten zur Folge, dass die Tänzerin, wie sie mir selbst lange Zeit später erzählte, meinte, ich sei verrückt, und sich beeilte, mich wieder loszuwerden.

Nun ging ich zum Theaterchef, dem Kammerherrn Holstein, um mich um eine Anstellung zu bewerben; er betrachtete mich und sagte, ich sei zu mager fürs Theater. »Oh«, erwiderte ich, »wenn ich nur mit hundert Reichstalern Gage angestellt werden könnte, würde ich schon fett werden!« Der Kammerherr wies mich ernst ab und fügte hinzu, man engagiere nur Menschen, die Bildung hätten.

Frederik von Holstein (1771–1853), Direktor des Königlichen Theaters von 1811 bis 1840.

Innigst betrübt stand ich da, keinen Menschen hatte ich, der mir Trost und Rat geben konnte; da gedachte ich zu sterben, weil es das einzig Beste für mich wäre, und mein Gedanke flog zu Gott empor, mit dem ganzen Zutrauen des Kindes zu seinem Vater klammerte sich mein Gedanke an ihn; ich weinte mich tüchtig aus und sagte dann zu mir selbst: »Wenn zuerst alles so richtig unglücklich geht, schickt er Hilfe, das habe ich gelesen; man muss viel erdulden, und dann wird man etwas!« (…)

Da lief ich nun auf der Straße umher; niemand kannte mich; ich war ganz verlassen. Da fiel mir ein, dass ich in den Zeitungen in Odense von einem Italiener gelesen hatte, Siboni, der in Kopenhagen als Direktor des Königlichen Konservatoriums angestellt worden war; alle Menschen hatten doch meine Stimme gelobt, vielleicht würde dieser Mann sich meiner annehmen; tat er dies nicht, dann musste ich noch am selben Abend zusehen, dass ich einen Schiffer fand, mit dem ich wieder heim nach Fünen kommen konnte. Beim Gedanken an die Heimreise wurde ich noch aufgeregter, und in dieser leidvollen Stimmung suchte ich

Giuseppe Siboni (1780–1839) war italienischer Sänger und Gesangslehrer in Kopenhagen.

Der gebürtige Holsteiner Christoph Ernst Frederik Weyse (1733–1842) ist ein bedeutender dänischer Komponist. Den Mittelpunkt seines Schaffens bilden etwa einhundert Vertonungen dänischer Lyrik, die sich bis heute großer Beliebtheit erfreuen. Weyse hatte einen Ruf als Mäzen junger Künstler. Auch für Andersen sorgte er. Jens Baggesen (1764–1826) gehört mit seinem dichterischen Werk der dänischen und deutschen Nationalliteratur an, aber nur in Dänemark nimmt man ihn heute noch zur Kenntnis. In DAS LABYRINTH (1792/93) schildert er seine Eindrücke und Gefühle von einer Reise durch Deutschland, die Schweiz und Frankreich. Das Buch wird Vorbild für Andersens erstes Reisebuch SCHATTENBILDER. Baggesen liefert sich heftige literarische Dispute mit Oehlenschläger.

Siboni auf! Er gab gerade eine große Mittagsgesellschaft, unser berühmter Komponist, Professor Weyse, der Dichter Baggesen und mehrere andere waren dort. Der Hausjungfer, die mir öffnete, erzählte ich nicht nur mein Begehr, als Sänger angestellt zu werden, sondern auch meinen ganzen Lebenslauf; sie hörte mit großer Anteilnahme zu und muss einen Teil davon wiedererzählt haben, denn ich wartete lange, bis sie zurückkam, und als sie dann kam, folgte ihr die ganze Gesellschaft. Allesamt betrachteten sie mich. Siboni führte mich in das Zimmer, wo das Klavier stand; ich musste singen, er hörte aufmerksam zu; ich sprach Szenen aus Holberg vor und zwei Gedichte, in denen das Gefühl von meiner eigenen unglücklichen Lage mich dermaßen überwältigte, dass ich richtig in Tränen ausbrach, und die ganze Gesellschaft klatschte Beifall. (…)

Ungefähr ein dreiviertel Jahr lang ging ich so bei Siboni aus und ein; da verlor ich meine Stimme, bekam Stimmbruch, und ich war den ganzen Winter und Frühling gezwungen gewesen, in schlechtem Schuhwerk zu gehen, hatte täglich nasse Füße gehabt; die Stimme schwand, und es war keine Aussicht mehr, dass ich ein ausgezeichneter Sänger werden würde, wie man gesagt hatte, Siboni rief mich zu sich herein, sagte es mir ehrlich und riet mir, nun, da der Sommer begann, nach Odense zurückzugehen und dort ein Handwerk zu lernen. (…)

Wie ich da so stand, wieder verlassen und allein, darüber nachgrübelnd, was ich nun tun sollte, an wen ich mich wenden sollte, fiel mir ein, dass hier in Kopenhagen ja der Dichter Guldberg lebte, ein Bruder des Obersten in Odense, der mir so viel Freundlichkeit erwiesen hatte. (…) Eine große Freude hatte ich außerdem, da Guldberg den Schauspieler Lindegreen dazu vermochte, mich als künftigen Schauspieler zu unterweisen. (…) Lindegreen ließ mich den Monolog in der Bildergalerie vorsprechen, und obgleich er lachte und mich fragte, bevor ich begann, ob ich wirklich meinte, ich würde es dazu bringen, dem großen Meister Correggio ähnlich zu werden, hörte er mir mit wachsendem Ernst zu, und als ich geendet hatte, streichelte er meine Wange und sagte: »Gefühl haben Sie! aber ein Schauspieler steckt nicht in Ihnen. Der Herrgott mag wissen, was Sie werden! Sprechen Sie mit Guldberg,

Der dänische Schriftsteller und Übersetzer Frederik Hoegh-Guldberg (1771–1852) wird berühmt als Verfasser des elegischen Gedichts DER ASSISTENZFRIEDHOF (1796). Der orientalischen Beulenpest fallen 1711 und 1712 rund 22 000 Bewohner der Stadt zum Opfer. Der »Assistens Kirkegaard« wird als letzter Hilfsfriedhof im Jahr 1757 im nördlichen Stadtteil Nørrebro eingerichtet. Wegen seiner parkähnlichen Anlage wird er bald zum Lieblingsfriedhof Kopenhagener Bürger.

Andersen in Kopenhagen

dass er Ihnen etwas Latein beibringt! Das ist immer ein Weg zum Studium hin!«

In diese Zeit fällt auch mein erstes Zusammentreffen mit dem Mann, der mir seither durch all die Jahre ein liebevoller Vater geworden ist und in dessen Kindern ich meine Geschwister gefunden habe; die Familie, in der ich gewissermaßen Wurzel geschlagen habe; ich brauche nur den Namen des Mannes auszusprechen, und das ganze ältere Geschlecht weiß, was er im Dienste des Staates gewirkt und getan hat zum Nutzen der Gesamtheit und des einzelnen; einer der Tüchtigsten im Geschäftsleben, das edelste und beste Herz, vereint mit einem sehr bestimmten starken Willen: der Geheime Konferenzrat Jonas Collin. – Zu seinen vielen,

Jonas Collin (1776–1861) stammt aus einer hochangesehenen jüdischen Familie. Er ist Finanzdeputierter, Geheimer Konferenzrat, Berater des Königshauses und Direktoriumsmitglied des Königlichen Theaters in Kopenhagen. Collin wird der wichtigste und einflussreichste Förderer und Gönner Andersens. Der ‚adoptiert‘ ihn als Ersatzvater und fühlt sich allen Mitgliedern der Familie Collin sein Leben lang eng verbunden, besonders dem etwas jüngeren Edvard (1808–1886) bringt Andersen brüderliche Gefühle entgegen.

»Bald sind wir im Paradies«.
Illustration von Honor C. Appleton

höchst verschiedenen Wirkungskreisen gehörte es auch, Direktor des Königlichen Theaters zu sein. (…)

Ich ging hin, Collin sprach mit mir, ich sah nur den Geschäftsmann in ihm; er sagte nicht viel, und seine Rede war ernst und beinahe streng, wie es mir schien; ich ging fort, ohne von diesem Mann irgendwelche Anteilnahme zu erhoffen; und just Collin war es dann, der am tiefsten an mein Wohl dachte, der in der Stille dafür wirkte, wie er es sein ganzes Leben lang für viele von den heute tätigen Männern des Landes getan hat. Damals verstand ich nicht die Ruhe, mit der er zuzuhören schien, während doch sein Herz bei dem, was der Bedürftige ihm erzählte, bluten konnte und, wenn dieser fort war, ihm die Tränen in die Augen traten, und er immer mit Nachdruck und Erfolg zu wirken und zu helfen wusste. – Mein eingesandtes Stück, für das mich so viele mit Lobesreden überschütteten, streifte er flüchtig und nebenbei, so dass ich mehr einen Feind als einen Beschützer in ihm sah. Aber nach Verlauf einiger weniger Tage wurde ich zur Theaterdirektion gerufen. Rahbek führte das Wort, übergab mir mein Manuskript ELFENSONNE und sagte, dies Stück sei für die Bühne unbrauchbar, man habe aber dennoch »so viele goldene Körner« darin gefunden, dass man die Hoffnung hegte, ich würde durch ernsthafte Studien, wenn ich in eine Schule käme und von vornan lernte, was dazugehörte, der dänischen Bühne vielleicht einmal Arbeiten bringen können, die des Aufführens wert seien; damit ich nun leben und mir die notwendige Unterweisung verschaffen könnte, habe Collin meine Sache beim König Frederik VI. vertreten, der mir allergnädigst für einige Jahre aus öffentlichen Mitteln eine Summe zu meinem Unterhalt vergönnt habe, und die Direktion der Lateinschulen habe mir freien Unterricht in der Lateinschule zu Slagelse gewährt, wo gerade ein neuer und, wie man sagte, betriebsamer Rektor angestellt worden sei. Ich war fast stumm vor Überraschung, niemals hatte ich mir vorgestellt, dass mein Leben diese Wendung nehmen könnte.

Der dänische Dichter Bernhard Severin Ingemann (1789–1862) ist zunächst stark von der deutschen Romantik beeinflusst. 1822 wird er Lektor für dänische Sprache und Literatur an der neugestifteten Universität zu Sorø. Unter Einfluss seines Freundes Grundtvig bearbeitet er Stoffe, die eine große Bedeutung für die Entwicklung des dänischen Nationalbewusstseins haben, so auch die mythische Gestalt des Holger Danske.

An einem schönen Herbsttag reiste ich mit der Post von Kopenhagen ab, um in der Schule in Slagelse anzufangen, an dem Ort, wo Baggesen und Ingemann ebenfalls ihre Schulzeit verbracht hatten. Ein junger Abiturient, der einen Monat vorher sein Abiturium gemacht hatte und nun nach Jütland heimreiste, um sich als Abiturient vorzustellen und Eltern und Freunde zu besuchen, saß neben mir und jubelte vor Freude über das neue Leben, das offen vor ihm lag; er versicherte mir, dass er der unglücklichste Mensch sein würde, wenn er sich an meiner Statt befände und nun wieder anfangen sollte, in die Lateinschule zu gehen! das wäre

Andersen in Kopenhagen

etwas ganz Entsetzliches; aber ich reiste guten Mutes in die alte Stadt. Meine Mutter bekam einen glückseligen Brief von mir, und innigst wünschte ich, dass doch mein Vater und meine alte Großmutter am Leben gewesen wären und gehört hätten, dass ich nun in die Lateinschule käme. ◆

»Der standhafte Zinnsoldat«. Illustration von F. J. Sherman

In den Träumen sitze ich noch auf der Schulbank

Gott, heilig und feierlich verspreche ich dir bei meiner ewigen Ruhe,
nicht gegen dich zu murren, sollte es mir in der 4. Klasse schlimm ergehen,
wenn ich nur dorthin gelange.

Wir haben gesehen, wie der Knabe Andersen weitgehend repressionsfrei, beinahe nach den Regeln der später so heftig missverstandenen ›antiautoritären Erziehung‹ aufwächst. Der französische Philosoph Jean-Jacques Rousseau hatte schon gegen Ende des 18. Jahrhunderts gefordert, heranwachsende Menschen müssten frei sein von verbildenden Einflüssen. Erziehung sollte sich lediglich darauf beschränken, negative Einflüsse fernzuhalten. Vorsichtig und weise soll der Erzieher sein, nicht gegen die Neigungen des Kindes ankämpfen, sondern sie behutsam korrigieren, so wie man einen Garten mit geringen Eingriffen natürlich wachsen lassen soll. Besonders der Schweizer Johann Heinrich Pestalozzi ließ sich von Rousseau zu seiner sanften Pädagogik inspirieren.

Gewiss sind Andersens Eltern solche erzieherischen Konzepte fremd. Üblich ist anderes, denn schon die Bibel sagt (Sirach 30,1): »Wer sein Kind lieb hat, der hält es stets unter der Rute, dass er hernach Freude an ihm erlebe.« Der tatsächliche Ton zeitgenössischer Erziehung erklingt schon eher bei Dr. Daniel Gottlieb Moritz Schreber (1808–1861) aus Leipzig. Seine Schriften, die bis zu 40 Auflagen erlebten, wollen die Eltern zur systematischen Erziehung der Kinder anleiten. Schreber empfiehlt unter anderem, den schreienden Säugling durch »körperlich fühlbare Ermahnungen« zur Ruhe zu zwingen, und versicherte: »Eine solche Prozedur ist nur ein- oder höchstens zweimal nötig, und man ist Herr des Kindes für immer.« Generationen befolgen im besten Glauben die Ratschläge Schrebers und ähnlicher Autoren zur Aufzucht kleiner Untertanen, ohne zu erkennen, dass sie ihre Kinder einer Folter mit Langzeitwirkung aussetzen.

Der Rohdiamant aus der Provinz braucht Schliff. Wenn er sich in Kopenhagen durchsetzen wolle, so hatten ihm seine Freunde und Gönner empfohlen, müsse er unbedingt die Lateinschule besuchen und sein Abitur machen.

Seiner offenkundigen und lebenslangen Rechtschreibschwäche und seiner mangelnden Bildung sollte so abgeholfen werden. Der Besuch der Schule zunächst in Slagelse, später in Helsingør gerät für den hochaufgeschossenen 17-Jährigen, der mit 11-Jährigen die Schulbank drücken musste, zum lebenslangen Trauma. Der Leiter der Lateinschule, Dr. Simon Meisling, scheint sein erzieherisches Konzept direkt aus Schrebers Handbuch der Schwarzen Pädagogik entlehnt zu haben.

Eigentlich ist Dr. Simon Meisling als Humanist und durchaus engagierter und begabter Pädagoge bekannt. Doch für den empfindsamen Jungen, dessen Äußeres so wenig einnehmend war, bringt er, der doch selbst als Dichter sich versucht hatte, kein Verständnis auf. Dabei ist Andersen ein mustergültiger Schüler, nur Meislings Paradefächer Griechisch und Latein liegen ihm nicht. Dazu ist der Direktor überaus cholerisch und bedient sich eines für einen gebildeten Menschen durchaus unüblichen Gassenjargons. Er flucht wie ein Bierkutscher und verwirrt den armen Andersen, der, seiner Gewohnheit getreu, immer alles wörtlich nimmt. Ewig treibt ihn die Angst, in Ungnade zu fallen, und noch gegen Ende seines Lebens verfolgte der alte Meisling ihn in seinen Alpträumen. An den Komponisten J. P. E. Hartmann (1805–1900) schreibt er im Juni 1870: »Es ist erstaunlich, wie oft, zuletzt noch vorgestern nacht, ich im Traum die Zeit wieder erleben kann, als ich bei Meisling im Hause war; der Druck muss sehr hart gewesen sein und meine Abhängigkeit von der Umwelt, nach meinen jetzigen Begriffen, unsagbar bitter.« Im Tagebuch heißt es zur selben Zeit: »Heute nacht schlecht geschlafen. Gestern hatte ich wieder meinen Traum von der Abhängigkeit; ich rannte Meisling davon, hatte Angst vor dem alten Collin, da man in der neuen Schule unzufrieden mit mir war. Dass ich immer noch solche Träume haben kann! Wie bin ich in der Jugend doch unterdrückt worden!«

Dr. Simon Meisling. Karikatur von J. C. Deichmann

Dabei hatte sich der Besuch der Lateinschule zunächst ganz positiv angelassen, das zeigt jedenfalls sein erstes Zeugnis, das Meisling am 6. Oktober 1823 für ihn ausstellte: »Am Ende des Schuljahres kann ich nicht umhin, H. C. Andersen für den unverdrossenen Fleiß, mit dem er, insonderheit während der zweiten Hälfte des Jahres, bestrebt gewesen ist, sich einen Teil der für ein weiteres Fortkommen notwendi-

Lateinschule, erste Dichtungen

Schulszene Ende der 1820er Jahre. Zeichnung von G. J. Quaade

gen Vorkenntnisse zu erwerben, ein wohlverdientes Lob zu erteilen. Zur Belohnung sowie zur weiteren Ermunterung wird er in die dritte Klasse der Schule aufgenommen.«

Andersen ist überglücklich, doch mit Beginn des neuen Schuljahres brechen erst recht schwere Tage für ihn an:

🦢 Meisling kehrte stets schlechtgelaunt nach Slagelse zurück; wir hatten bei ihm täglich eine Stunde Griechisch. Obwohl er so milde zu mir gewesen war und mich in die nächste Klasse versetzt hatte, fing er doch gleich wieder damit an, alles, was ich sagte, zu verspotten und ins Lächerliche zu ziehen. (…) Auch mein Äußeres diente ihm als Zielscheibe für seine Einfälle, die nicht immer witzig waren. »Shakespeare mit den Vampiraugen« nannte er mich. Häufig brach ich in Tränen aus, dann ließ er den jungen Grafen Schmettau von draußen einen Feldstein holen und vor mich hinlegen, damit ich mir die Augen trocknen könnte.

Ich versank in eine wehmütige Stimmung, alle meine Briefe atmeten Wehklage. Guldberg in Odense redete mir wie ein Vater zu und predigte mir, dass ich Verstand und Genie besäße. Ich hatte meine Zweifel daran, denn Meisling verhielt sich zu mir stets unverändert. Eine Zeitlang schaffte

Alexander Schmettau (1807–1891) war von 1824 bis 1826 Schüler in Slagelse. Einer seiner Vorfahren stand Friedrich II. sehr nahe und zeichnete sich als Kartograf aus. Frederik Hoegh-Guldberg ist einer der Gönner Andersens in den ersten Kopenhagener Jahren von 1819 bis 1822.

Die Soldins sind eine berühmte Buchhändlerfamilie in Kopenhagen.

ich es sogar, der Klassenerste zu sein; da aber saß ich ihm noch näher, und das veranlasste ihn zu noch bissigerem Spott, wenn ich vor Angst meine Antworten in verwirrter Reihenfolge vortrug. – Eines Tages hatte ein anderer Schüler auf meinen Homer-Band einen dummen Vers geschrieben, M. las ihn und fuhr mich heftig an. Darauf entgegnete ich: »Aber das ist nicht von mir, wie Sie sehen, gleicht die Schrift nicht meiner Hand!« – »Aber Ihrem VERSTAND!«, antwortete er. »Sie sind ein stupider Kerl, aus Ihnen wird nie etwas! Wenn Sie einmal auf eigenen Füßen stehen, werden Sie gewiss einen Haufen Papier beschmieren, aber kein Mensch wird Ihr Geschreibsel lesen, Buchhändler Soldin wird es als Makulatur verkaufen. – Na, Sie werden doch wohl nicht weinen! So ein langer Lulatsch!« – Das war seine Art, mich zu erziehen. (…)

Examen bei H.C. Ørsted in Kopenhagen. Fresko von Niels Larsen Stevns

In einer solchen Stimmung, nachdem ich mein Herz ausgeweint hatte und nun sehnlich und fest darauf hoffte, dass der Herrgott mich sterben lassen werde, schrieb ich mein Augenblicksgefühl in einem kleinen Gedicht nieder, und das war DAS STERBENDE KIND – jenes von allen meinen Gedichten, das die Leute am meisten angesprochen und das Glück genossen hat, in mehrere Sprachen übersetzt zu werden. – Als es geschrieben war, bekam ich die entsetzlichsten Gewissensbisse, weil ich nun doch gedichtet hatte, und das durfte ich ja gar nicht. Ich schrieb das Gedicht nun in einem Brief an Collin ab und versicherte ihm, ich könne gar nichts dafür, es sei ganz von selbst gekommen, und ich hätte mit seiner Abfassung keine Zeit verschwendet – und das erleichterte mein Herz. Selbst Meisling bekam mein Gedicht zu sehen,

Lateinschule, erste Dichtungen

denn da man mir das Dichten verboten hatte, glaubte ich wirklich, ich hätte damit eine Sünde begangen. ◆

Die Lateinschule wird Andersen beim alten Meisling nicht beenden. Auf Anregung von Collin wird er in Kopenhagen privat unterrichtet und legt dort sein Examen ab. »Fahren Sie zur Hölle!«, waren Meislings letzte Worte, als Andersen zu ihm nach Helsingør kam, um sich von ihm zu verabschieden. Es spricht für Andersens Gerechtigkeitssinn, aber auch für seinen obsessiven Harmoniezwang, dass er dem Porträt des Tyrannen später im MÄRCHEN MEINES LEBENS einen Zug von Menschlichkeit hinzufügt, so dass das Martyrium der Schuljahre einen harmonischen Abschluß erhält.

Das Examen selbst verläuft glimpflich, auch wenn Andersen furchtbar aufgeregt ist:

🦢 Am ersten Tag der schriftlichen Prüfung war ich so unruhig, dass mich beim Eintreten zum ersten Mal in meinem Leben heftiges Nasenbluten überkam. Ich wurde mit zwei anderen an einen Tisch gesetzt, der eine hieß Baggesen, der zweite war Arnesen, dessen Vaudeville DIE INTRIGE AM VERGNÜGUNGSTHEATER just in diesen Tagen aufgeführt wurde. Er hatte es in der Schule gedichtet. ◆

Die mündliche Prüfung endet mit einem kleinen Malheur, danach ist alles vorüber:

🦢 In Mathematik prüfte mich von Schmidten, der mich von Ørsteds her kannte, ein sehr scheuer, schüchterner Mann, jedoch herzensgut und ein selten brillanter Kopf. – Wir waren beide verlegen, und weil er mir Mut machen wollte, fragte er mich als erstes ganz leise: »Was werden Sie denn schreiben, wenn das Examen vorbei ist? Dann betreten Sie recht Ihre Bahn!« – Ich fasste ein bisschen Mut und antwortete: »O Gott, fangen Sie doch bitte mit dem Examinieren an, damit ich bald fertig bin! Ich habe solche Angst.« – Nun ging es los; das Auditorium lachte, obwohl ich ganz richtige Antworten gab, doch der Grund dafür war, dass ich so wild mit der Schreibfeder gestikulierte und das Gesicht des Professors mit Tinte überspritzte; der aber wollte in seiner Gutmütigkeit nichts sagen, sondern wischte sich ganz ruhig die Spritzer ab. ◆

Der angehende Dichter hat endlich das Abitur und bewegt sich in seinem Element: »Jetzt durfte ich wohl dichten, und ich stürzte mich auf die FUSSREISE.« Stolz führt er das Erworbene vor, prunkt anspielungssatt mit seinen Lesefrüchten, schlägt Rad wie ein Pfau und vollführt einen Parforceritt quer durch die Plantagen der Weltliteratur. Völlig losgelöst und unangefochten in Fragen geistigen Eigentums plündert er die Werke seiner Vorbilder Scott, Heine, Tieck und vor allem E. T. A. Hoffmann. Die eigene Person betrachtet er mit einem erstaunlichen Hang zur Selbstironie. Er meint, wer selbst Witze über sich macht, nimmt seinen Kritikern den Wind aus den Segeln. Er sollte sich irren.

Zunächst aber betritt er im neunten Kapitel der Fussreise von Holmens Kanal zur Ostspitze von Amager (1829) staunend den »Tempel der Poesie«, in dem die gesamte Dichtkunst vertreten ist, die triviale und die hochklassige, die geschriebene ebenso wie die mündlich überlieferte. In einem literarischen Kabinettstück, deren die Fussreise einige zu bieten hat, wird der kommende Märchenautor sichtbar.

Bald entschlüpfte ich meinem Gefängnis und stand nun frei und glücklich vor dem Tempel in dem wunderbaren Garten. An der breiten Haupttreppe war ein munteres Gewimmel von kleinen Jungen … Ein paar Stufen höher saß ein altes Liederweib mit vielen neuen Sachen, »gedruckt in diesem Jahr«. Für einen Spottpreis verkaufte sie mir eine kleine Karte des Gartens und eine Geografie, in der das gesamte Dichterland beschrieben war, das, ebenso wie Frankreich, aus Departements bestand. – Ich konnte schon vom Gipfel einen großen Teil von ihnen überschauen. (…)

Andreas Reitzel (1789–1853) gründet 1819 in Kopenhagen einen Verlag, der noch heute existiert, ebenso wie die Gyldendalsche Buchhandlung. Friedrich Brummer (1718–1836) ist der Verleger von Oehlenschläger und Baggesen.

»Oh«, sagte das Liederweib, »hier kommt man sehr leicht hinein. Man braucht sich nur bei Reitzel, Brummer oder in der Gyldendalschen Buchhandlung ein Billett zu kaufen, ja, man kann es in allen Leihbibliotheken erwerben – nichts ist leichter, als sich das ganze Dichterland anzusehen. Doch zwischen sehen und gesehen werden ist ein Unterschied«, fuhr sie fort. »Durch alle Zimmer zu rennen, ist das eine; sich für die Dauer hier einzulogieren und den großen Orden du mérite poétique zu erlangen, ein anderes. Das ist ein Patengeschenk, das nur die Natur dem Kind in die Wiege legt.«

Ich folgte der großen Masse zum Haupteingang des Tempels. Überall war eine bunte Gesellschaft, Geistliche und Weltliche, Militärs und Zivilisten durcheinander. Der Strom riß mich mit, und bald stand ich in einem prächtigen Gartenzimmer, das den lyrischen Dichtungen gewidmet war. Hier saßen Horaz und Anakreon mit rosenbekränzter Stirn und tranken schäumenden Falerner Wein aus goldenen Pokalen. Ringsum in den Hecken lagen Troubadoure und quinkelierten, und von allen vier Ecken der Welt strömten Poeten herbei, sowohl wilde als auch zahme. (…)

Lateinschule, erste Dichtungen

»Die kleine Meerjungfrau«. Illustration von Harry Clarke

August Wilhelm Iffland (1759–1814) gilt als führender Theatermann der Goethezeit. Im Mannheimer Nationaltheater spielte er den Franz Moor bei der Uraufführung von Schillers Drama DIE RÄUBER. Er wurde 1796 Direktor des Königlichen Nationaltheaters in Berlin und 1811 dann Generalmusikdirektor der Königlichen Schauspiele. Iffland schrieb über 60 Theaterstücke. Johann Friedrich Jünger (1756–1797) war zu seiner Zeit berühmt als Verfasser von Lustspielen. Friedrich Ludwig Schröder (1744–1816) aus Schwerin war Schauspieler und Theaterleiter. Heinrich Clauren (1771–1854) war ein Hans Habe seiner Zeit. Hier bezieht sich Andersen auf die Erzählung MIMILI (1816).

Ein kleines Seitenzimmer war den Schauspielen gewidmet. Hier stand das Porträt von Kotzebue, bekränzt mit Petersilie und anderen Küchenkräutern, Iffland, Jünger und Schröder hingen ziemlich im Schatten. Übrigens hatten alle Gemälde einen sehr ernsten und dunklen Vordergrund, dahinter aber kam stets ein reicher Nabob, eine Erbschaft oder ein Gewinn in der Klassenlotterie und vereinte die Liebenden unter einem schönen Tableau.

Beifallsäußerungen wurden durch lautes Heulen aus dem nächsten Zimmer übertönt, dieses war den empfindsamen Romanen gewidmet. Der Fußboden war von den vielen salzigen Tränen, die hier flossen, vollkommen versteinert. Durch die Fenster genoß man eine Aussicht in die romantischsten Täler, die man sich vorstellen kann. Hier war eine ewige Abend- und Morgenröte, welche die unsrige bei weitem übertraf. (…) Einer der Verfasser, die sich im Augenblick auf ihrem Zenit befanden, war Clauren; die Damen waren bereit, eine Feldschlacht zu liefern, um seine Schriften in die Finger zu bekommen. So etwas ist ja auch verständlich; schade, dass bei der Übersetzung so viel verlorengeht, zum Beispiel kann man die vielen prächtigen Diminutive, denen man im Original überall begegnet, im Dänischen niemals finden, und sie stehen doch so ganz poetisch als ein Bild des Geistes im Ganzen. Ich hielt es in diesem Gedränge nicht länger aus und eilte deshalb weiter.

Eine finstere Grotte, beleuchtet von einem Kohlenfeuer, umgab mich; hier war Mondschein und Nacht, schwarze Unwetterwolken hingen drohend am Himmel, und einzelne Blitze zuckten in der Ferne. Ich war im Departement

der Räubergeschichten. Ein kalter Schauder durchfuhr mich, doch Alonzo, der edle Räuberhauptmann bat mich und die übrigen Zuschauer, ohne Furcht zu sein. Grauenvolle Ruinen und Räuberhöhlen waren zu erkennen, hier und da zeigte sich auch ein Geist. In der ganzen Gegend gab es kein einziges ehrliches Wirtshaus. Gewöhnlich wurden die Reisenden von einer alten, häßlichen, rothaarigen Wirtin mit langen Knochenfingern empfangen, die genug damit zu tun hatte, im verlöschenden Feuer herumzustochern. Alles war verdächtig und geheimnisvoll. Unter den Landstraßen waren Schnüre mit Glocken gespannt, die jedesmal läuteten, wenn jemand darüber fuhr oder ritt. Ansonsten aber waren die Räuber zumeist die edelsten Menschen, die anderen Bewohner waren dagegen wahrhaftige Schurken. ◆

Kapellmeister Kreisler im Wahnsinn.
Zeichnung von E. T. A. Hoffmann

Weiter stürmt der junge, werdende Dichter durch Zimmer, Säle, Seitengänge, gelangt »in das Gebiet des Übernatürlichen« und »zu den morgenländischen Märchen«, dann aber endlich ins Zentrum:

🦢 Ich befand mich in einem unendlich großen Saal und war nicht von Gemälden, sondern von ganz lebendigen Geistern und Menschen umgeben. Vier mächtige Fürsten mit Zauberstäben saßen in den vier Ecken des Saals und zauberten die herrlichsten Erscheinungen hervor. Alles, was ich vor kurzem gesehen hatte, kam mir jetzt nur wie prächtig glänzendes Spielzeug vor – hier waren Leben und Geist, Spaß und Ernst, die größte Gedankenfülle mit der herrlichsten Phantasie vereint. Zur Rechten saß Aristophanes als gewaltiger Gigant, die Frösche an seinem Fußschemel und die Stirn in den Wolken. Ich erkannte den großen König der Geister an seiner hohen, gewölbten Stirn und dem tiefen Blick. Es war Shakespeare, eine unendliche Schar mit Oberon und Titania an der Spitze umwogte ihn. Der kleine lustige Puck spielte tausend Streiche, und Frau Mab jagte in ihrem niedlichen Liliput-Fahrzeug davon, während Caliban neben der geleerten Flasche schlief.

Oberon, Titania und Puck – Figuren aus Shakespeares Komödie EIN SOMMERNACHTSTRAUM. Die Fee Mab stammt aus ROMEO UND JULIA, Caliban aus DER STURM.

In der dritten Ecke des Saals saß Cervantes mit Don Quijote zur Rechten und dem komischen Sancho Pansa zur Lin-

Andersen bezieht sich auf E.T.A. Hoffmann und nennt die zentralen Werke. Ludwig Tieck, den Autor vom GESTIEFELTEN KATER und PRINZ ZERBINO, wird Andersen auf seiner ersten Deutschlandreise im Jahr 1831 kennen lernen. Von dem italienischen Dramatiker Carlo Gozzi (1720–1806) stammt das Märchenstück DIE LIEBE ZU DEN DREI POMERANZEN.

ken. Doch mir blieb keine Zeit, um die ganze Herrlichkeit zu betrachten; der gute Kapellmeister Kreisler drehte mich zur vierten Ecke des Saals herum, wo ich die Serapionsbrüder um den fürstlichen Thron erblickte. Zwischen all den herrlichen Fantasiestücken trat mit großen, kühnen Linien eine mozartsche Don-Juan-Gestalt hervor. Klein Zaches sprang in lustigen Tänzen mit der Prinzessin Brambilla, und Kater Murr drückte Miesmies' Pfote an sein klopfendes Herz. Gleich rechts neben Shakespeare saß Tieck mit seinem gestiefelten Kater und dem Prinzen Zerbino, links Gozzi unter dem glänzenden Zauberbaum mit den drei Pomeranzen, dem Raben im Wipfel und dem lustigen Bettlerklub unter den grünen Zweigen.

Mächtige Harfentöne brausten über mich hin; ich sah in die Höhe – der Saal hatte keine Decke, nein, Gottes Himmel wölbte sich darüber mit seinen unzähligen Sternen im reinen Dunkelblau. (…) Ich fühlte mich wieder als Kind, alles lächelte mir im glücklichen Kinderhimmel liebevoll entgegen … und tief unten lag die ganze Welt mit all ihren herrlichen Märchen. ◆

Dann plötzlich zerplatzt der frühe Traum:

🦢 Ein großes Vogelnetz wurde mir über den Kopf geworfen, so dass mir die Brille von der Nase fiel, und mit ihr, die ich jedoch im Flug ergriff, fiel auch meine ganze Herrlichkeit. Alles um mich herum war verschwunden, ich sah nichts weiter als das nackte, schneebedeckte Amager. Das Vogelnetz wurde immer enger um mich zugezogen, und bevor ich recht zu mir selbst kommen konnte, merkte ich, dass ich in einem Vogelbauer saß. ◆

Paludan-Müller (1809–1876) stammt wie Andersen von der dänischen Insel Fünen. Sein Werk markiert den Übergang von der Romantik zum Realismus. Sein ironisches Zeitbild ADAM HOMO (1841–48) wird oft als »dänischer Faust« bezeichnet.

Auch in Dänemark gibt es so etwas wie das Biedermeier in Deutschland und Österreich, das Land hat etwas Spießbürgerliches, Beharrendes, Mutloses. Allenfalls ästhetische Fragen bewegen die Bürger, die im Politischen einen heftigen Bedeutungsverlust zu beklagen haben. Frederik Paludan-Müller, ein von Kritik und Publikum gehätschelter Nebenbuhler Andersens, schreibt im Prolog zu seinem ADAM HOMO (1841): »Aber die Ritterzeit – ach, die war poetisch – unsere Zeit ist höchstens ästhetisch.« Es ist das ›Goldene Zeitalter‹ mit Oehlenschläger, dem Schöpfer des ALADIN und Dichter zeitentrückter Dramen, und mit Johan Ludvig Heiberg als Vertreter der jüngeren Dichtergeneration. Gerade im Salon der Heibergs wird auf dem ästhetischen Hochseil gelaufen. Die Gattin des

Dichters, Johanne Louise Heiberg, formuliert: »Die Politik, diese alles verschlingende Hyäne, hatte noch keine Kraft, die Musen und Grazien zu ver-
drängen.« Und Andersen ergänzt: »In der Zeit, als die Politik bei uns überhaupt keine Rolle spielte, war das Theater ›die Öffentlichkeit‹, das, was das
bedeutendste Konversationsthema des Tages und des Abends war.«

Für das Königliche Theater in Kopenhagen schreibt Heiberg seine Vaude-
villes, muntere Singspiele als heiteres Spiegelbild eines hedonistischen, haupt-
städtischen Bürgertums. Auch Andersen liebt das Theater, das Theater aber
liebt ihn nicht.

In Kopenhagen herrscht ein Konversationston, ganz ähnlich dem
berühmt-berüchtigten Wiener Schmäh, der auf Witz, Spott, Ironie gestimmt
ist, voller Anzüglichkeiten, mit ungehemmter Freude am Klatsch. Auch die für
Andersens Lebensweg so wichtige Familie der Collins schätzt die Heibergs, ihr
Familienjargon ist mit Anspielungen auf aktuelle Komödien gespickt. Gegen-
seitiges Hänseln war liebe Gewohnheit, Andersen bleibt davon nicht ver-
schont. Er passt sich dem Ton dieser Kreise an, wenn ihm auch seine Neigung
zur Hypochondrie und seine Empfindsamkeit schwer zu schaffen machen.

Henrik Hertz

Edvard, der Sohn des alten Collin, rühmt seinen Witz und seine Schlagfertigkeit: »Im mündlichen Gespräch, wo die Ironie mit im Spiele war und sein Humor sich geltend machen durfte, konnte er unvergleichlich amüsant sein. Ich habe noch nie jemanden gekannt, der so einen an und für sich unbedeutenden Zug herausgreifen und ihn mit seiner Laune befruchten konnte, ohne sich gerade von der Korrektheit genieren zu lassen. Er hatte fast jeden Tag eine putzige Erzählung über dies und jenes, was ihm passiert war.« Der Naturwissenschaftler H. C. Ørsted erkannte als einer der ersten den Wert seiner Märchen: »Andersen ist am größten im Humoristischen.« Und Andersen teilt aus – satirisch rechnet er in Des Kaisers neue Kleider mit dem Nebenbuhler Frederik Paludan-Müller ab, dessen Dichtung er für substanz- und seelenlose Formkunst hält.

Sein Trick aber, die Kritik an seiner Arbeit gleich selbst zu formulieren, funktioniert nicht – beinahe hasserfüllt schlagen Dichterkollegen auf ihn ein. Am tollsten treibt es Henrik Hertz (1798–1870) in den Gespensterbriefen, einer anonym publizierten Sammlung von gereimten Briefen, vorgeblich von dem verstorbenen Dichter Jens Baggesen im Paradies verfasst. Er bezichtigt ihn »rauher Wildheit«, fehlender Bildung und einer »Zigeunersprache … mit Brüllen auf den Mooren hinterm Dichterhain«.

Pauschal wirft er ihm und seinen zeitgenössischen Autoren vor, die künstlerische Form zugunsten des Inhalts zu vernachlässigen. »Berauscht vom Bier der Phantasie« reite Andersen »auf dem erst eine Nacht alten Fohlen der Muse, einem Slagelser Klepper mit gelähmten Flanken«. Würde sich Andersen die orthografischen und grammatikalischen Schnitzer, von denen seine Publikationen nur so strotzen, in einer Schule für zurückgebliebene Kinder leisten, dann würde man ihn übers Knie legen und ihm die Narrenkappe aufsetzen. Der Romantiker Carsten Hauch schreibt 1829: »H. C. Andersen wirft sich in den Staub und lässt sich von jedem, dem es einfällt, dann treten. Er drängt sich in alle Familien ein, leckt den Speichel aller Menschen und ist ebenso rückgratlos und ohne Haltung in seiner Person wie in seinen Gedichten.«

Und Bernhard Severin Ingemann – seit 1822 Lektor für dänische Sprache und Literatur an der neugestifteten Universität zu Sorø – lässt Andersen wissen: »Sie peitschen die Phantasie auf und spannen das Gefühl auf die Folterbank, wenn Sie gleich einem Schlafwandler ständig auf Redaktionen und Gesellschaften und auf den Brettern des Theaters herumstreifen, wobei Sie täglich gleichsam Ihren Lebensbaum herausziehen, um nachzusehen, ob er Wurzeln

Die traditionsreiche, noch heute bestehende Internatsschule von Sorø geht zurück auf eine 1586 von Frederik II. begründete Erziehungsanstalt für adlige und bürgerliche Knaben. Nach wechselvoller Geschichte erlebt die Schule 1826–49 eine neue Blütezeit und hat eine Reihe von berühmten Lehrern, u. a. die von Andersen ständig erwähnten Schriftsteller Hauch, Ingemann und Molbech. 1903 wird sie in ein allgemeines Gymnasium umgewandelt.

Lateinschule, erste Dichtungen

geschlagen hat, anstatt ihm Ruhe zu gönnen, damit er Kraft erhält zum Blühen und zum Früchtetragen (...) Geben Sie dem unaufhörlichen Anreiz zum Produzieren nicht nach, wodurch Sie geistig ausgemergelt werden. Pfeifen Sie auf das ganze leere gesellschaftliche Leben und nehmen Sie kein Flugblatt in die Hand! Kümmern Sie sich weniger um den Poeten und den Kranz, aber dafür um so mehr um die Poesie! Aber schlitzen Sie nicht den Singvogel auf, um alle seine goldenen Eier auf einmal herauszunehmen!«

Urteile solcher Art verletzen Andersen tief, der sein Leben lang auf Kritik äußerst empfindlich reagiert. Letztlich hilft ihm auch hier nur seine ausgeprägte Selbstironie.

Jenny Lind um 1840. Porträt von Gottlob Berger

Zwei braune Augen jüngst ich sah

Allmächtiger Gott! Ich habe nur dich, du bestimmst mein Geschick,
ich muss mich dir überantworten! Bitte gib mir ein Auskommen!
Bitte gib mir eine Braut!

So seufzt unser Dichter – im Jahr 1830 schon 25 Jahre alt und in Liebes-
dingen immer noch unberührt. Das wird sich, da sind sich seine Biogra-
fen einig, bis zu seinem Lebensende nicht ändern. Andersen-Kenner Hanns
Grössel in der SÜDDEUTSCHEN ZEITUNG: »Sein Innenleben beobachtet Andersen mit hypochondrischer Wachsamkeit. Besorgt verzeichnet er Stimmungs-
schwankungen, kommt dabei hinter seine Ticks und lernt mit ihnen leben.
Sich von ihnen frei machen kann er nicht: Allzu stark sind die Prägungen
durch seine Herkunft, allzu tief die Demütigungen, die er während seiner
schwierigen Anfänge erlitten hat. Das erklärt auch die obsessive Wiederkehr
bestimmter Träume, denen er wachsende Aufmerksamkeit schenkt. Es sind
›unangenehme‹, ›hässliche‹, ›ekelhafte‹, für den Leser der Tagebücher höchst
sprechende Träume wie der von einem Hund, der Andersens Mantel zerreißt.

Ein bedrohlicher Traum für den, der etwas zu bemänteln hat, zumal in
sexualibus. In diesem wie in allen Punkten, die mit seinem körperlichen Befinden zusammenhängen, ist Andersen von geradezu buchhalterischer Genauigkeit. Er hält fest, wann er ›sinnlich gestimmt‹ ist, von
›Brunst‹ bedrängt wird und registriert mit jeweils einem
anderen Zeichen Erektion, Pollution und Onanie. Ein
Zeichen für gehabten Geschlechtsverkehr fehlt, denn Andersen hat seine Sexualität niemals ausgelebt; er wird sterben,
›ohne auf die Stimme des Blutes gehört zu haben‹, wie er
1863 anmerkt. Dem Dichter Hans Christian Andersen hat
diese Stimme freilich manches eingegeben. Seine nicht
manifeste, deshalb freier flottierende Sexualität ist früh
schon untersucht und weithin als Homosexualität gedeutet
worden.«

Andersen spielt immer wieder auf weibliche Elemente
seiner Natur an, Elemente, die schon beim Pubertierenden,

Die homosexuelle Community ge-
meindet Andersen ohne Umstände
ein. Hans Mayer sieht in seinem Buch
AUSSENSEITER, wie Andersen mit Hilfe
scheinbarer Enthüllungen das Eigent-
liche zu verhüllen sucht. »Dadurch
machte sich Andersen in der Tat
selbst zur poetischen Gestalt, immer
und immer wieder: als Improvisator
ohne Substanz; als musikalisches Genie, das an den Umständen zugrunde
geht; als hässliches Entlein; als amphibisches Seefräulein; als falschgegosse-
ner Zinnsoldat.«

der gern mit Puppen spielt, auffallen. Nie vergisst er die Grobheiten seiner Arbeitskollegen in der Tuchfabrik zu Odense und später in der Kopenhagener Tischlerwerkstatt, die angesichts seiner offenbar glockenhellen Stimme nachsehen, ob er auch wirklich ein Junge ist. Man muss nicht in den seichten Gewässern oberflächlichen Psychologisierens gründeln, um darin ein lebenslanges Trauma geschlechtlicher Ambivalenz zu sehen. Und natürlich die ständige Angst, als ›amphibischer‹ Charakter denunziert zu werden.

Von der Lebensfreundschaft mit Edvard Collin heißt es im Märchen meines Lebens: »Er war der Antagonist zu meiner fast mädchenhaften Natur.« Als Collin heiratet, schreibt Andersen sein berühmtes Märchen: die Geschichte der kleinen Meerjungfrau. Nichts habe ihn mehr bewegt beim Schreiben, wird er später gestehen.

Der Kieler Germanist Heinrich Detering sieht, dass Andersen im Märchen von der kleinen Meerfrau seine eigene unglückliche Liebe zu einem Wesen gleichen Geschlechts – wie sie ähnlich auch Thomas Mann empfand – thematisiert. Das scheint Andersen selbst durch einen Traum zu bestätigen, den er lange, nachdem er das Märchen geschrieben hatte, notiert. Der Wunsch nach Liebe war in der kleinen Meerfrau durch »eine schöne Knabengestalt, aus weißem, reinem Stein gemeißelt, die durch einen Schiffbruch auf den Meeresgrund geraten war«, geweckt worden. Gut dreißig Jahre danach, am 24.5.1868, träumt der Dichter »von einem schönen jungen Mann, der mir bekannt erschien, ich glaube, ich habe in einem Gedicht von ihm gelesen, dann aber stand er in Marmor gemeißelt da, bekam Farbe und wurde lebendig, da wachte ich auf«. Er sollte – wie die Meerfrau – seine Prinzen, die stets andere Prinzessinnen bevorzugten, niemals bekommen. Und umgekehrt!

Eine möglicherweise homoerotisch gefärbte Beziehung verbindet ihn mit dem Gutsbesitzer Henrik Stampe, auf dessen Landgut Nysöe sich der bacchantischen Festen nicht abgeneigte Bildhauer Thorvaldsen einquartiert hatte. Und auch den Ballett-Tänzer Harald Scharff hat er angeschwärmt.

Homosexualität ist zu seiner Zeit durchaus keine Privatangelegenheit wie heute in der großen Zeit des *Coming Out* – die ›Knabenliebe‹ wird geächtet und im verklatschten Kopenhagen, wo jeder jeden kennt, zum öffentlichen Skandal. 1869 erregt der Literatur- und Theaterkritiker Clemens

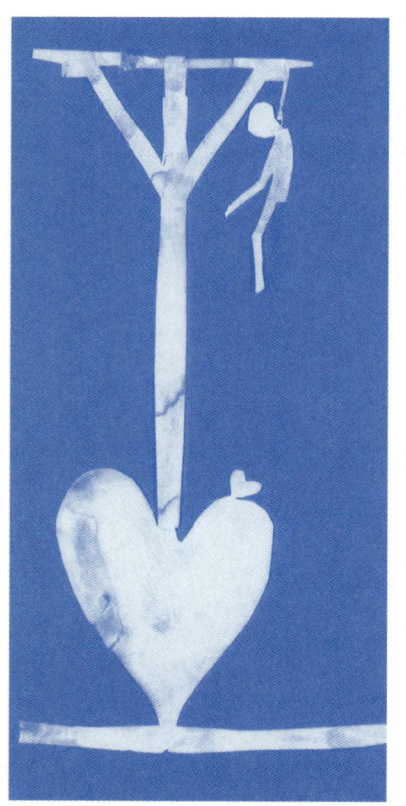

»Das gestohlene Herz«. Scherenschnitt von H.C. Andersen

Andersen und die Liebe

Petersen mit einer ›Affäre‹ großes Aufsehen und muss schließlich das Land verlassen. Andersen reagiert betroffen und empört sich: »Jetzt redet die ganze Stadt schlecht über Clemens Petersen; er ist von allen verstoßen; gewiss nimmt er sich das Leben … Ich war erfüllt davon und finde, dass er gesündigt hat, doch man bestraft ihn unverzeihlich hart. Unsere Gesetzgeber sind keine Richter, wie Christus es war.« Immerhin hat ihn 1862 der Arzt Theodor Collin, Edvards Bruder, davor gewarnt, seine Zuneigung zu dem Tänzer Harald Scharff allzu offen und stark zu zeigen.

Doch – Andersen wird sich immer wieder verlieben, nur ist es durchweg eine platonische Liebe, der körperliche Vollzug bleibt ihm versagt. Selbst einige Bordellbesuche, zu dem ihn später seine Freunde in Paris und Neapel überreden, bleiben folgenlos.

»Paris ist die liederlichste Stadt unter der Sonne, ich glaube, dass es hier nicht auch nur ein unschuldiges Geschöpf gibt (…) Öffentlich auf der Straße hat man mir am Tage in den anständigsten Straßen ›ein hübsches Mädchen von sechzehn Jahren‹ angeboten, eine junge Dame mit dem unschuldigsten Gesicht, dem artigsten Benehmen, hielt mich und S. an und forderte uns mit so anmutigem Gehaben auf, sie zu besuchen, sie sei ganz gesund usw.«, schreibt er nach Hause. Gucken wollte er schon, anfassen aber nicht. Die Untugend anderer allerdings betrachtet Andersen sein Leben lang mit lebhaftem Interesse.

Just zwei Tage, nachdem er mit der herzzerreißenden Tagebuchnotiz festgestellt hatte: »Mein Blut verlangt nach Liebe, so wie mein Herz danach verlangt«, verliebt er sich in die Schwester seines Freundes und Mitschülers Christian Voigt aus Faaborg auf seiner Heimatinsel Fünen. Er ist – wie immer auf Reisen – aufgekratzt und produktiv, schreibt humoristische Verse, beginnt mit einem historischen Roman, den er aber nie vollenden wird. »Eine neue, eine der tiefsten Saiten war in mir angeschlagen worden, ein Gefühl, über das ich so oft gescherzt habe, wollte sich rächen. Ich kam auf meiner Sommerreise in einer kleinen Stadt in ein reiches Haus; hier ging mir plötzlich und überwältigend eine neue Welt auf, so groß, und doch ist sie in vier Zeilen eingeschlossen, die ich damals schrieb:

> Zwei braune Augen jüngst ich sah,
> In ihnen war meine Heimat mir nah,
> Sie leuchten kindlich, friedlich, klug,
> Ach, ihrer denk' ich nie genug.«

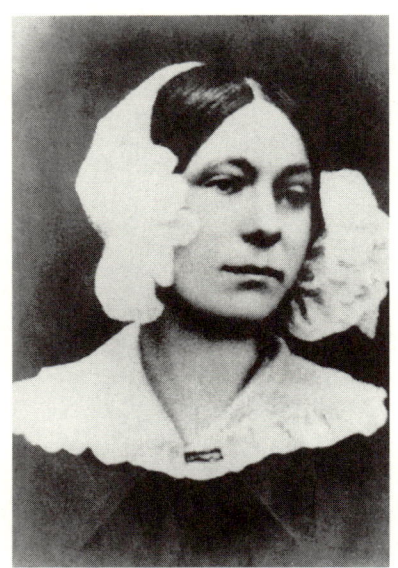

Riborg Voigt, um 1840

Wir trafen uns später im Herbst in Kopenhagen wieder. – Neue Pläne fürs Leben erfüllten mich; ich wollte aufhören, Verse zu machen, wozu sollten die wohl führen? Ich wollte studieren, um Pfarrer zu werden; ich hatte nur einen Gedanken, und der war sie – aber das war Selbsttäuschung; sie liebte einen anderen – sie heiratete ihn. Erst viele Jahre später habe ich gefühlt und erkannt, dass auch hier für mich das beste geschah, das beste für sie. Sie ahnte vielleicht nicht einmal, wie tief mein Gefühl war, welche Einwirkung es auf mich hatte. Sie wurde eines braven Mannes vortreffliche Gattin, eine glückliche Mutter. Gottes Segen über sie alle! ◆

So abgeklärt gibt er 25 Jahre später über seine erste Liebe im MÄRCHEN MEINES LEBENS Auskunft. In Wahrheit ging es dramatischer zu. Andersen begegnet der Angebeteten zum ersten Mal wieder in Kopenhagen, als Riborg eine Freundin mit deren Schwester zu einer Augenoperation begleitet:

Als (…) die Patientin mit ihrer etwas angejahrten Schwester erschien, war Riborg dabei! Ich lief gleich hin, und als ich läutete, kam justement sie an die Tür, um zu öffnen. Ich weiß selbst nicht, ich stand da wie ein Narr und stammelte etwas: Ob wohl ein Fräulein (ich nannte den Namen der kranken Dame) hier wohne? – Sie wurde ganz rot (wahrscheinlich meinetwegen) und bat mich, ins Zimmer einzutreten, wo ich langsam ins rechte Lot kam. Ich konnte den Blick nicht von ihr abwenden! Als ihr Blick dem meinen begegnete, wurde sie blutrot und sah von da an nicht mehr von ihrem Nähzeug auf. Beim Abschied reichte sie mir zum Dank für meine Lesung die Hand, ich drückte sie an meine Lippen, wobei mir die Brust zu zerspringen drohte. Jetzt erst wurde mir klar, dass ich sie liebte … über sämtliche Verhältnisse, sämtliche Umstände, Hindernisse … sah ich vollkommen hinweg. Mit ganzer Seele klammerte ich mich an Gott und fühlte, dass ich Kraft und Mut zu allem hatte, nur um sie zu besitzen. – Ich bezweifelte nicht, dass auch sie mich liebte, das deutete mir ihr ganzes Wesen an. ◆

Riborg scheint ziemlich geschmeichelt, die Angebetete eines doch schon fast berühmten Dichters zu sein, aber sie denkt nicht daran, das Verlöbnis zu lösen. Sie wird ihren Bräutigam ein Jahr darauf heiraten, zunächst sagt sie Andersen mündlich ab, später schickt sie ihm ein Briefchen, das bei seinem Tod in einem kleinen Lederbeutel gefunden wird, den er um den Hals trug. Es wird ungelesen verbrannt.

Später begegnet er ihr noch zweimal, zuletzt dreizehn Jahre danach bei einem Volksfest auf Fünen, das sie zusammen mit ihrem Mann und ihren Kindern besucht. Kurz darauf schreibt er das Märchen DIE LIEBESLEUTE mit dem kindisch auftrumpfenden Schluss: »Der Kreisel redete nie mehr von seiner alten Liebe; die hört auf, wenn die Herzliebste fünf Jahre in einer Rinne gelegen und Wasser gezogen hat, ja, man kennt sie nimmer wieder, wenn man ihr im Mülleimer begegnet.«

Andersen hat sich nach der Absage blitzartig zurückgezogen. »Es war ja unklug von mir, armer Teufel der ich war, mich zu verlieben, zwar hatte sie Vermögen genug für uns beide, aber dann hätten die Leute doch gesagt, es sei eine Spekulation, und das würde mich tief verletzt haben«, schreibt er ein paar Monate später. Vom Ende her gesehen, scheint es fast absichtsvoll, dass er sich in ein Mädchen verliebt, das schon vergeben ist, das Muster wird sich später wiederholen.

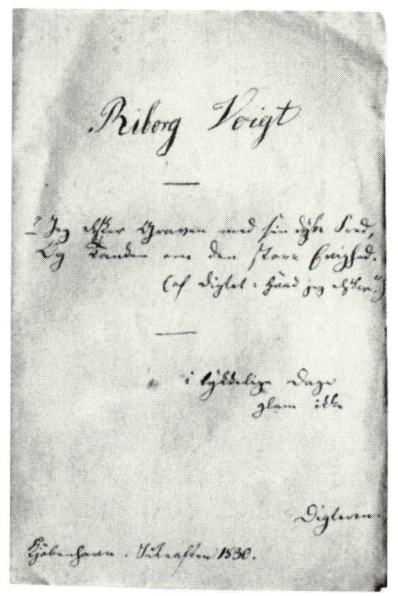

Widmung für Riborg Voigt in Andersens Gedichtsammlung »Phantasien und Skizzen«

Schon ganz der raffinierte Poet, hat er die Verliebtheit dem Schatz seiner Erinnerungen hinzugefügt. »Die Erinnerung hat im Grunde viel Ähnliches mit Perlen aus Bernstein, reibt man sie, kehrt der alte Duft wieder.« Warum sich also mit dem Leben abgeben? Er nutzt jede Gelegenheit zum Liebeskummer ohne Risiko, wird in der Liebe zum Schreibtischtäter. Diese Rolle mag ihm nicht einmal unlieb gewesen sein, schließlich besitzt er »ein besonderes Talent, bei den Schattenseiten des Lebens zu verweilen, das Bittere aufzusuchen und erst recht daran zu kosten. Ganz ausgesucht wusste ich mich seither zu quälen.«

Wie in einer Illustration zu Freuds Theorie von der Sublimierung macht Andersen seine Verliebtheit literarisch nutzbar – die Gedichtsammlung PHANTASIEN UND SKIZZEN (1831) kulminiert in MELODIEN DES HERZENS, inspiriert durch Riborg Voigt. Auch seine darauffolgende dramatische Arbeit, das Vaudeville AUSEINANDERGEHEN UND SICH BEGEGNEN (1836 zuerst gedruckt und immerhin dreimal aufgeführt) ist auf das Erlebnis in Faaborg zurückzuführen.

Immer wieder klagt er über seine Einsamkeit. »Ich habe ja fast von Kindheit an allein gestanden«, heißt es im Juli 1830. Und 1832 schreibt er an Edvard Collin: »Wie gut die Leute auch immer zu mir sein können, bin und bleibe ich doch ›fremd‹.« Dahinter liegt ein verzweifeltes Gefühl der Abhängigkeit, eine Urangst, die Menschen, die ihn gefördert haben, zu enttäuschen.

Das Opfer seiner nächsten Verliebtheit ist die jüngste Tochter von Jonas Collin, Louise Collin. Er schreibt ihr Briefe, die Louises Schwester Ingeborg freilich – so will es der Anstand – kontrolliert, schreibt auch Liebesgedichte – nichts will helfen. Die Familie, die ihn sonst herzlich in ihren Kreis aufgenommen hat, mauert, um eine Mesalliance zu verhindern. Das Muster wiederholt sich – wer sich in jemand Unerreichbaren verliebt, läuft keine Gefahr, sich wirklich einzulassen.

Er bemüht sich um ein Reisestipendium, nun endlich kann er eine große Reise nach Frankreich und Italien planen. Ehe er abreist, zieht er Bilanz und verfasst jene merkwürdige Selbstbiografie, die unter dem Titel Das Lebensbuch erst 1926 gedruckt werden wird. Unke, die er ist, befürchtet er, in der Fremde draußen zu sterben, und er schreibt das Buch, um der Nachwelt ein rechtes Verständnis seines Lebens und seiner Dichtung zu ermöglichen. Es ist eine Beichte: »Wenn ich fern von hier sterbe, dann erinnere Edvard daran, dass er meine Erinnerungen druckt: mein letzter Gedanke wird bei euch sein.«

Er besitzt kein Talent zum Glücklichsein:

🦢 Alle um mich herum tun alles, um mich zu erheitern, die ersten Familien erweisen mir die größten Aufmerksamkeiten, aber es will nicht helfen. Ich bin wirklich kein Sonderling, der missvergnügt sein will, ich möchte so gern froh sein, vermag aber doch nie mehr jene glückliche Jugendlaune zu erlangen, die ich gekannt und mein eigen genannt habe. Später heißt es: Im letzten Jahr hat so vieles in mein Leben eingegriffen, dass entweder eine geistig große Veränderung zum Besseren bevorsteht oder alles zugrunde geht. Mein Dichterleben war nur eine Sternschnuppe, die bald vergessen ist. ◆

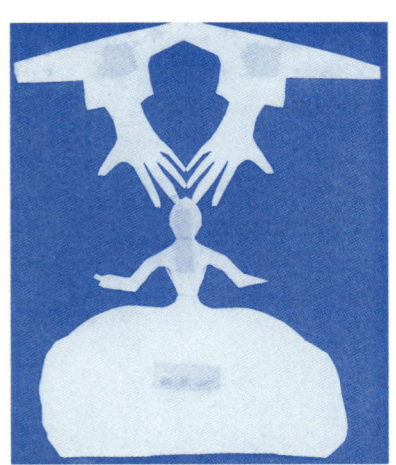

»Unerfüllte Sehnsucht«. Scherenschnitt von H. C. Andersen

Andersen ist eine Figur wie der unglückliche Satyr Marsyas aus der griechischen Mythologie – auch seine Kunst entsteht aus Schmerzen. Sehr klar hat das Søren Kierkegaard formuliert, der Andersen nicht schätzt, vielleicht weil er ihm selbst zu ähnlich ist. 1838 macht er sich kaum verhüllt über dessen merkwürdig unentschiedene Sexualität lustig: Andersen sei eine jener seltenen Pflanzen, bei denen beide Geschlechter auf dem selben Stängel säßen.

Auch als Dichter schätzt er ihn gering: In Entweder – Oder berichtet er von einem Tyrannen, der seine Gefangenen in einen großen Metallochsen steckt und darunter ein Feuer anzünden lässt. Der Tyrann hat in das Maul des Ochsen eine Vorrichtung bauen lassen, durch die die Schreie der Gefolterten seine Ohren wie süße Musik erreichen. Mit dem Dichter verhalte es sich ebenso: Das Ohr des Publikums erreichen seine Schreie als süße Musik, als ein Gedicht oder Lied. Das Publikum hingegen versteht nichts, klatscht Beifall und sagt: Sing weiter! Mit anderen Worten: Leide weiter! Darum, so Kierkegaard, wolle er lieber Schweinehirt und von den Schweinen verstanden werden, als Dichter sein und missverstanden von den Menschen!

Bei Andersen heißt es im Alterswerk Tante Zahnweh: »Ein großer Dichter soll großes Zahnweh haben, ein kleiner Dichter kleines Zahnweh!« Gisela Perlet: »Einer seiner letzten mitgeteilten Träume scheint den Alptraum vom sterbenden Kind, der ihn jahrzehntelang verfolgt hatte, endlich wegzuschieben und sich noch einmal auf die Kleine Meerfrau zu beziehen: ›Der ekelhafte Traum, den ich so oft von einem Kind träume, das an meiner Brust dahinsiecht und nichts als ein nasser Lappen wird, plagte mich, doch in der Morgenstunde hatte ich einen herrlichen Traum, nur einmal zuvor habe ich ähnliches geträumt, ich besaß eine unendlich schöne Singstimme und konnte jeden Gedanken in Tönen hinaussingen.‹ (1874) So tanzt die kleine Meerjungfrau, überirdisch schön

Marsyas fand die Flöte der Pallas Athene, die sie aus Enttäuschung fortgeworfen und mit einem Fluch belegt hatte: Jedem der darauf spielt, soll das Unglück gewiss sein. Marsyas' Flötenspiel ist göttliche Musik, die Apollon herausfordert. Er lässt den Satyr fesseln und häuten. Die Häutung des Marsyas gilt in bildender Kunst und Literatur als allegorische Selbststilisierung des Künstlers.

»Die kleine Meerjungfrau«.
Gemälde von Evelyn De Morgan

und schwebend leicht, aber mit schneidenden Schmerzen in den Füßen und einem unaussprechlichem Kummer im Herzen. Um sich auf ihre so unglücklich endende Suche nach dem Prinzen begeben zu können, hatte sich die Meerfrau die Zunge abschneiden lassen und mit ihrer größten Begabung, der Stimme, bezahlt. Das hat ihr Dichter nicht getan.«

Ursprünglich hatte Andersen das Märchen unter dem Titel DIE LUFTTÖCHTER konzipiert. Heinrich Detering nennt es eines der »berühmtesten und weltliterarisch (auch in musikalischen Bearbeitungen) wirkungsmächtigsten Märchen HCAs«. Oscar Wilde schrieb nach dieser Vorlage sein Märchen THE FISHERMAN AND HIS SOUL; und seine »Schwester in der Trübsal, ja Schwester und süße Braut« wird Adrian Leverkühn in Thomas Manns DOKTOR FAUSTUS die kleine Meerfrau nennen. Gegenüber Ingemann nennt Andersen den Text »die einzige von meinen Arbeiten, die mich selbst rührte, während ich sie schrieb«. »Die Geschichte des zwischen den Elementen wechselnden Mischwesens reflektiert«, so Detering, »die bis in einzelne Details unglückliche Liebe HCAs zu dem Kopenhagener Patriziersohn Edvard Collin.«

Die kleine Meerjungfrau

Weit draußen auf dem Meer ist das Wasser ganz blau, wie die Blütenblätter der schönsten Kornblume, und ganz durchsichtig, wie das reinste Glas, aber es ist sehr tief, tiefer, als eine Ankerkette reicht, viele Kirchtürme müssten übereinandergesetzt werden, um vom Grunde bis über das Wasser zu reichen. Dort unten wohnen die Meerleute.

Nun soll man doch ja nicht glauben, dass dort nur kahler, weißer Sandboden ist! Nein, da wachsen die wunderlichsten Bäume und Pflanzen, deren Stängel und Blätter so biegsam sind, dass sie sich bei der geringsten Bewegung des Wassers rühren, ganz als wären sie lebendig. Alle Fische, kleine und große, huschen zwischen den Zweigen hindurch, ebenso wie hier oben die Vögel durch die Luft. An der allertiefsten Stelle liegt das Schloss des Meerkönigs, die Mauern sind aus Korallen und die langen, spitzen Fenster aus dem allerklarsten Bernstein, aber das Dach sind Muschelschalen, die sich öffnen und schließen, je nachdem wie das Wasser geht und kommt. Das sieht wunderbar aus; denn in jeder liegen schimmernde Perlen; eine einzige wäre eine große Pracht in der Krone einer Königin.

Der Meerkönig dort unten war seit vielen Jahren Witwer, aber seine alte Mutter führte ihm den Haushalt; sie war eine kluge Frau, aber stolz auf ihren Adel, daher hatte sie immer zwölf Austern auf ihrem Schwanz, die anderen

　　　　　　　　　　　　　　　　　　　　　　　Andersen und die Liebe

Vornehmen durften nur sechs tragen. – Sonst verdiente sie viel Lob, namentlich weil sie die kleinen Meerprinzessinnen so liebte, die Töchter ihres Sohnes. Es waren sechs prächtige Kinder, aber die Jüngste war die schönste von allen überhaupt, ihre Haut war so schier und rosig wie ein Rosenblatt, ihre Augen waren so blau wie der tiefste See, aber ebenso wie alle übrigen hatte sie keine Füße, der Rumpf endete in einem Fischschwanz.

Für die kleine Meerjungfrau gab es keine größere Freude, als von der Menschenwelt droben zu hören; die alte Großmutter musste alles erzählen, was sie von Schiffen und Städten, Menschen und Tieren wusste, vor allem kam es ihr wunderbar schön vor, dass oben auf der Erde die Blumen dufteten, das taten die auf dem Meeresgrund nicht, und dass die Wälder grün waren und die Fische, die man zwischen den Zweigen sah, so laut und herrlich singen konnten, dass es eine Lust war. Das waren die Vögelchen, die die Großmutter Fische nannte, denn sonst würden die Meerjungfrauen sie nicht verstanden haben, da sie keine Vögel gesehen hatten.

»Wenn ihr euer fünfzehntes Jahr vollendet habt«, sagte die Großmutter, »dann bekommt ihr die Erlaubnis, aus dem Meer aufzutauchen, im Mondschein auf den Felsen zu sitzen und die großen Schiffe zu sehen, die vorüberfahren, auch Wälder und Städte werdet ihr sehen!« Im kommenden Jahr wurde die eine der Schwestern fünfzehn Jahre alt, aber die anderen? Ja, eine war immer ein Jahr jünger als die Nächste, und die Jüngste von ihnen hatte demnach noch fünf ganze Jahre vor sich, ehe sie vom Meeresgrund heraufkommen und sehen durfte, wie es bei uns aussieht. Aber die eine versprach immer der Nächsten, ihr zu erzählen, was sie am ersten Tag gesehen und am schönsten gefunden hatte; denn ihre Großmutter erzählte ihnen nicht genug, da gab es so viel, wonach sie sich erkundigen mussten.

Keine war so voller Sehnsucht wie die Jüngste, gerade sie, die noch am längsten warten musste und die so still und nachdenklich war. Manche Nacht stand sie am offenen Fenster und schaute durch das dunkelblaue Wasser, wo die Fische mit ihren Flossen und Schwänzen klatschten, nach

Feen oder Elfen bewohnen immer schon mythische Orte wie Felsen, Höhlen, Bäume und Quellen, das Wasser ganz allgemein. Diese Orte sind Tore zu einer unterirdischen Gegenwelt. Besonders an Quellen werden meist weibliche Gottheiten der Fruchtbarkeit verehrt. Den naturhaft-sinnlichen Elfen schreibt man überragende erotische Qualitäten zu – weil sie Männer aus der Oberwelt in ihr Reich entführen, um dort fern gesellschaftlicher Normen und kirchlicher Kontrolle mit ihnen zu verkehren. »Andersen«, schreibt der Literaturwissenschaftler V. A. Schmitz, »vermenschlicht in seinem Märchen die Naturgeister. Alles drängt bei ihm nach Wirklichkeit. Die kleine Meerjungfrau ist eigentlich von vornherein beseelt, Seele lebt schon in ihren frühesten Kinderträumen. Doch ihr Streben will Höheres, will Ewigkeit, auf eine unsterbliche Seele kommt es ihr an. Die Sehnsucht nach dem Besitz einer unsterblichen Seele verbindet sich mit der Sehnsucht nach der Liebe eines Menschen, nur die Liebe verleiht die unsterbliche Seele. Da es Andersen um die Darstellung eines menschlich-seelischen Vorgangs zu tun ist, tritt das Wunderbare in dem Wesen der kleinen Meerjungfrau von vornherein zurück. Sie ist immer das Symbol der unendlichen Sehnsucht mit durchaus menschlichem Charakter in Wesen und Wollen. Sie ist gleichsam ein verirrter und verstoßener Mensch.«

Bearbeitungen des Stoffes finden sich überall in der Literatur, bei Homer sind es Sirenen, bei Tieck und Goethe ist es Melusine, bei Heine die Loreley, bei Mörike die Schöne Lau, bei Friedrich de La Motte Fouqué Undine.

oben. Mond und Sterne konnte sie sehen, allerdings glänzten sie ganz
schwach, aber durch das Wasser sahen sie viel größer aus als vor unserem bloßen Auge; glitt dann so etwas wie eine schwarze Wolke unter ihnen dahin,
dann wusste sie, es war entweder ein Walfisch, der über sie hinwegschwamm,
oder auch ein Schiff mit vielen Menschen. Die dachten sicher nicht daran,
dass eine süße kleine Meerjungfrau hier unten stand und ihre weißen Hände
nach dem Kiel ausstreckte.

Endlich war sie fünfzehn Jahre alt.

Auch in der Welt der Geister
herrscht die bürgerliche Gesellschaftsordnung. Die Großmutter der
kleinen Meerjungfrau trägt den Titel
der alten Königin-Witwe. Wie wert-
volle Pretiosen trägt sie die Austern
auf ihrem Schwanz. Im Gegensatz zur
damaligen Gesellschaft steht bei Andersen die unverbildete und unbewusst naive Welt der Kinder. Auch
Andersen, der sich oft benachteiligt
fühlt, ist in dieser Gesellschaft ein
Fremder.

»Siehst du, nun haben wir dich auch so weit«, sagte ihre
Großmutter, die alte Königinwitwe. »Komm, lass dich
schmücken, ebenso wie deine anderen Schwestern!«, und sie
setzte ihr einen Kranz von weißen Lilien aufs Haar, aber
jedes Blütenblatt war eine halbe Perle; und die Alte ließ acht
Austern sich an dem Schwanz der Prinzessin festklemmen,
damit man ihre hohe Abkunft erkennen konnte. »Es tut so
weh!«, sagte die kleine Meerjungfrau. »Ja, fürs Feinsein muss
man leiden!«, sagte die Alte. Oh! sie hätte so gern diese ganze
Pracht abgeschüttelt und den Kranz abgelegt, ihre roten Blumen im Garten standen ihr viel besser zu Gesicht, aber sie
wagte es jetzt nicht zu tun. »Auf Wiedersehen!«, sagte sie
und stieg nun leicht und hell wie eine Blase durch das Wasser nach oben.

Die Sonne war eben untergegangen, als die Meerjungfrau den Kopf über
die Wasseroberfläche hob. Aber alle Wolken schimmerten noch wie Rosen und
Gold, und mitten in der blassrosa Luft strahlte der Abendstern hell und schön.
Die Luft war mild und frisch und das Meer ganz glatt. Dort lag ein großes
Schiff mit drei Masten, ein einziges Segel nur war gesetzt, denn es rührte sich
kein Wind, und überall in den Tauen und auf den Rahen saßen Matrosen.
Musik und Gesang ertönten, und als der Abend immer dunkler wurde, wurden Hunderte von buntfarbigen Lichtern angezündet; sie sahen aus, als wehten die Flaggen aller Nationen in der Luft. Die kleine Meerjungfrau schwamm
ganz dicht an ein Kajütenfenster heran. Und jedes Mal, wenn das Wasser sie
in die Höhe hob, konnte sie durch die spiegelblanken Scheiben sehen, wo eine
Menge geputzte Menschen standen, aber der Schönste war der junge Prinz mit
den großen, schwarzen Augen, er war gewiss nicht viel älter als sechzehn Jahre,
es war sein Geburtstag, und das war der Grund für die ganze Pracht. Die
Matrosen tanzten an Deck, und als der junge Prinz heraustrat, gingen über
hundert Raketen in die Luft, die glänzten wie der lichte Tag, sodass die kleine
Meerjungfer sehr erschrak und unter Wasser tauchte, aber sie steckte den Kopf
bald wieder heraus, und da sah es aus, als ob alle Sterne des Himmels auf sie

»Die kleine Meerjungfrau«.
Farbradierung von Ivan Jakovlevich
Bilibin, 1937

niederfielen. Niemals hatte sie solche Feuerkünste erblickt. Große Sonnen
drehten sich im Kreise, prächtige Feuerfische schwangen sich durch die blaue
Luft, und alles glänzte von der reinen, stillen See wider. Auf dem Schiff selbst
war es so hell, dass man das kleinste Tau sehen konnte, um wie vieles leichter
die Menschen. Oh, wie schön war der junge Prinz, und er drückte den Männern die Hand, lachte und lächelte, während die Musik durch die herrliche
Nacht klang.

Es wurde spät, aber die kleine Meerjungfrau konnte die Augen nicht von
dem Schiff wenden und von dem schönen Prinzen. Die bunten Lichter wurden gelöscht, die Raketen stiegen nicht mehr in die Luft, es ertönten auch
keine Kanonenschüsse mehr, aber tief drunten im Meer summte und
brummte es. Sie saß inzwischen auf dem Wasser und schaukelte auf und nieder, sodass sie in die Kajüte hineinsehen konnte. Aber das Schiff begann
schneller zu fahren, ein Segel nach dem anderen entfaltete sich, jetzt wurde der
Seegang stärker, große Wolken zogen herauf, es blitzte in der Ferne. Oh, es
kam ein schreckliches Unwetter auf. Darum holten die Matrosen die Segel ein.
Das große Schiff tanzte mit rasender Geschwindigkeit auf dem wilden Meer.

Die Wasser erhoben sich wie große schwarze Berge, die auf die Masten nieder-
stürzen wollten, aber das Schiff tauchte wie ein Schwan zwischen den hohen
Wellen unter und ließ sich abermals auf die sich türmenden Wasser heben. Die
kleine Meerjungfrau fand, dies sei einmal eine lustige Fahrt, aber das fanden
die Seeleute nicht, das Schiff ächzte und knarrte, die dicken Planken bogen
sich unter den heftigen Stößen, die die Seen dem Schiff versetzten, der Mast
brach mitten durch, so als wäre er ein Schilfrohr, und das Schiff schlingerte,
während das Wasser in den Rumpf eindrang. Nun sah die kleine Meerjungfrau, dass sie in Gefahr waren, sie musste sich selber vor Planken und Holz-
stücken vom Schiff in Acht nehmen, die auf dem Meer trieben. Einen Augenblick lang war es so kohlrabenschwarz, dass sie nicht das Geringste erkennen
konnte, aber wenn es dann blitzte, wurde es wieder so hell, dass sie alle auf
dem Schiff erkannte. Jeder wankte dahin, so gut er konnte; vor allem suchte
sie nach dem jungen Prinzen, und sie sah ihn, als das Schiff auseinander brach,
ins tiefe Meer sinken. Zuerst freute sie sich sehr, denn nun kam er zu ihr herunter, aber dann fiel ihr ein, dass die Menschen nicht im Wasser leben konnten und dass er nicht, es sei denn als Toter, in ihres Vaters Schloss kommen
konnte. Nein, sterben, das durfte er nicht; deshalb schwamm sie zwischen
Planken und Balken, die in der See trieben, hindurch und vergaß ganz und
gar, dass diese sie zerschmettern konnten, sie tauchte tief unter Wasser und
stieg wieder zwischen den Wogen hoch empor und kam schließlich zu dem
jungen Prinzen, der in der stürmischen See kaum noch schwimmen konnte,
seine Arme und Beine fingen an zu ermüden, die schönen Augen schlossen
sich, er hätte sterben müssen, wäre nicht die kleine Meerjungfrau dazuge-
kommen. Sie hielt seinen Kopf über Wasser und ließ sich dann mit ihm von
den Wogen treiben, wohin die wollten.

In der Frühe war das Unwetter vorüber, von dem Schiff war kein Splitter
mehr zu sehen, die Sonne erhob sich rot und leuchtend aus dem Wasser, es war
gerade, als käme dadurch Leben in die Wangen des Prinzen, aber die Augen
blieben geschlossen; die Meerjungfrau küsste seine hohe, wunderschöne Stirn
und strich sein nasses Haar zurück, sie fand, er sehe dem Marmorstandbild
unten in ihrem kleinen Garten ähnlich, sie küsste ihn abermals und wünschte
nur, er würde lebendig.

Nun sah sie vor sich das Festland, hohe, blaue Berge, auf deren Gipfeln der
weiße Schnee glänzte, als lägen dort Schwäne; unten an der Küste waren
schöne grüne Wälder, und ganz vorn lag eine Kirche oder ein Kloster, das wusste sie nicht recht, aber ein Gebäude war es. Zitronen- und Apfelsinenbäume
wuchsen dort im Garten, und vor dem Tor standen hohe Palmen. Das Meer
bildete hier eine kleine Bucht, die spiegelglatt, aber sehr tief war, bis ganz zum

Felsen hin, wo der feine, weiße Sand angespült war. Hierhin schwamm sie mit dem schönen Prinzen, legte ihn auf den Sand, sorgte vor allem dafür, dass der Kopf hoch im warmen Sonnenschein lag.

Jetzt läuteten die Glocken in dem großen, weißen Gebäude, und durch den Garten kamen viele junge Mädchen. Da schwamm die kleine Meerjungfrau weiter hinaus hinter einige große Steine, die aus dem Wasser aufragten, legte sich Meeresschaum auf ihr Haar und ihre Brust, sodass niemand ihr Gesicht sehen konnte. Und nun passte sie auf, wer zu dem armen Prinzen hinging.

Es dauerte nicht lange, da kam ein junges Mädchen dorthin, sie schien sehr zu erschrecken, aber nur einen Augenblick, dann holte sie mehr Menschen, und die Meerjungfrau sah, dass das Leben in den Prinzen zurückkehrte und dass er alle um sich her anlächelte, aber ihr da draußen lächelte er nicht zu, er wusste ja auch nicht, dass sie ihn gerettet hatte, ihr war nun so traurig zumute, dass sie, als er in das große Gebäude geführt wurde, voller Leid ins Wasser niedertauchte und heimwärts zog zu ihres Vaters Schloss.

Immer war sie still und nachdenklich gewesen, aber nun wurde sie es sehr viel mehr. Die Schwestern fragten sie, was sie das erste Mal dort oben erblickt habe, aber sie erzählte nichts.

Sie hörte manche Nacht, wenn die Fischer mit ihren Laternen draußen auf dem Wasser waren, dass sie viel Gutes von dem jungen Prinzen erzählten, und sie freute sich, dass sie ihm das Leben gerettet hatte, als er halb tot auf den Wogen dahintrieb, und sie dachte daran, wie fest sein Kopf an ihrer Brust geruht hatte und wie innig sie ihn dann geküsst hatte; er wusste gar nichts davon, konnte nicht einmal von ihr träumen.

Immer lieber gewann sie die Menschen, immer mehr hatte sie den Wunsch, zu ihnen emporsteigen zu können; die Menschenwelt kam ihr viel größer vor als ihre eigene. Sie konnten ja auf Schiffen über das Meer hinfliegen, auf die hohen Berge droben über den Wolken steigen, und die Länder, die sie besaßen, dehnten sich mit Wäldern und Feldern weiter, als sie blicken konnte. Da gab es so viel, was sie gern gewusst hätte, aber die Schwestern konnten nicht auf all das Antwort geben, darum fragte sie die alte Großmutter, und die kannte gut die höhere Welt, die sie sehr richtig die Lande über dem Meer nannte.

»Wenn die Menschen nicht ertrinken«, fragte die kleine Meerjungfrau, »bleiben sie dann immer am Leben, sterben sie nicht wie wir hier unten im Meer?«

»Doch«, sagte die Alte, »sie müssen auch sterben, und ihre Lebenszeit ist sogar kürzer als die unsere. Wir können dreihundert Jahre alt werden, aber wenn wir dann aufhören, hier zu leben, dann werden wir nur zu Schaum auf dem Wasser, haben nicht einmal ein Grab hier unten unter unseren Lieben. Wir besitzen keine unsterbliche Seele, wir erhalten das Leben nie wieder zurück, wir sind genauso wie das grüne Schilf; ist es erst geschnitten, dann kann es nicht wieder grünen! Die Menschen dagegen haben eine Seele, die immer lebt, die lebt, wenn der Körper zu Erde geworden ist; sie steigt hinauf in die helle Luft, hinauf zu den funkelnden Sternen! So wie wir aus dem Meer auftauchen und die Länder der Menschen schauen, so tauchen sie zu unbekannten, herrlichen Gegenden empor, die wir niemals zu sehen bekommen.«

»Weshalb bekamen wir keine unsterbliche Seele?«, sagte die kleine Meerjungfrau traurig. »Ich würde alle meine hundert Jahre hergeben, die ich noch vor mir habe, um nur einen einzigen Tag ein Mensch zu sein und dann teilzuhaben an der himmlischen Welt!«

»Daran darfst du nicht immer denken!«, sagte die Alte, »wir sind viel glücklicher und besser daran als die Menschen dort oben!«

»Ich muss also sterben und als Schaum auf dem Meer schwimmen, kann nicht die Musik der Wellen hören, nicht die herrlichen Blumen schauen und die rote Sonne! Kann ich denn gar nichts tun, um eine ewige Seele zu erlangen?« »Nein!«, sagte die Alte, »nur wenn ein Mensch dich so lieb gewänne, dass du ihm mehr bedeutetest als Vater und Mutter, wenn er mit all seinem Denken und seiner Liebe an dir hinge und den Priester seine rechte Hand in deine legen ließe mit dem Gelübde, treu zu sein hier und bis in alle Ewigkeit, dann glitte seine Seele in deinen Leib hinüber, und du hättest auch teil am Glück der Menschen. Er gäbe dir eine Seele und behielte dennoch seine eigene. Aber das kann nimmer geschehen! Was hier im Meer gerade schön ist, dein Fischschwanz, das finden sie droben auf der Erde hässlich, sie verstehen es nun mal nicht besser, dort muss man zwei ungeschlachte Säulen haben, die sie Beine nennen, um schön zu sein!«

Da seufzte die kleine Meerjungfrau und blickte traurig auf ihren Fischschwanz.

Nun ging die kleine Meerjungfrau aus ihrem Garten fort auf die brausenden Strudel zu, hinter welchen die Hexe wohnte. Diesen Weg war sie noch nie gegangen, hier wuchsen keine Blumen, kein Seegras, nur der kahle graue Sandboden erstreckte sich bis zu den Strudeln, wo das Wasser wie sausende Mühlräder rundherum wirbelte und alles, was es zu fassen bekam, mit sich in die Tiefe riss. Mitten durch diese zermalmenden Wirbel musste sie gehen, um in den Bereich der Meerhexe zu gelangen.

»Ich weiß schon, was du willst!«, sagte die Meerhexe. »Du bist schön dumm! Trotzdem sollst du deinen Willen haben, denn der wird dich ins

»Die kleine Meerjungfrau«.
Radierung von Harry Clarke, 1910

Unglück bringen, meine wunderfeine Prinzessin. Du möchtest gern deinen
Fischschwanz lossein und stattdessen zwei Stümpfe haben zum Gehen,
genauso wie die Menschen, damit der junge Prinz sich in dich verliebt und du
ihn kriegst und mit ihm eine unsterbliche Seele!«, gleichzeitig lachte die Hexe
so laut und garstig, dass die Kröte und die Nattern auf den Boden fielen und
sich dort umherwälzten. »Du kommst gerade zur rechten Zeit«, sagte die Hexe,
»wenn die Sonne morgen aufgeht, könnte ich dir nicht mehr helfen, bevor
nicht ein Jahr um ist. Ich werde dir einen Trunk bereiten, mit diesem musst
du, ehe die Sonne aufgeht, an Land schwimmen, dich dort ans Ufer setzen
und ihn trinken, dann teilt sich dein Schwanz und schrumpft ein, zu etwas,
was die Menschen hübsche Beine nennen, aber es tut weh, es ist, als ginge das

scharfe Schwert durch dich hindurch. Alle, die dich sehen, werden sagen, du seiest das reizendste Menschenkind, das sie gesehen haben! Du behältst deinen schwebenden Gang, keine Tänzerin kann schweben wie du, aber bei jedem Schritt, den du machst, ist es, als trätest du auf ein scharfes Messer, sodass dein Blut fließen muss. Willst du dies alles erdulden, dann werde ich dir helfen!«

»Ja«, sagte die kleine Meerjungfrau mit bebender Stimme und dachte an den Prinzen und daran, dass sie eine unsterbliche Seele erringen wollte.

»Aber vergiss nicht«, sagte die Hexe, »hast du erst menschliche Gestalt angenommen, dann kannst du niemals wieder eine Meerjungfrau werden! Du kannst nie mehr durch das Wasser zu deinen Schwestern und deines Vaters Schloss hernieder steigen, und gewinnst du nicht die Liebe des Prinzen, sodass er um deinetwillen Vater und Mutter vergisst und den Priester eure Hände ineinanderlegen lässt, sodass ihr Mann und Frau werdet, dann erhältst du keine unsterbliche Seele! An dem ersten Morgen, nachdem er mit einer anderen Hochzeit gehalten hat, da muss dein Herz brechen, und du wirst zu Schaum auf dem Wasser.«

»Ich will es«, sagte die kleine Meerjungfrau und war blass wie eine Tote.

»Aber mich musst du auch bezahlen!«, sagte die Hexe, »und es ist nicht wenig, was ich fordere. Du hast die herrlichste Stimme von allen hier unten auf dem Grunde des Meeres, mit der glaubst du wohl ihn verzaubern zu können, aber diese Stimme musst du mir geben. Das Beste, was du besitzt, möchte ich für meinen kostbaren Trank haben! Mein eigenes Blut muss ich dir ja da hineintun, damit der Trank scharf werden kann wie ein zweischneidiges Schwert!«

»Aber wenn du meine Stimme nimmst«, sagte die kleine Meerjungfrau, »was behalte ich dann noch übrig?«

»Deine liebreizende Gestalt«, sagte die Hexe, »deinen schwebenden Gang und deine sprechenden Augen, mit diesen wirst du schon noch ein Menschenherz betören können. Nun, hast du den Mut verloren? Strecke deine kleine Zunge heraus, dann schneide ich sie ab, als Bezahlung, und du erhältst den kräftigen Trank!«

»So sei es denn!«, sagte die kleine Meerjungfrau, und die Hexe setzte ihren Kessel auf, um den Zaubertrank zu kochen.

Die Sonne war noch nicht hervorgekommen, als sie das Schloss des Prinzen sah und die prächtige Marmortreppe hinanstieg. Der Mond glänzte wunderbar hell. Die kleine Meerjungfrau trank den brennend scharfen Trank, und es war, als ginge ihr ein zweischneidiges Schwert durch den feinen Leib, sie wurde ohnmächtig davon und lag wie tot da. Als die Sonne über das Meer schien, erwachte sie, und sie fühlte einen brennenden Schmerz, aber ihr gegenüber stand der reizende junge Prinz, er heftete seine kohlschwarzen Augen auf sie, sodass sie die ihren niederschlug und sah, dass ihr Fischschwanz fort war und dass sie die hübschesten weißen kleinen Beine hatte, die ein Mädchen nur haben konnte, aber sie war ganz nackt, darum hüllte sie sich in ihr dichtes, langes Haar. Der Prinz fragte, wer sie sei und wie sie hergekommen sei, und sie sah ihn sanft und doch so traurig mit ihren dunkelblauen Augen an, sprechen konnte sie ja nicht. Da nahm er sie bei der Hand und führte sie ins Schloss hinein. Jeder Schritt, den sie machte, war, wie die Hexe ihr vorausgesagt hatte, als träte sie auf spitze Pfrieme und scharfe Messer, aber das erduldete sie gern. An der Hand des Prinzen stieg sie so leicht wie eine Luftblase empor, und er und alle wunderten sich über ihren anmutigen, schwebenden Gang.

Kostbare Kleider aus Seide und Musselin bekam sie an, im Schloss war sie die Schönste von allen, aber sie war stumm, konnte weder singen noch sprechen. Wunderschöne Sklavinnen, in Seide und Gold gekleidet, kamen und sangen dem Prinzen und seinen königlichen Eltern vor; eine sang schöner als alle anderen, und der Prinz klatschte in die Hände und lächelte ihr zu, da wurde die kleine Meerjungfrau traurig, sie wusste, sie selbst hätte viel schöner gesungen! Sie dachte: Oh, er sollte nur wissen, dass ich, um bei ihm sein zu können, für alle Ewigkeit meine Stimme fortgegeben habe!

Von Tag zu Tag wurde sie dem Prinzen lieber, er hatte sie lieb, wie man ein gutes, liebes Kind lieb hat, aber sie zu seiner Königin zu machen, kam ihm gar nicht in den Sinn, und seine Frau musste sie werden, sonst erhielt sie keine unsterbliche Seele, sondern würde an seinem Hochzeitsmorgen zu Schaum auf dem Meere werden.

»Aber jetzt wird der Prinz heiraten und die schöne Tochter des Nachbarkönigs bekommen!«, erzählte man, »das ist der Grund, weshalb er ein so prächtiges Schiff ausrüstet. Der Prinz fährt fort, um sich die Länder des Nachbarkönigs anzusehen, ein großes Gefolge nimmt er mit.« Aber die kleine Meerjungfrau schüttelte den Kopf und lachte, sie kannte die Gedanken des Prinzen viel besser als all die anderen. »Ich muss fahren!«, hatte er zu ihr gesagt, »ich soll mir die schöne Prinzessin ansehen, meine Eltern verlangen es, aber mich zwingen, sie als meine Braut heimzuführen, das wollen sie nicht! Ich kann sie nicht lieben! Sie gleicht nicht dem schönen Mädchen im Tempel, dem du gleichst, sollte ich einmal eine Braut erwählen, dann wärest eher du es, mein stummes Findelkind mit den sprechenden Augen!« Und er küsste ihren roten Mund, spielte mit ihrem langen Haar und legte seinen Kopf an ihr Herz, sodass es von Menschenglück und einer unsterblichen Seele träumte.

»Du fürchtest dich doch nicht vor dem Meer, mein stummes Kind?«, sagte er, als sie auf dem prächtigen Schiffe standen, das sie in die Länder des Nachbarkönigs führen sollte; und er erzählte ihr von Sturm und Meeresstille, von seltsamen Fischen in der Tiefe und was der Taucher dort gesehen hatte, und sie lächelte bei seiner Erzählung, sie wusste ja besser als irgendein anderer über den Meeresgrund Bescheid.

Am nächsten Morgen segelte das Schiff in den Hafen vor des Nachbarkönigs Stadt hinein. Alle Kirchenglocken läuteten, und von den hohen Türmen wurde mit Posaunen geblasen, während die Soldaten mit wehenden Fahnen und blinkenden Bajonetten dastanden. Jeder Tag brachte ein Fest. Bälle und Gesellschaften folgten aufeinander, aber die Prinzessin war noch nicht da, sie wurde weit fort in einem heiligen Tempel erzogen, erzählte man, dort lernte sie alle königlichen Tugenden. Endlich traf sie ein.

Die kleine Meerjungfrau stand da, begierig darauf, ihre Schönheit zu sehen; und sie musste es zugeben, eine anmutigere Gestalt hatte sie nie geschaut. Die Haut war ganz fein und rosig, und hinter den langen, dunklen Augenwimpern lächelten ein Paar schwarzblaue, treue Augen!

»Du bist es«, sagte der Prinz, »du, die du mich errettet hast, als ich wie eine Leiche am Strande lag!«, und er nahm seine errötende Braut fest in die Arme. »Oh, ich bin ja so glücklich!«, sagte er zu der kleinen Meerjungfrau. »Das Schönste, worauf ich nie hätte hoffen dürfen, ist mir erfüllt worden. Du wirst dich über mein Glück freuen, denn du hast mich von allen am liebsten!« Und die kleine Meerjungfrau küsste seine Hand, und sie meinte schon zu spüren, wie ihr Herz brach. Sein Hochzeitsmorgen würde ihr ja den Tod bringen und sie in Schaum auf dem Meer verwandeln.

Sie wusste, es war der letzte Abend, dass sie ihn sah, um dessentwillen sie ihre Familie und ihre Heimat verlassen hatte, ihre wunderbare Stimme hergegeben und täglich unendliche Qualen erduldet hatte, ohne dass er auch nur mit einem Gedanken daran gedacht hätte. Es war die letzte Nacht, dass sie atmete, die gleiche Luft atmete wie er, das tiefe Meer und den sternenblauen Himmel erblickte; eine ewige Nacht ohne Gedanken und Traum harrte ihrer, die keine Seele besaß, keine erringen konnte. Und auf dem Schiff war eitel Freude und Fröhlichkeit bis weit über Mitternacht, sie lachte und tanzte mit dem Todesgedanken in ihrem Herzen. Der Prinz küsste seine liebreizende Braut, und sie spielte mit seinem schwarzen Haar, und Arm in Arm gingen sie in dem prächtigen Zelt zur Ruhe.

Es wurde ruhig und still auf dem Schiff, nur der Steuermann stand am Ruder, die kleine Meerjungfrau legte ihre weißen Arme auf die Reling und blickte gen Osten der Morgenröte entgegen, der erste Sonnenstrahl, das wusste sie, würde sie töten. Da sah sie ihre Schwestern aus dem Meer emporstei-

»Die kleine Meerjungfrau«. Federlithografie von Franz Graf Pocci, 1851

gen, sie waren bleich wie sie; ihr langes, wunderbares Haar wehte nicht mehr im Winde, es war abgeschnitten. »Wir haben es der Hexe geschenkt, auf dass sie dir Hilfe bringe, damit du in dieser Nacht nicht stirbst! Sie hat uns ein Messer gegeben, hier ist es! Siehst du, wie scharf? Ehe die Sonne aufgeht, musst du es dem Prinzen ins Herz stoßen, und wenn dann sein warmes Blut auf deine Füße spritzt, dann wachsen sie zu einem Fischschwanz zusammen, und du wirst wieder Meerjungfrau, kannst zu uns ins Wasser herabsteigen und deine dreihundert Jahre leben, ehe du zu totem, salzigem Meerschaum wirst. Eil dich! einer muss sterben, er oder du, bevor die Sonne aufgeht! Unsere alte Großmutter trauert, sodass ihr das weiße Haar ausgegangen ist, wie das unsere durch die Schere der Hexe fiel. Töte den Prinzen und kehre zurück! Eil dich, siehst du den roten Streifen am Himmel? In wenigen Minuten steigt die Sonne empor, und dann musst du sterben!«, und sie stießen einen seltsam tiefen Seufzer aus und versanken in den Wogen.

Die kleine Meerjungfrau zog den Purpurvorhang vom Zelt fort, und sie sah die liebliche Braut mit ihrem Kopf an des Prinzen Brust schlummern, und sie beugte sich hinab, küsste ihn auf seine schöne Stirn, blickte zum Himmel auf, wo die Morgenröte immer heller leuchtete, bückte auf das scharfe Messer und heftete wieder die Augen auf den Prinzen, der im Traum den Namen seiner Braut nannte, er hatte nur für sie allein Sinn, und das Messer zitterte in der Hand der Meerjungfrau – aber da warf sie es weit in die Wogen hinaus, sie glänzten rot auf, wo es hinfiel, es sah aus, als sickerten Blutstropfen aus dem Wasser. Noch einmal sah sie mit halb gebrochenem Blick den Prinzen an, stürzte sich dann vom Schiff hinab ins Meer, und sie fühlte, wie ihr Körper sich in Schaum auflöste.

Da stieg die Sonne aus dem Meer auf, die Strahlen fielen mild und warm auf den todeskalten Meerschaum, und die kleine Meerjungfrau fühlte nichts vom Tode, sie sah die helle Sonne, und oben über ihr selber schwebten Hunderte von durchsichtigen, lieblichen Wesen; sie konnte durch sie hindurch die weißen Segel des Schiffes und die roten Wolken des Himmels sehen, ihre Stimmen waren Musik, aber so ganz Geist, dass kein menschliches Ohr sie vernehmen konnte, ebenso wie kein irdisches Auge sie erblicken konnte. Sie schwebten ohne Flügel kraft ihrer eigenen Leichtigkeit durch die Lüfte. Die kleine Meerjungfrau sah, dass sie einen Körper besaß wie jene, er erhob sich mehr und mehr aus dem Schaum.

»Zu wem komme ich?«, fragte sie, und ihre Stimme klang wie die der anderen Wesen, wie ein Hauch, sodass keine irdische Musik sie wiedergeben könnte.

»Zu den Töchtern der Luft!«, erwiderten die anderen. »Die Meerjungfrau hat keine unsterbliche Seele, kann sie niemals erlangen, es sei denn, sie erringt eines Menschen Liebe! Von einer fremden Macht hängt ihr ewiges Leben ab. Die Töchter der Luft haben auch keine ewige Seele, aber sie können sich selbst durch gute Taten eine schaffen. Wir fliegen in die heißen Länder, wo die laue Pestluft die Menschen tötet. Dort fächeln wir Kühlung. Wir tragen den Duft der Blumen durch die Lüfte und senden Erquickung und Heilkraft. Wenn wir uns dreihundert Jahre bestrebt haben, so viel Gutes zu tun, wie wir zu tun vermögen, erhalten wir eine unsterbliche Seele und haben teil am ewigen Glück der Menschen. Du arme kleine Meerjungfrau hast mit deinem ganzen Herzen nach dem gleichen gestrebt wie wir, du hast gelitten und geduldet, dich zu der Welt der Luftgeister emporgeschwungen, nun kannst du dir selbst durch gute Taten in dreihundert Jahren eine unsterbliche Seele erringen.«

Und die kleine Meerjungfrau hob ihre hellen Arme zu Gottes Sonne empor, und zum ersten Male spürte sie Tränen. – Auf dem Schiff war wieder Lärm und Leben, sie sah den Prinzen mit seiner schönen Braut nach ihr suchen, wehmütig starrten sie auf den wogenden Schaum, als wüssten sie, dass sie sich in die Wogen gestürzt hatte. Unsichtbar küsste sie die Stirn der Braut, lächelte ihm zu und stieg mit den anderen Kindern der Luft hinauf auf die rosarote Wolke, die in den Lüften segelte.

»In dreihundert Jahren schweben wir so in Gottes Reich hinein!«

»Auch früher können wir dorthin kommen!«, flüsterte eine. »Unsichtbar schweben wir in die Häuser der Menschen, wo Kinder sind, und mit jedem Tag, an dem wir ein gutes Kind finden, das seinen Eltern Freude macht und ihre Liebe verdient, verkürzt Gott unsere Probezeit. Das Kind weiß nicht, wann wir durch die Stube fliegen, und wenn wir dann aus Freude darüber lächeln, da wird uns eins von den dreihundert Jahren erlassen, sehen wir aber ein unartiges und böses Kind, dann müssen wir Tränen der Trauer weinen; und jede Träne fügt zu unserer Probezeit einen Tag hinzu.« ◆

Durch die Zeiten hat Andersens amphibisches Märchen verschiedene Interpretationen erfahren. Im Jahr 1907 bemerkt der Literaturwissenschaftler Hans Brix in seinem Buch ANDERSEN OG HANS EVENTYR: »Die unerwiderte Liebe der kleinen Meerjungfrau zum Prinzen bezieht sich auf den Autor selbst und auf Louise Collin. Gleichzeitig hat Andersen hier all das einbezogen, was diese Verbindung für ihn bedeutet hätte: Der Meeresgrund und das Festland verkörpern das Milieu, aus dem Andersen kam, und jene Kreise, in die er aufgenommen werden wollte. Louises Liebe zu erringen, die ihn im Hause Collin in den Rang eines Sohnes erhoben und ihn zum Bruder seines Freundes Edvard gemacht hätte, das ist das erstrebte, aber nicht erreichte Ziel.« Michael Maar, ein Wissenschaftler unserer Zeit, schreibt im Nachwort zu SCHRÄGE MÄRCHEN: »Andersen hat in diesem Märchen seine unerfüllbare Liebe zu Edvard Collin verschlüsselt, dem wahren Geliebten seines Lebens, der wie der Märchenprinz die zum Schweigen verdammte Jungfer mit dem ungewöhnlichen Unterleib als einen guten Freund im Hause duldete, den Platz im Schlafzimmer aber echten Frauen vorbehielt. DIE KLEINE MEERFRAU entstand, als Collin heiratete; Andersen floh vor der Hochzeit und schrieb sein berühmtestes Märchen. Er hätte nicht einmal eine eigene Szene erfinden müssen, in der die Meerfrau für einen Ausritt in Männerkleidung gesteckt wird, um zu verstehen zu geben, dass sich eben das, ein Mann, in ihr verbirgt; ein Mann, der einen andern liebt und seine Nähe sucht, auch wenn ihm daraus nur Qualen erwachsen; Qualen, über die man sich das Herz ausschütten könnte, wenn einem die Hexe nicht gerade die Zunge abgeschnitten hätte. (…) Die kleine Meerfrau darf zwar nicht frei sprechen, doch eines bleibt ihr: der vom Prinzen bewunderte kunstvolle Tanz. Nur in der stumm beredten Kunst, die leicht und schwebend wirken musste wie der Messertanz der kleinen Meerfrau, wie dieser aber nur unter geheimzuhaltenden Qualen zustande kam, konnte Andersen sein Eigentliches enthüllen: in den Märchen, die er meinte, als er einmal vom Volkslied sagte, in ihm könne der Mensch alles, was er in seinem Leid nicht sagen darf, ›verblümt und doch frei‹ bekennen; den Märchen, die ihm endlich den Weltruhm eintrugen, der über die eine nie sich schließende Wunde, die Wurzelentzündung, die Urerkältung des Lebens, notdürftig genug hinwegzutrösten hatte.«

Temperamentvoll mischt sich Eugen Drewermann ein: »Übersehen werden die starken Gefühle, die Andersen zeit seines Lebens zu *Frauen,* nicht zu Männern, sexuell hegte; verwechselt wird die offenbare Triebgehemmtheit Andersens mit Triebzielinversion, und die soziale Einsamkeit, die Andersen durch die Heirat Edvard Collins in der Tat fürchten musste, wird mit unerfülltem sexuellem Verlangen gleichgesetzt. Es wird nicht einmal erwähnt, geschweige

Louise Collin. Gemälde von
Wilhelm Marstrand

denn diskutiert, wie die Ablehnung durch Riborg Voigt das spätere Verhalten Andersens zu allen Menschen, insbesondere zu Frauen, geprägt hat. Und dass Andersens Nachdenken über Elfen und Meerfrauen schon bei den Schat-tenbildern begann, wird schlicht übersehen.«

Ganz sicher ist diese große Bandbreite der Interpretationen ein Nachweis für die hohe literarische Qualität der Märchen Andersens, die eben nie ganz das eine, nämlich Märchen für Kinder, aber auch nicht ausschließlich das andere, literarische Allegorien für Erwachsene, sind.

Zumindest für zwei andere Große der Literatur ist Andersen Vorbild. Theodor Fontane, der Verfasser des Stechlin, hat Andersens Märchen auf seine Liste der besten Bücher gesetzt. Und auf die Frage, welche Bücher er sich nach einem Bibliotheksverlust als erstes wieder anschaffen würde, antwortet Thomas Mann: Nietzsche, Schopenhauer, Andersen, Fairy Tales. Schon 1928 hatte er in einer Zeitschriftenumfrage die Rangfolge sogar vertauscht:

»Ich könnte DIE WELT ALS WILLE UND VORSTELLUNG sagen oder Nietzsche oder Tolstoi. Aber ich glaube, ich muss weiter zurückgehen, ich glaube, einer der frühesten literarischen Eindrücke, deren ich teilhaft wurde, war auch der tiefste und nachhaltigste: Andersens Märchen.«

Doch bis zu dieser postumen literarischen Kanonisierung ist der Weg noch weit. Die Enttäuschungen des Jahres 1831 zeichnen ein immer wiederkehrendes Muster – Gegenwind der Kritik und unglückliche Liebe bringen ihn in eine depressive Stimmung, in der er an sich und seiner Begabung zutiefst zweifelt. »Tag für Tag versank ich mehr und mehr in eine krankhafte Stimmung, hatte den Hang, das Traurige im Leben zu suchen, bei den Schattenseiten zu verweilen.« Und: »Wie ein rostiges, stumpfes Messer ging jedes niedergeschriebene Wort durch mein Gemüt.« Oder später, im Jahr 1841: »Die Nachrichten wurden wie flüssiges Blei in eine offne Wunde geträufelt.«

Lithografie von Bertold Löffler zu Andersens »Zwölf mit der Post«

Ich fühle, die Welt ist mein Heim

Reisen heißt leben! … Das Reiseleben ist mir die beste Schule der Bildung
geworden … Gleich einem stärkenden Bad für den Geist, gleich
dem Medea-Trunk, der immer wieder verjüngt, ist für mich das Reisen …
Meine Erziehungsschule sind das Leben und die Welt, ich habe die
Gabe, aufzufassen und darzustellen; aber ich muss meine Werkstatt haben, und
das heißt, ich muss mich in der Welt herumtreiben.

Als am 7. Oktober 1807 eine von James Watt konstruierte Dampfmaschine mit 20 PS zum ersten Mal das Fährschiff »Clermont« von New York nach Albany schiebt, reibt sich der amerikanische Konstrukteur Robert Fulton die Hände. Knapp fünfzehn Jahre später »segeln« – wie die ALLGEMEINE DEUTSCHE REAL-ENCYCLOPÄDIE FÜR DIE GEBILDETEN STÄNDE von 1827 zu berichten weiß – bereits 376 Dampfschiffe auf amerikanischen Flüssen, »nicht selten soll es an 800 Personen an Bord und für die Hälfte Betten haben«, berichtet ein Chronist. Seit 1811 besorgt die »Comet« als erste »Wasserdiligence« in Europa den Verkehr zwischen Glasgow und Greenock. 1817 tauchen die ersten Dampfschiffe auf der Weser und zwischen Berlin und Potsdam auf. 1819 endlich überquert die »Savannah« als erstes Dampfsegelschiff in der sensationellen Zeit von nur 26 Tagen den Atlantik. Kaum haben sich die Wogen geglättet, verstört George Stephenson mit seinem Dampfwagen erneut die Gemüter. Seine Lokomotive hatte nach 1814 die Pferde aus den Steinkohlengruben von Leeds verdrängt. Man raunt über doppelte Postkutschengeschwindigkeit und diskutiert die Einführung des neuen Verkehrsmittels im Personenverkehr. Das Bayerische Obermedizinalkollegium hält in einem einschlägigen Gutachten das »Delirium furiosum« bei den Reisenden für die unabwendbare Folge einer so schnellen Bewegung und prognostiziert überdies Erkrankungen des Gehirns bei denen, die das Gefährt vorüberrasen sehen würden. Dringend sollten die Bahnstrecken durch hohe Bretterzäune gesichert werden.

Unverdrossen schickt Stephenson im September 1825 die erste Dampfeisenbahn der Welt auf die 41 Kilometer lange Reise von Stockton nach Dar-

Diligence nannte man eine Eilpostkutsche. Der Eisenbahnpionier George Stephenson (1781–1848) baut 1814 seine erste Lokomotive und gründet 1823 in Newcastle die erste Lokomotivenfabrik der Welt.

lington. Und von Nürnberg nach Fürth schnauft am 7. Dezember 1835, nach einem Kanonenschuss zum Start, die erste deutsche Eisenbahn. Eine Zeitung notiert »tausendstimmigen Jubelruf«. Diese sechs Kilometer Schienenweg wachsen bis 1840 in den verschiedenen deutschen Staaten auf 548 und endlich bis 1850 auf rund 6000 Kilometer an. Von Leipzig nach Dresden braucht man nicht mehr 21, sondern nur noch drei Stunden. Dresdener Gastwirte jubeln: die Zahl der Übernachtungen steigt in einem einzigen Jahr von 7000 auf 40 000.

Den deutschen Dichtern und Denkern jedoch ist der Fortschritt suspekt. Schon 1825 hatte Goethe seinem Musikerfreund Zelter in einem Brief die Eisenbahn als eine der »Facilitäten der Communication« erklärt, »worauf die gebildete Welt ausgeht, sich zu überbieten, zu überbilden und dadurch in Mittelmäßigkeit zu verharren«.

Aber – was dem einen die Eule, ist dem andern die Nachtigall – wer wie Hans Christian Andersen gern reist, weiß die Eisenbahn zu schätzen. Über die Bequemlichkeit hinaus ist sie ein wichtiger Schritt auf dem Weg zur Demokratisierung des Reisens, das bisher den Reichen und dem Adel vorbehalten ist. Nicht zufällig bürgert sich das Wort Tourismus, das um 1800 bei den reisefreudigen Engländern aufkam, gegen 1830 auch in Deutschland ein. Geschäftstüchtige Unternehmer organisieren die ersten Gesellschaftsreisen, aufmerksame Verleger stillen das steigende Informationsbedürfnis der Reisenden mit neuartigen Publikationen. Es etabliert sich der »Reiseführer« neuen Typs, der bestimmte Touren empfiehlt, Sehenswürdigkeiten systematisch verzeichnet und klassifiziert. Der Koblenzer Verlagsbuchhändler Karl Baedeker wird mit seinen Reiseführern zu einer sprichwörtlichen Institution.

Baedekers »Rheinlande von der Schweizer bis zur Holländ. Grenze«. Außentitel der 8. Auflage von 1854

»Ich ziehe das Pferd oder das Kamel den Posten und Bahnen, das Kanu dem Steamer und die Büchse der wohl visierten Passe vor«, prahlt Karl Mays Held Karl Ben Nemsi. »Ich verlasse mich auf keinen Dolmetscher und keinen Bädeker.« Der furchtlose Dr. Karl May höchstselbst lässt 1881 wissen, er pflege »nicht mit dem roten Baedeker in der Hand im Eisenbahncoupé zu reisen«, wie sein letztes Reiseandenken, ein Messerstich, bezeuge. Er war eben stets ein Angeber und Großmaul. Dabei hat er sich jenseits von Sachsen immer auf sein kleines rotes Büchlein verlassen und leistet in seinem Spätwerk UND FRIEDE AUF ERDEN Abbitte: »Nehmen wir den Baedeker her. Die Karte wird uns mehr sagen, als wir

Andersen auf Reisen

von diesem Araber erfahren können.« Der »Ägypten-Baede-ker« von 1898 warnt eindringlich vor Dragomanen, die »gebildete und denkende Touristen« mit einem »leeren Geschwätz unsinniger Erklärungen« hinhalten. Kein Reiseführer ist gründlicher, zuverlässiger und unbestechlicher. Im englischen Libretto von Offenbachs Operette La Vie parisienne heißt es:

> »Kings and Governers may err,
> but never Mr. Baedeker.«

Ein Dragoman ist ein einheimischer Dolmetscher im Nahen Osten, der sich auch als Fremdenführer betätigt.

Sein Handbuch für Schnellreisende wendet sich an den rechnenden Bürger, der »mit möglichst geringem Geld- und Zeitaufwand alles Sehenswerte überblicken« will; deshalb muss es kompakt, präzise, aktuell und »practisch« sein. »Welche Lust gewährt das Reisen!«, jubelt Baedeker 1838. »Es ist eine prächtige Einrichtung mit diesen Eisenbahnen; bei Reisen kommt Geld und Zeit gar nicht mehr in Frage.«

Seine Zielgruppe ist das liberale Bildungsbürgertum, das aber auch um seinen Geldbeutel fürchtet: »Die Begleitung von Damen auf Reisen erhöht natürlich die Kosten beträchtlich.« Italienische Eingeborene werden als folkloristische Kulisse geschätzt, aber auch gefürchtet als Lazzaroni, die sich »beim Summieren der Rechnung wohl irren«. Das kommt uns auch heute ziemlich bekannt vor, wie auch die Warnung vor den Taschendieben in Lourdes und den Grisetten in Paris.

Lazzaroni waren Gelegenheitsarbeiter aus Neapel, die sich den dort regierenden Bourbonen als Hilfstruppen gegen Revolutionäre anboten, v. a. 1798, 1821 und 1848. Das Wort leitet sich her vom armen Lazarus.

Er empfiehlt dem Indienfahrer, Morgenschuhe, Reisemütze, einen Frack (für Empfänge beim Vizekönig) und möglichst ein eigenes Bett (»Damit vergrößert sich das Reisegepäck allerdings sehr erheblich«) mitzunehmen. Für eine Nilfahrt sieht er 156 Flaschen Wein und etwas Champagner als Reiseproviant vor; den Ararat solle man nicht ohne zwei Sack Kohle und einen Revolver ersteigen. Für die Schweiz brauchte die Dame zweckmäßige Kleider, die sich »je nach Bedarf aufschürzen« ließen; Kuhmilch sollte man »keinesfalls ohne Beimischung von Cognac oder Rum« trinken.

Der Baedeker erobert ein deutsches Kolonialreich der Sehnsucht, das vom Nordkap bis nach Indien reicht. Seine Karten sind so zuverlässig, dass selbst Kriegsgegner wie Lawrence von Arabien sie benutzen. Seine kunstgeschichtlichen, archäologischen und historischen Exkurse, von Diplomaten, Forschungsreisenden und Fachgelehrten verfasst, genügen wissenschaftlichen Ansprüchen.

Thackeray und Dickens, Fontane, Zola und Henry James – fast alle großen

»Le Tour du Monde en Quatre-Vingts Jours« von Jules Verne.
Frontispiz der Erstausgabe 1873

Realisten des 19. Jahrhunderts haben nichts auf ihren Baedeker kommen lassen. Mark Twain macht sich lustig über seine Betulichkeit, schätzt aber doch seine Präzision. Auch Franz Kafka spricht mit großer Wärme von ihm, und Jules Verne, der das »treffliche Büchlein« gern für seine VOYAGES EXTRAORDINAIRES benutzte, erfindet sogar das Verb »baedekeriser«.

Tourist ist selbstverständlich immer der andere – das gilt auch damals schon. Der Baedeker-Freund als Kulturmensch auf Goethes Spuren sieht sich umringt von lärmenden Banausen, die sein unverwechselbares, ihm ganz eigenes Bildungserlebnis entwerten.

Die deutschen Romantiker, die leidenschaftlich gern reisen, haben »das Wandern« zu einem zentralen Motiv ihrer Dichtung gewählt. »Wem Gott will rechte Gunst erweisen, den schickt er in die weite Welt«, dichtet Eichendorff. Franz Kugler besingt die Saale mit ihrem »hellen Strande«, die populären Reiselieder Ludwig Uhlands oder die Wandergedichte Wilhelm Müllers entzücken das Publikum in den Vertonungen von Schubert und Silcher.

In Opposition gegen diese lyrischen und epischen Formen der Wander- und Reiseseligkeit etabliert sich seit Mitte der zwanziger Jahre eine gänzlich andere Reiseliteratur. 1826, als Eichendorff in seiner Novelle AUS DEM LEBEN EINES TAUGENICHTS das Modell einer romantisch-weltflüchtigen Haltung vorführt, erscheint Heines HARZREISE. Auch ihn zieht es hinauf auf die luftigen Höhen. Aber nicht, um die Welt zu fliehen, sondern um Welt und Gesellschaft besser zu übersehen und zu beurteilen:

> Lebet wohl, ihr glatten Säle,
> Glatte Herren! Glatte Frauen!
> Auf die Berge will ich steigen,
> Lachend auf euch niederschauen.

Heine und seine Zeitgenossen reisen auch, um der vaterländischen Enge zu entfliehen. Sie erleben und beschreiben die technisch-ökonomischen Veränderungen, die überall aufbrechenden sozialen Spannungen, feudale Unterdrückung, demokratische Opposition und revolutionäre Aufbruchstimmung.

Die Zensur ist gnadenlos und rüde: Goethes EGMONT wird im Oktober 1819 vom Berliner Spielplan abgesetzt und bleibt, wie Schillers RÄUBER und

WILHELM TELL, in Preußen bis 1841 verboten. »Die deutschen Wolken waren noch grauer geworden«, bemerkt Heine in einer Charakteristik der Restaurationsperiode, »die Nachtigallen verstummten, dagegen bellten die Hunde weit lauter – die Eichen rauschten sehr kleinmütig, die Rosen sahen aus, als hätten sie den Schnupfen, alles Leben schien auf immer versumpft – überall Stagnation, Lethargie und Gähnen.«

Mit der HARZREISE entdeckt Heine ganz neue Möglichkeiten, die der Reisebericht in einer Mischung von Reisereportage und weit ausgreifendem Raisonnieren über Gott und die Welt bietet. Bücher von mehr als zwanzig Bogen Umfang unterliegen nicht der Zensur, deshalb bündelt Heine das Manuskript

»Die Mühen des Reisens in der Digilence«. Karikatur von Grandville

mit anderen Arbeiten in einem Band. »Die REISEBILDER sind vorderhand der Platz«, schreibt er an Immermann, »wo ich dem Publikum alles vorbringe, was ich will.« Und ein Dichter, dem »das Herz auf der linken Seite, auf der liberalen«, schlug, hat seinen Lesern vielerlei vorzubringen.

Andersen verehrt Heinrich Heine schon als Schüler. Und natürlich kennt er die HARZREISE – er spielt bei der Beschreibung Goslars direkt darauf an, und bei der Brocken-Besteigung gibt es sogar sprachliche Ähnlichkeiten.

Mit 29 Auslandsreisen kreuz und quer durch Europa, bis in die Türkei, demonstriert der Dichter seine Mobilität. »Ja, ich fühle, die Welt ist mein Heim.« Andersen ist lebenslang an Neuerungen interessiert, fährt 1840 das erste Mal mit der Eisenbahn und besucht 1867 die Pariser Weltausstellung, die ihn zu seinem Märchen DRYADE inspiriert. Immerhin neun ganze Jahre hat die »Zugvogelnatur« zusammengerechnet auf Reisen außerhalb seines Landes verbracht. Könnte er reisen, so Andersen, »würde sich die Unruhe legen« die ihm zu schaffen macht. »Aber weit fort müsste es sein!«

Am 16. Mai 1831 begibt sich Andersen auf seine erste Auslandsreise, und da ein Italienbesuch für den 26jährigen Dichter vorerst unerschwinglich ist, wird es ein Trip in den Harz und die Sächsische Schweiz. Sein Aufbruch gleicht einer Flucht. Er flieht vor unerfüllter Liebe und als gehässig empfundener Kritik seiner Landsleute. Er will diese Reise nutzen, sich als Person im Nachbarland vorzustellen und als Dichter zu etablieren.

Das geistige Deutschland sieht wohlwollend zum nördlichen Nachbarn. Schließlich haben Klopstock und Schiller in Kopenhagen königliche Unterstützung erfahren, dänische Dichter wie Jens Baggesen und Adam Oehlenschläger sind in Deutschland wohlbekannt, Ludwig Tieck korrespondiert mit Ingemann in Sorø und schätzt die Theaterstücke Holbergs. Chamisso und Fouqué übersetzen aus dem Dänischen. Ebenso die Germanisten Grimm und Lachmann, die die dänische Sprache als Einstieg in die Welt der nordischen Mythologie und altnordischen Literatur betrachten.

Wirtschaftliche und familiäre Beziehungen zwischen den Hansestädten und dem deutschen Binnenland nach Jütland und den dänischen Inseln sind eng. Deutsch ist in Dänemark die zweite Landessprache. Erst nach 1848 trüben sich die Beziehungen der beiden Nachbarn ein, worunter Andersen heftig leidet und sogar Freundschaften mit Deutschen

Die deutsch-dänischen Beziehungen in den Jahren 1848–1850 werden durch den Interessenkonflikt um Schleswig getrübt. Im März 1848 wird Schleswig an Dänemark angeschlossen – eine Erhebung in Schleswig-Holstein ist die Folge. Im Mai beginnt im Auftrag des Deutschen Bundes ein preußischer Feldzug unter General Wrangel. Russland, England und Frankreich mischen sich ein und erzwingen den Waffenstillstand von Malmö. Den beenden die Dänen im Februar 1849. Trotz drückender Überlegenheit gibt Preußen auf russisch-französischen Druck im Frieden von Berlin die Herzogtümer auf, der Krieg ist beendet. Kaum ein Däne hat in den Kriegsjahren den politischen Gegensatz der Länder so schmerzlich empfunden wie Andersen, der ja sonst nie das leiseste Interesse an der Politik bekundete. 1849 verfasst er das Soldatenlied IN DÄNEMARK BIN ICH GEBOREN, bis heute eines der beliebtesten vaterländischen Lieder in Dänemark. Es handelt von Dänemarks Geschichte, Sprache und Natur.

zur Disposition stellt. Die nach-
folgende Niederlage der Dänen
im Jahr 1864 und vor allem die
Besatzung durch die Deutschen
im 2. Weltkrieg haben das Verhältnis nachhaltig belastet, bis
auf den heutigen Tag.

Der Deutsch-Dänische Krieg
trübt auch seine enge Freundschaft mit Carl Alexander von
Weimar. Noch im Februar 1848
zeichnet ihn der Großherzog mit
dem Weißen Falkenorden aus:
»Nun besitze ich ein sichtbares
Band, das mich mit dem Heim

Deutsch-Dänischer Krieg. Die Schlacht bei Schleswig 1848

verbindet, das Goethe, Schiller und die Großen der deutschen Literatur das
ihre nannten.«

Aber im Mai 1848 klingt es schon ganz anders: »Dänemark, meine Heimat,
und Deutschland, wo so viele Menschen sind, die ich liebe, stehen einander
feindlich gegenüber! Eure Königliche Hoheit werden empfinden können, wie
alles dies mich schmerzt … Wann werden wir uns wieder treffen, mein edler,
hoher Freund? Vielleicht nie mehr!« Darauf der Erbgroßherzog: »Haben
unsere Gefühle füreinander etwas mit dem politischen Meinungsstreit zu tun?
Sind wir auf Grund unserer politischen Ansichten Freunde geworden? Die
Harmonie unserer Seelen, unserer Gedanken, unserer Phantasie hat uns
zusammengeführt und wird uns auch fürderhin vereinen. Versprechen Sie mir,
lieber Freund, dass die Zeitläufte und die Meinungen des Augenblicks niemals
Einfluss auf unsere Freundschaft haben dürfen.« Doch der Erbgroßherzog
beteiligt sich mit einem weimarischen Freiwilligenkontingent an den Kämp-
fen in Schleswig-Holstein – Andersen sieht sich nicht in der Lage, die ihm
doch so wichtige Korrespondenz fortzusetzen.

Carl Alexander ist wieder in Weimar, als ihm Andersen nach langem
Schweigen im August aus dem schwedischen Trollhättan schreibt:

Auf meinen letzten Brief an Sie im frühen Frühjahr habe ich keine Antwort
bekommen; dann erfuhr ich, dass weimarische Truppen, das Kontingent, gen
Norden marschiert seien, und endlich las ich, dass Sie selber sich auf den Kriegs-
schauplatz begeben hätten; ich begriff die Verhältnisse und bin tief traurig gewesen! Aber nun klingt eine Friedensbotschaft zu mir herüber, nun darf ich mei-

Adam Gottlob Moltke zu Bregentved erwirbt das Schloss im Jahr 1762. 1848 wird das 3. Pionier-Bataillon auf Glorup einquartiert, später im selben Jahr auch schwedische Offiziere und Soldaten. Nach Kriegsende kommen alle 200 Soldaten unversehrt zurück, und Andersen arrangiert ein Sieges-fest. Jeder Knecht bekommt eine Fla-sche Wein, eine Suppe, Fleisch mit Meerrettich, Wildbraten und zwei verschiedene Arten von Kuchen. Die Regimentsmusik aus Nyborg spielt, und man singt vier Lieder, eins von Andersen. Das Fest dauert von ein Uhr mittags bis nachts um drei. Aber das Pech verfolgt den armen Ander-sen, am nächsten Tag tritt er sich einen Nagel in den Fuß und glaubt, er müsse an Blutvergiftung sterben.

Gisela Perlet hat nach dem Studium der Germanistik und Nordistik 1966–79 als Verlagslektorin gearbei-tet. Seit 1979 ist sie freiberuflich als Übersetzerin, Herausgeberin und Au-torin tätig. Besonders verdienstvoll ihre Ausgabe der Andersen-Tagebü-cher JA, ICH BIN EIN SELTSAMES WESEN (Göttingen 2000). Im Jahr 2002 wurde sie mit dem Johann-Heinrich-Voß-Preis ausgezeichnet. Ihr und den Andersen-Kennern Elias Bredsdorff, Johan de Mylius, Erling Nielsen, Hein-rich Detering, Michael Maar und dem Skandinavien-Kenner Hanns Grössel verdankt der Autor letztlich alles, was er über Andersen weiß.

nem Herzen folgen und dem Freunde einen Brief senden … Mein Herz ist dänisch, aber meine wahren Freunde in Deutschland liebe ich nach wie vor. Doch nun Frieden! Frie-den! Gott lasse Frieden über den Ländern weilen! ◆

Andersen hält sich im Schloss Glorup auf Fünen auf, als im Juli 1850 in Berlin der heiß ersehnte Friedensvertrag unter-zeichnet wird. Er schreibt dem Erbgroßherzog: »Frieden! Frieden mit Deutschland klingt es durch das Land und durch mein Herz. Es ist wirklich wie Sonnenschein, wie ein Festtag, der mir aufgegangen ist … In Deutschland die Erkenntnis, dass die Dänen nur ihr Recht wollen! Oh, das tut meinem Herzen so wohl! Wenn nur nicht noch mehr Blut um Schleswig fließt! Mögen die Werke des Friedens in Gott gedeihen!«

Der Ausgangspunkt für Andersens Weltruhm ist gewiss die vielseitige und tiefe Beziehung des Dichters zu Deutschland. In MÄRCHEN MEINES LEBENS bekennt er dankbar:

🦢 Von Deutschland erscholl die erste entscheidende Anerkennung oder viel-leicht Überschätzung meiner Arbeit. Ich beugte mich dankbar froh gleich einem Kranken nach Sonnenschein. Von Deutschland aus wurde mein Mut fortzufahren gestärkt, dort fand ich die klarste Anerkennung, die mich geistig aufrechterhielt. ◆

Andersen entwickelt ein verblüffendes Talent zum Reisen, das ihm sogar die vorbehaltlose Anerkennung Edvard Col-lins einträgt, der sonst so viel zu mäkeln hat. »Sie sind ein Teufelskerl zu reisen; wie Sie sich auf dieser Tour durchge-schlagen haben, werden es Ihnen nicht viele nachtun, und sind Sie nicht mutig, so haben Sie doch gewiss einen festen Willen, der ebenso gut ist, dies Zeugnis stellt Ihnen der Unterzeichnete aus, der Ihnen nicht zu schmeicheln pflegt.«

Und Andersen ist stolz auf diese Begabung: »Es gehört bestimmt Verstand zum Reisen – keineswegs Poesie –, ich habe die Gedanken ordentlich zusammenhalten müssen und Gott sei Dank auf der ganzen Reise nicht die kleinste Klei-nigkeit vergessen.«

Andersen auf Reisen

Sein Organisationstalent, seine Disziplin und Anpassungsfähigkeit stehen in einem merkwürdigen Kontrast zu den zahlreichen Ängsten und Phobien, die Andersen zeitlebens plagten – »Geldangst, Passangst, Angst vor Licht und Feuer, vor Überfällen, Hunden, Unglücksfällen aller Art, Seereisen, Eisenbahnfahrten, Tunneln, Ansteckung und Krankheit, vor dem Wahnsinnigwerden und vor dem Sterben, dazu die Angst vor dem eigenen Versagen und ihm selbst unerklärliche Angstgefühle«, wie die Andersen-Kennerin Gisela Perlet konstatiert. Berühmt wurde der Strick, den er bei Reisen immer mit sich führt, damit er sich bei einem Brand abseilen kann. Tragikomisch das handgemalte Schild ICH BIN SCHEINTOT, das er auf den Nachttisch stellte, weil er wie viele Zeitgenossen fürchtete, lebendig begraben zu werden. Nach seinem Tod, so hat er verfügt, sollten ihm die Pulsadern geöffnet werden.

Gisela Perlet stellt weiter fest: »Seine Ruhmsucht war gepaart mit dem tieferen Wissen um die Leere und Vergänglichkeit äußerer Pracht; die Eitelkeit mit dem nie ausgelöschten Bewusstsein, aus untersten sozialen Verhältnissen zu kommen; seine ausgeprägte und für andere gewiss anstrengende Egozentrizität mit einer großen Hilfsbereitschaft, mit Einfühlungsvermögen und der Fähigkeit, Kränkungen und angetanes Unrecht zu verzeihen; die Wehleidigkeit und Überempfindlichkeit mit einer erstaunlichen Zähigkeit beim Ertragen von Strapazen, vor allem auf Reisen, und erheblichen physischen Kräften bei seiner Lese- und Vortragstätigkeit, wenn er sich oft viele Stunden lang höchste Konzentration und Aktivität abverlangte. Der furchtsame und vorsehungsgläubige Andersen konnte sehr nüchtern-praktisch sein, nicht nur bei Planung und Ausführung seiner Reisen.«

In den Jahren 1830 bis 1870 ist Andersen Zeuge gewaltiger Veränderungen der Verkehrsmittel. Er reist mit Kutsche und Segelschiff, wandert zu Fuß, rei-

Der Expresszug des 19. Jahrhunderts

tet auf Eseln und Maultieren, probiert begeistert die ersten Dampfschiffe und Eisenbahnen, lässt sich vielfach fotografieren und begrüßt jeden neuen Fortschritt mit Freude. 1840 erlebt er erstmals die Wonnen einer Reise mit der Eisenbahn und schildert sie im Märchen von der Perlenschnur. Welch ein Kontrast zu den Befürchtungen seiner deutschen Dichterkollegen!

Ein Stück Perlenschnur

EIN STÜCK PERLENSCHNUR wird zuerst gedruckt im FOLKEKALENDER FOR DANMARK aus dem Jahr 1857. Im Verkehrsmittel der Moderne macht Andersen eine Reise zurück in Dänemarks mythische Vergangenheit, in die Welt der altnordischen Sagas, zu den Wikingern, ins Mittelalter, als Dänemark noch Großmacht war.

Die Eisenbahn in Dänemark geht bis jetzt nur von Kopenhagen bis Korsor, sie ist ein Stück von der Perlenschnur, von der Europa einen Reichtum besitzt; dort sind die kostbarsten Perlen Paris, London, Wien, Neapel; manch einer hebt jedoch nicht diese großen Städte als seine schönste Perle hervor, sondern weist stattdessen auf einen kleinen, unbeachteten Ort hin, die Heimat des Vaterhauses; dort wohnen die Lieben; ja, oftmals ist es nur ein vereinzelter Hof, ein kleines Haus, zwischen grünen Hecken versteckt, ein Punkt, der vorüberfliegt, während der Zug vorbeisaust. Wie viele Perlen sind auf der Schnur von Kopenhagen bis Korsor? Wir wollen uns sechs ansehen, auf die die meisten ihr Augenmerk richten mögen, alte Erinnerungen und die Poesie selber verleihen diesen Perlen einen Glanz, sodass sie in unser Bewusstsein hineinstrahlen.

Der Schriftsteller und Professor für Ästhetik und Literaturgeschichte Knud Lyne Rahbek (1760–1830) unterhält zusammen mit seiner Frau Camma den führenden Salon in Kopenhagen. Sein Haus, das Bakkehuset, ist Treffpunkt der bedeutendsten dänischen Künstler der Zeit.

Nahe am Hügel, wo das Schloss Frederiks VI. liegt, Oehlenschlägers Vaterhaus, schimmert im Schutz des Waldes von Sondermarken eine dieser Perlen, man nannte sie »Philemons und Baucis' Hütte«, das heißt: das Haus zweier liebenswerter Alter. Hier lebte Rahbek mit seiner Ehefrau Camma; hier unter ihrem gastlichen Dach versammelten sich ein Menschenalter hindurch alle Tüchtigen des Geistes aus dem betriebsamen Kopenhagen, hier war eine Heimstatt des Geistes – und jetzt! Sagt nicht: »Ach, wie verändert!« – nein, hier hat der Geist noch immer seine Heimstatt, es ist das Treibhaus der siechenden Pflanze! Die Blütenknospe, nicht kräftig genug, um sich zu entfalten, bewahrt dennoch verborgen alle Ansätze für Blatt und Samen. Hier scheint die Sonne des Geistes in ein umfriedetes Haus des Geistes, sie erheitert und erweckt Leben. Die Welt ringsum strahlt durch die Augen in die unerforschliche Tiefe der Seele: die Heimstatt des Schwachsinnigen, von Menschenliebe umschwebt, ist eine geheiligte Stätte, ein Treibhaus für die siechende Pflanze,

Andersen auf Reisen

die dermaleinst in Gottes Blumengarten umgepflanzt werden und dort blühen soll. Die Schwächsten im Geiste sind jetzt hier versammelt, wo einstmals die Größten und Stärksten sich trafen, Gedanken austauschten und emporgehoben wurden – hoch lodert noch immer die Flamme der Seelen in »Philemons und Baucis' Hütte«.

Die Stadt der Königsgräber bei Hroars Quell, das alte Roeskilde, liegt vor uns; der schlanke, spitze Turm der Kirche ragt über die niedrige Stadt hinaus und spiegelt sich im Isefjord; ein Grab nur wollen wir hier suchen, es im Glanz der Perle betrachten; es ist nicht das der mächtigen Unions-Königin Margrethe – nein, drinnen auf dem Kirchhof, an dessen weißer Mauer wir dicht vorübersausen, liegt das Grab, ein schlichter Stein ist darüber gelegt, der Beherrscher der Orgel, der Erneuerer der dänischen Romanze ruht hier; zu Melodien in unserer Seele wurden die alten Sagen, wir hörten, wo »die klaren Wogen rollen«, »es wohnte ein König in Leire!« – Roeskilde, die Stadt der Königsgräber, in deiner Perle wollen wir das geringe Grab anschauen, in dessen Stein die Leier eingemeißelt ist und der Name Weyse.

Jetzt kommen wir nach Sigersted bei Ringsted; das Bachbett ist flach; das gelbe Korn wächst dort, wo Hagbarths Schiff anlegte, nicht weit von Signes Jungfrauenkemenaten. Wer kennte nicht die Sage von Hagbarth, der an der Eiche hing, und Klein-Signes Gemach, das in Flammen stand, die Sage von der mächtigen Liebe.

»Schönes Sorö, umkränzt von Wald!«, dein stiller Klosterort hat einen Ausblick zwischen den bemoosten Bäumen bekommen; mit jugendlichem Blick schaut es von der Akademie über den See auf die Weltstraße, hört den Drachen der Lokomotive schnaufen, wenn er durch den Wald fliegt. Sorö, du Perle der Dichtung, das du Holbergs Staub verwahrst! Gleich einem mächtigen weißen Schwan am tiefen Waldsee liegt dein Schloss der Gelehrsamkeit, und dicht daneben – und dorthin strebt unser Blick – schimmert, wie die weiße Sternblume auf dem Waldgrunde, ein kleines Haus, fromme Lieder erklingen von dort durch das Land, Worte werden dort drinnen gesprochen, selbst der Bauer lauscht ihnen und erkennt darin Dänemarks entschwundene Zeiten wieder. Der grüne Wald und der Gesang der Vögel gehören zusammen, so auch die Namen Sorö und Ingemann. ◆

Über den sagenhaften König Hroar aus dem 6. Jahrhundert schreibt Andersen im KLEINEN TUK: »Dicht dabei saß ein alter König mit einer goldenen Krone auf dem langen Haar; das war König Hroar bei den Quellen. Es war die Stadt Roeskilde, wie man sie nun heißt. Und über den Abhang hin in die alte Kirche hinein schritten alle Könige und Königinnen Dänemarks Hand in Hand, alle mit ihren goldenen Kronen auf dem Kopfe, und die Orgel spielte und die Quellen rieselten.« Roskilde war Dänemarks wichtigste Stadt während der Wikingerzeit.

Die Geschichte von Hagbarth und Signe wurde u.a. von Adam Oehlenschläger als Tragödie bearbeitet. Noch heute viel gespielt ist die Bühnenmusik von Carl Nielsen.

Weniger kommod reist er viel später per Esel in Spanien. Der Esel bleibt stehen, bekommt ein paar Hiebe und rennt urplötzlich mit seinem langen Reiter davon. »Ich falle herunter, ich falle herunter!«, schrie Andersen, konnte aber gar nicht fallen – der Esel lief zwischen seinen langen Beinen hindurch.

Schon auf dieser ersten Reise, mit 26 Jahren, besucht er, dank zweier Empfehlungsschreiben des dänischen Dichters B. S. Ingemann und des Naturforschers H. C. Ørsted, Ludwig Tieck und Adelbert von Chamisso. Und kaum hat er Dänemark hinter sich gelassen, gewinnt sein Talent wieder Oberhand, mit dem er in seinen ersten Jahren in Odense und in Kopenhagen Bekanntschaften geknüpft hatte, seine große Begabung, sich Freunde zu machen. Besonders munter und unverstellt äußert er sich im Tagebuch.

Der Beamte und Numismatiker Ludvig Læssøe ist der Sohn von Andersens lebenslanger Freundin Signe Læssøe. Peter Orla Lehmann (1810–1870) will als Vorsitzender der nationalliberalen Partei Schleswig fest an Dänemark anschließen. Als Amtmann von Vejle gerät er im April 1849 in Kolding in schleswig-holsteinische Gefangenschaft.

Von Kopenhagen ab *den 16. Mai.* – Am Morgen, als ich erwachte, horchte ich auf jeden vorbeifahrenden Wagen, denn ich glaubte, es sei Sturm. – Vor meinem Fenster zwitscherte eine Schwalbe, als wollte sie mir dies und das von meiner Reise erzählen, doch was sie eigentlich sagte, weiß ich nicht. Christian, Læssøe, Lehmann und Hartmann begleiteten mich an Bord, während der ganzen Fahrt war es fast windstill, wir speisten in der Kajüte. Bei Sonnenuntergang erblickten wir noch die Insel Møn, mit ihren grünen Wäldern. Ich schlief nicht. Um 2 Uhr, als wir Falster passierten, ging ich an Deck, sah dann die Sonne aufgehen. Vor der Küste von Holstein wollte uns ein Berliner mit Berliner Witz unterhalten (es war etwas vom Branntweintrinken), indessen kam ein böser Nebel auf, der sich jedoch wieder verlor. – Nachts lag ich ausgestreckt auf der langen Bank, die für 3 Kojen dient. Der Bursche an meinem Kopf bat mich, diesen einzuziehen, der an meinen Beinen bat mich, die Beine einzuziehen. – Um ½ 12 Uhr erreichten wir Travemünde, alles war grün, zwei Felder gelb von Blumen; es war eine prachtvolle Einfahrt, wir konnten vor Nebel nichts sehen, doch als wir in die Mündung glitten, lag dieser hinter uns, und meine erste Flußschifffahrt begann. Es ist seltsam, auf einem großen Dampfschiff durch ein schmales Gewässer zu fahren, das sich zwischen vielen Landzungen schlängelt. Als ich an Land ging, war ich so erschöpft, dass mir kaum auffiel, dass die kleinen Kinder Deutsch konnten. In Schönberg kehrten wir nachts in einem Wirtshaus ein, wo das Mädchen böse war, weil wir etwas zu essen wünschten. Die Stube war voller nasser Sachen; ich musste hinaus in die Küche und sie versöhnen; dem Herrn Smith hingegen band sie ihre Küchenschürze

Reisekutsche. Zeichnung von H. C. Andersen

um. Ich hatte grässliche Zahnschmerzen, musste bei jedem Wirtshaus aussteigen und mir für meine Zähne französischen Branntwein holen; schließlich musste ich ein Fläschchen mit etwas Inhalt kaufen und Baumwolle hineintun, das half dann ein wenig. – Die Straße war nicht auszuhalten, mehrere Male wären wir beinah umgeschlagen; Iversen sprang sogar einmal hinaus.

Den 18. Gegen 5 Uhr morgens erreichten wir Hamburg, [zuvor fuhren wir] durch Wandsbek, wo wir das Äußere der Kirche und Schimmelmanns Grabstätte sahen. Obwohl ich zwei Nächte nicht geschlafen hatte, ging ich doch nicht zu Bett, sondern besichtigte die Elbe, den Hafen, den Wall, besuchte Freund und verirrte mich in der Stadt. An der Table d'hôte wurde ich mit Herr Kandidat angeredet. Um 1 Uhr verließ uns Iversen und reiste nach Hannover. – Ich hatte wieder unerträgliche Zahnschmerzen. – Auditeur Aall und ich hatten ein Zimmer mit prachtvoller Aussicht auf die Alster. Meine Zähne schmerzen mich ungeheuer; die Nerven sind im Grunde feine Tasten, auf denen der unmerkliche Luftdruck spielt, und deshalb spielt er in den Zähnen, bald piano, bald crescendo, alle Schmerzensmelodien je nach der Veränderung des Wetters. Selbst die Hühneraugen sind keine unwichtigen Instrumente. Abends gab man im Stadttheater RICHARDS WANDERLEBEN und im Tivoli-Theater das Vaudeville DER BESUCH IM IRRENHAUS, doch wegen meiner Zahnschmerzen ging ich nirgends hin und um 9 Uhr ins Bett. […]

Dienstag, den 24. [Braunschweig] Heute morgen spazierte ich durch die Stadt, hier gibt es breite Alleen und Blumenpartien; ich ging abermals über den Schlossplatz und sah die ganze Zerstörung, viele Menschen arbeiteten daran, alles in Ordnung zu bringen und die Ruinen abzureißen. – Danach blieb ich den ganzen Vormittag zu Hause und beendete die Briefe an Collin und Christian. Die Waschfrau brachte meine Sachen, es kostete 12 gute Groschen, 10 Pfennig, sie hat mich um mein gelbes Taschentuch betrogen. – Ich habe nun alles eingepackt, um nach Leipzig zu reisen. – Man isst hier um 1 Uhr zu Mittag. – Mehrere Häuser zum Hof und an der Strasse zu den Vergnügungsplätzen haben ziegelbekleidete Mauern. – Zu Mittag: 1) Suppe, 2) gekochtes Fleisch mit Soße, 3) Spargel, 4) Rehbraten, 5) Kuchen, 6) Käse und Butter. – Wein eine halbe Flasche. – Die hiesigen Dienstmädchen pflegen dünne Mäntel zu tragen, die ihnen ein flottes Aussehen verleihen. – (…)

Goslar, *Donnerstag, den 26. Mai.* Ich habe heute nacht ein paar Pickel

Schon als Halbwüchsiger wird Andersen von Zahnweh gequält, und noch in einer seiner letzten Geschichten besucht ihn Tante Zahnweh persönlich: »»Also Dichter bist du?‹ sagte sie. ›Ja, ich werde dich in alle Versmaße der Schmerzen hinaufdichten! Du sollst Eisen und Stahl in deinen Körper, Fäden durch alle deine Nervenstränge bekommen.‹ Es war, als dränge eine glühende Nadel in meinen Backenknochen; ich krümmte und wand mich.« Heinrich Karl Schimmelmann (1724–1782) ist ein dänischer Politiker deutscher Abstammung. Johan Frederik Freund ist königlich dänischer Münzmeister in Altona. Jørgen Aall (1806–1894) ist Jurist und später norwegischer Politiker.

bekommen, die mich ganz unruhig machen, doch will ich hoffen, dass sie von der Hitze sind und zum Reiseleben gehören; Gott, wenn ich nur nicht angesteckt wurde vom Bett! – Gestern führte Hennecke mich herum, und als wir zum Dom kamen und eine alte Inschrift erblickten, sagte er zur Küstersfrau: »Ja, die kann uns mein Bruder, der Gelehrte, erklären«, und zu mir: »Ja, der hat große Kenntnisse und ist genauso gelehrt wie Sie.« – »Der Arme!« Mehr nicht? In der Kapelle waren 3 Göttinger Studenten mit langen Locken und roten Samtmützen, an die sie Blumensträußchen gesteckt hatten. – Direkt vor meinem Fenster erhebt sich der Rammeisberg. – Die Luft ist etwas dick. – Das Rathaus war sehr altertümlich, und all die alten Kaiser standen in Stein gehauen und bunt bemalt davor. Mitten auf dem Platz war ein Springbrunnen aus Metall, der sehr alt sein soll; an die Außenwand der Kapelle, die noch von der Kirche stand, waren ebenfalls Kaiser und zuoberst die Madonna mit dem Kind gemalt. – Madonnen findet man vielerorts in Stein gehauen. – Dies wäre recht eine Stadt für Ludvig; wenn er dabei wäre, käme man einen Monat lang nicht von hier weg! – (…) Hennecke hatte mir ein Empfehlungsschreiben an einen Kaufmann Leonhard mitgegeben, der jedoch nicht anzutreffen war; ein junger Mensch aus seinem Haus nahm sich meiner an und besorgte mir einen Führer zum Brocken, sonst wäre ich kaum dorthin gekommen. Ein heftiges Gewitter zog auf und dröhnte zwischen den Bergen, doch weil ich schon in den Bergen das Wasser donnern gehört hatte, kam es mir nicht mehr so stark vor. – Ich musste einen Reichstaler für einen Happen Frühstück und Kaffee und einen für den Führer zum Brocken bezahlen. Wir gingen durch das schöne Ilsetal, zwischen hohen, mit Tannen bewachsenen Bergen zu beiden Seiten, und die Ilse eilte mit fliegender Fahrt hindurch. Der Ilsenstein sah wie eine riesige Ruine aus, mir wurde schwindlig, als ich zu ihm aufschaute, er glich einem kolossalen Mauerwerk, zuoberst stand ein eisernes Kreuz, und doch ist dies nur ein kleiner Punkt in der Tiefe, wenn man auf dem Brocken steht. – Nun wurde die Gegend immer romantischer, ungeheure Felsenblöcke lagen ringsum, ja, der Brocken ist recht ein nordisches Hünengrab im Großen, hier ist Stein auf Stein getürmt! – Die Ilse wurde schöner und schöner; nun stürzte sie über die Felsenblöcke, schneeweiß, und wurde zwischen den Felsstücken dann wieder pechschwarz; Wasserfall folgte auf Wasserfall; doch die gute Prinzessin Ilse ist am dicksten an den Beinen, nach oben zu wird sie immer dünner, und wie bei vielen anderen Damen merkt man vom Kopf am Ende gar nichts mehr. – (…) In einem sol-

Erstmals verbrieft ist eine Besteigung des Brockens am 3.8.1579. Im Jahr 1591 war der erste, mit 1000 Tannenstämmen befestigte Weg angelegt worden, der allerdings auf halber Höhe endete. Jedoch schon im 17. Jahrhundert häufen sich die Begehungen dieses außergewöhnlichen Berges. Zu Fuß und zu Pferd machen sich Schaulustige auf den beschwerlichen und steilen Weg. Erst 1736 baut man das erste Gebäude. Der Hexentanzplatz am Brocken war wahrscheinlich ein germanischer Kultort, an dem vor allem in der Nacht zum 1. Mai Rituale abgehalten wurden.

Andersen auf Reisen

Der Ilsenstein im Harz. Stahlstich von Johann Poppel, um 1860

chen Nebelwetter, oder, Verzeihung, in einer prachtvollen Wolke, könnte man genauso im Peder Madsens Gang bei Nebel sein und sich in den Harz träumen, die Aussicht ist die gleiche! Wie seltsam fliegt mein Gedanke umher, Riborg, Christian, Edvard, Frau L. – es gibt doch so viele liebenswerte Menschen auf dieser schönen Welt! – Nein, ich will nicht trauern, du bist so gut, du lieber Gott, könnte ich doch

Der Peder Madsens Gang gehört zu Andersens Zeiten zum Rotlichtviertel der Stadt. Seeleute, ausgelassene Studenten und ehemüde Bürgersleute wuseln hier herum, aber auch König Frederik VI. lässt sich Sonntag nachmittags hier blicken.

nur ein guter Mensch sein, ich bin es nicht! (Schau an, das ist doch ärgerlich, jetzt denke ich daran, dass man dieses lesen soll, da kann ich nicht ich selber sein.) – Nein, deshalb nicht mehr! Jetzt ins Bett, Gott gebe mir morgen klares Wetter! Es ist doch nicht der Mühe wert, dass man sich halb zu Tode rennt, um Nebel zu sehen, den kennt man schon. (…)

Montag, den 30. Mai. […] Um 1 Uhr kamen wir nach Leipzig; die Landstrasse verlief über den berühmten Walplatz, auf dem jetzt üppig das Korn wuchs. – Es war eine sehr dänische Gegend. – Ich stieg im »Hotel de Bavière« ab, das äußerst brillant ist. Nachdem ich mich umgekleidet hatte, machte ich mich auf den Weg zu Brockhaus und hätte mich fast niemals hingefunden. Lotte wurde ungeheuer überrascht und gebärdete sich so entsetzlich, dass die Familie in Verlegenheit geriet. – War im Theater, es ist *fast* genauso groß wie unseres. Man gab die Hälfte von WILHELM TELL. Signora Palazzesi wurde mit Applaus empfangen. Das Parterre sah nicht so elegant aus wie in Hamburg und Braunschweig. – Das Volksgewimmel und die Häuser, alles erinnert hier an Hamburg und Kopenhagen. (…)

Dienstag, den 31. Mai. (…) Zu Mittag speiste ich ganz vortrefflich bei Brockhaus; weil ich Mann und Frau für Kinder des alten Brockhaus, für

1805 gründet Friedrich Arnold Brockhaus (1772–1823) in Amsterdam eine Verlagsbuchhandlung und kauft 1808 das von R. G. Löbel und C. W. Franke begonnene achtbändige Konversationslexikon. 1817/18 zieht er nach Leipzig. Nachschlagewerke bleiben das Hauptarbeitsgebiet des Verlags. Nach seinem Tod im Jahr 1823 übernimmt der älteste Sohn Friedrich zusammen mit seinem Bruder Heinrich das väterliche Geschäft. Peder J. Hoppe betreibt eine Verlagsbuchhandlung in Christiania.

Geschwister hielt, wartete ich lange auf einen der Eltern; als ich den Mann später »Bruder« nannte, gab das Stoff für Gelächter, es soll mehreren anderen genauso ergangen sein. – Hatte Besuch von Hoppe. – War im Theater, wo er gleich hinter mir saß. Vor allem im zweiten Teil des TELL gab es brillante Nummern, die Brüder Hagen saßen im Parkett, Brockhausens im selben Rang wie ich. – Lotte Oehlenschläger erzählte von einer deutschen Dame, die gesagt habe, die vier Temperamente seien Melancholie, Epilepsie, Geometrie und Diarrhö. – Der arme Mensch, der nur das letzte hatte! – Speiste bei Hoppe im »Hotel du Saxe«; er erzählte mir Szenen aus seinem Leben, und wir trennten uns mit inniger Freundlichkeit. Zuvor hatte ich mit ihm Gerhardts Garten besucht, meinen Namen ins Fremdenbuch geschrieben und jenen Ort besichtigt, wo Poniatowski ertrunken war und man ihn aus dem Wasser gezogen hatte, hier stand eine Säule, kaum eine Elle hoch. – Es gibt Menschen, mit denen man mehrere Jahre Umgang haben kann, ohne dass man zu ihnen Vertrauen fasst, anderen sieht man kaum ins Auge, da hat man schon ein Herz gefunden, an dem man sich heimisch fühlt. – O reisen, reisen! Wer doch sein ganzes Leben umherflattern könnte! – Ja, ich fühle, die Welt ist mein Heim, und ich werde, ich muss mich in diesem Heim tummeln. (…) ◆

In Deutschland wird Andersen die allgemeine Anerkennung zuteil, die er in Dänemark so schmerzlich vermisst. Alles ist für ihn neu, spannend und überraschend, und das Neue ist auch Balsam auf gerade zugefügte Wunden: mangelnde Anerkennung, finanzielle Engpässe und unglückliche Liebe. Er besucht unter anderem Adelbert von Chamisso und Ludwig Tieck, das Ergebnis der Reise sind die SCHATTENBILDER – UMRISSE EINER REISE VON KOPENHAGEN NACH DEM HARZE, DER SÄCHSISCHEN SCHWEIZ UND ÜBER BERLIN ZURÜCK von 1831.

Aber auch der Traum des Nordländers vom Süden soll endlich verwirklicht werden, Andersen ersucht im Jahr 1833 um ein königliches Reisestipendium, und das intellektuelle Kopenhagen fördert seine Absicht. Ingemann schreibt, ebenso sein väterlicher Freund Ørsted, der verehrte Oehlenschläger – und auch Heiberg, der gefürchtete Kunstrichter, gewissermaßen der Reich-Ranicki seiner Zeit, wendet sich an den König:

»Der Dichter, Herr H. C. Andersen, der ein alleruntertänigstes Gesuch eingereicht hat, aus dem Fonds *ad usus ublicos* ein Reisestipendium zu erlangen, meint, eine Empfehlung von mir könnte zur Erfüllung seiner Ziele beitragen, und hat mich daher gebeten, ihm eine solche zu übersenden. Zwar bin ich selber nicht der Meinung, dass er meiner Empfehlung bedarf oder dass diese dazu beitragen könnte, seine Absichten zu fördern, glaube aber nichtsdestoweniger, seinem Wunsche nachkommen zu sollen … Dass Herr Andersen, der – wie alle Dichter – lieber vom Leben lernt als aus Büchern, durch eine Reise nach Frankreich und Italien sich mit neuem Stoff bereichern und eine Menge Kenntnisse sammeln dürfte, die die Ausübung seines Faches günstig beeinflussen würden, darüber hege ich nicht den geringsten Zweifel.«

Am 22. April 1833 geht Andersen auf seine zweite große Reise und erreicht am 10. Mai Paris, wo er bis zum 15. August bleibt. Weiter geht es in die Uhrenstadt Le Locle im schweizerischen Kanton Neuenburg, wo er sich vom 25. August bis zum 14. September aufhält, um endlich über Mailand, Genua und Florenz am 18. Oktober nach Rom zu gelangen. Hier bleibt er ein halbes Jahr und macht Ausflüge nach Neapel, Pompeji, Paestum, Amalfi, Capri und Ischia.

In Le Locle vollendet er sein dramatisches Gedicht Agnete und der Meermann, dessen Niederschrift er in Paris begonnen hat. Angeregt hatte ihn eine alte dänische Ballade: Ein Nöck bittet das Mädchen Agnete, seine Frau zu werden, und Agnete willigt ein, mit ihm auf dem Grund des Meeres zu leben. Nach achtjähriger Ehe, in der sie ihm sieben Söhne geschenkt hat, hört sie eines Tages den Klang von Kirchenglocken. Von Sehnsucht überwältigt, bittet sie den Nöck, ihre Heimat wiedersehen und dort zur Kirche gehen zu dürfen. Er stellt ihr Bedingungen, doch als sie wieder in der Menschenwelt ist, bricht sie ihr Versprechen und erzählt ihrer Mutter von ihrer heimlichen Ehe. Als der tief bekümmerte Nöck erscheint, weigert sie sich, zu ihm und ihren Kindern zurückzukehren.

»Sie ist meine dem Meer entstiegene nordische Aphrodite«, schreibt Andersen an Edvard Collin, und am 30. August notiert er im Tagebuch: »Ich bin sehr müde, aber Agnete ist fertig. Gütiger Gott, gib, dass meine Agnete ein Werk sein wird, das mir Freude und Ehre macht! Nimm dich unser beider an, lieber Gott!«

Aber Edvard findet keinen Gefallen an Andersens jüngstem Werk, und selbst sein väterlicher Freund und Förderer Ørsted stimmt in den Chor der Kritiker ein. An Signe Læssøe schreibt Andersen am 8. April 1834 aus Florenz:

In Schweden nennt man einen Wassergeist Nöck oder Neck. Der sitzt im Wasser und spielt Geige oder Harfe. Wen seine Musik bezaubert, den lehrt er seine Weisen. Gewöhnlich ist der Wassermann ein alter Mann mit grauer, grüner oder roter Kleidung, grünen Zähnen, spitzen Ohren und Platschfüßen.

Hans Christian Ørsted. Holzstich (1906) nach einem zeitgenössischen Bildnis

Die Kritik, von der ich gesprochen habe, betraf nicht AGNETE, sondern mich als Dichter ... Gott hat mir das geistige Adelsdiplom verliehen, das man zerrissen hat; ich bin ein Dichter; aber ich kann meinen Adel aufgeben und im Strom verschwinden. Ich schreibe dies nicht in einem dunklen Augenblick, ich bin so ruhig, so glücklich, wie ich sein kann, und mein einziger Wunsch ist: nie eine neue Arbeit schreiben zu müssen. Meine Lust, mein Mut, das Glück meiner Seele hingen an einem einzigen Faden, und den hat mein liebster Freund durchgeschnitten; die Operation ist vollzogen, und der Patient befindet sich wohl. O Gott, meine liebe Mutter, ich hätte so unsäglich glücklich werden können. Aber weg, weg von allen Erinnerungen an diese Dinge. ◆

Wer immer auch Andersen seine Eitelkeit und mimosenhafte Empfindlichkeit vorwirft, sollte den rüden Ton berücksichtigen, mit dem ihn seine Zeitgenossen – Freund und Feind – zumeist zausen. Ein Wunder, dass er darüber nicht das Schreiben aufgegeben hat. In den Tagebucheintragungen lässt sich seine Verzweiflung nachlesen: »Es hat meine Seele so tief erschüttert«, notiert er an dem Tag, als der Brief eintrifft.

Ich war derartig mitgenommen, dass all mein Gefühl, mein Glaube an Gott und die Menschen vergingen, der Brief brachte mich zur Verzweiflung. ... Was für eine Nacht habe ich verbracht, es war Fieber in meinem Blut, ich wälzte mich im Bett; wie nahe war ich doch daran, dieses jammervolle Leben zu beenden! Gott vergebe mir meine Gedanken, Gott vergebe jenen, die mich so tief betrübt haben. Und am nächsten Tag: Heute nacht fand ich etwas Schlaf, aber mein Gemüt kann nicht ins Gleichgewicht kommen, ich bin krank. Die Dänen sagen mir das auch alle. Ich habe nun Edvard einen ernsthaften Brief geschrieben, er müsse den Ton zu einem freundschaftlichen Ton umstimmen, sein Schulmeistern könnte ich nicht länger dulden, wenn wir Freunde bleiben wollten; doch ich wollte den Vater nicht betrüben, dem ich so viel verdanke, habe ihm daher einen Brief gesandt, nun kann er ihn Edvard geben, wenn er will. Vielleicht verliere ich sie beide. – Aber der Vater ist ja ein kluger Mann, er kann nicht böse auf mich werden. Gott füge und lenke alles zum Besten ... Es ist schwierig, sich von alten Unterdrückungen loszureißen, aber besser spät als nie! Ich lasse mich nicht länger von Edvard bevormunden ... Die Erbitterung unserer Feinde züchtigt uns mit Peitschen, aber die unserer Freunde mit Skorpionen ... Meine Freunde werden meine bitteren Feinde. Ewiger Gott, gib, dass ich niemals die Heimat wiedersehe, sie ist mir verhasst. – Was habe ich von meiner Gutherzigkeit? Nichts! Nichts! nun wohl, dann will ich Teufel sein, man hat mich zur Verzweiflung getrieben, der Mensch ist

Andersen auf Reisen

böse, böse! Auch heute noch kein Brief. Ging und schlenderte halb außer mir umher, Gift und Hass waren in meinen Adern, ich hätte meine Feinde zerreißen mögen … Heute endet also dieser Monat; seit ich in Meislings Haus gewesen bin, hat mich kein so zersetzendes Gefühl beherrscht, jeder Morgen wie in jener Zeit, damals war es Zerknirschung, jetzt ist es Erbitterung und Schmerz. Gott! Edvard, was für ein Wesen bist du – und die anderen! Ihr tötet mich! ◆

Jonas Collin verbrennt Andersens Brief an seinen Sohn, weil er ein tieferes Zerwürfnis verhindern will. Edvard antwortet: »Diesen Augenblick rief mich Vater aus meinem Arbeitszimmer hinunter und sagte, dass er einen Brief von Ihnen erhalten habe, der Sie in einer äußerst bekümmerten, ja fast verzweifelten Stimmung zeige, und dass diese durch meinen letzten Brief an Sie verursacht worden sei. Lieber Andersen, ist Ihr Charakter noch immer so weich? Ich dachte eigentlich, er wäre durch die vielen Angriffe auf Ihre Gutmütigkeit, welche Sie von vielen Seiten zu erleiden hatten, etwas härter geworden. Ich kann mich nicht mehr erinnern, was ich in jenem Brief schrieb, das so schrecklich war; ich weiß aber, dass ich verärgert war. Inwiefern ich guten Grund dazu hatte, müssen Sie selbst beurteilen.«

Maskierte Figuren im Karnevalskostüm

Während des römischen Karnevals lässt sich Andersen von seinem Kummer über Edvards Brief ablenken und schreibt an Henriette Wulff:

🦢 Dann hatten wir den Karneval in Rom, und das war fabelhaft. Ich kämpfte mit Konfetti, sodass Hertz in eine Schuhmacherwerkstatt flüchten musste, wo er ein Paar Stiefel nahm und damit nach mir zu werfen drohte, weil er kein Konfetti mehr hatte. Die Damen leerten ganze Körbe voll über uns aus. Rom war ein Maskeradensaal, der Corso ein brausender Strom. Ein Dieb stahl meinen Geldbeutel mit 3 Scudi und warf mir Konfetti in die Augen, das war die Schattenseite des Karnevals. Täglich gab es Pferderennen und im Theater glänzende festim mit und ohne Musik. Während Tanz und Musik im Gang waren, wurde jemand in einer Theaterloge ermordet. ◆

Nach dem Karneval reiste Andersen mit Hertz und einigen anderen nach Neapel. »Mein Gott! Mein Gott! Wie stiefmütterlich wir im Norden behandelt werden«, schrieb er nach einwöchigem Aufenthalt in sein Tagebuch. »Hier, hier ist das Paradies!« Aus Neapel schreibt er an Henriette Wulff:

Lacrymae Christi (lat. »Träne Christi«) nennt man einen meist süßen Weißwein von den Hängen des Vesuv.

🦢 Ich sitze in meinem Zimmer, es ist fast Mitternacht. Ich habe mir von meinem Kellner eine Flasche Lacrymae Christi bringen lassen, ich koste ihn zum ersten Mal, es ist ein Vesuvgeruch darin. SKAAL! meine liebe Schwester! Horch! nun singt man auf der Straße Serenaden, man spielt Gitarre. Oh, das ist wirklich zu schön! Meine Seele ist voller Liebe, seit langem bin ich nicht so glücklich gewesen wie in diesem Augenblick. Wenn ich leide, ist mein Kummer niederschmetternd, aber wenn ich glücklich bin, ist meine Freude auch unsäglich. – Die Wärme des Südens ist in meinem Blut, und dennoch – sterben muss ich im Norden. – Es heißt in der Bibel, wer vom himmlischen Brot gekostet hat, kann sich nie mehr am irdischen sättigen, und so werde ich mich in dem kalten Land, wo ich beheimatet sein muss, nie mehr sättigen können. Aber Gott sei Dank, dass ich den Himmel wenigstens einmal gesehen und gefühlt habe; ich werde davon träumen, ich werde davon singen. ◆

An seine Freundin Henriette Hanck aus Odense schreibt er:

🦢 Sie können sich keine Vorstellung von diesem Farbenspiel machen, diesem Wechsel von Formen, den Süditalien aufweist. Das Meer ist gegen Abend rosenrot, die Inseln schwimmen draußen wie violette Wolken, und die Berge sind ganz hell lila. – Die rote Lava wälzt sich wie ein Blutstrom vom Vesuv

Im Süden Italiens, bei Neapel.
Zeichnung von H. C. Andersen

herab und spiegelt sich bei Mondschein in der seladongrünen Bucht, wo die Fischer Boote an Land ziehen, indes ein simpler Bursch den Matrosen laut ein Stück aus ORLANDO FURIOSO vorliest und ein Improvisator eine Schar Volks um sich versammelt. ◆

Es geht ihm wie allen anderen Italienbesuchern aus dem Norden – Andersen blüht auf, in Rom befreundet er sich ganz besonders mit dem Bildhauer und Landsmann Thorvaldsen. Er verkehrt täglich in der skandinavischen Künstlerkolonie, besucht die Campagna, in Frascati sieht er zum ersten Mal eine volkstümliche Osteria, voll von Bauern und Geistlichen. Hühner und Küken laufen auf dem Fußboden herum, in der Esse lodert das Feuer. Er besucht Tusculum, Genzano und Nemi. Der Alltag fasziniert ihn:

🐚 Wir sahen ein Begräbnis, die Leiche unbedeckt auf der Bahre, wo die Abendröte auf die weißen Wangen schien, und die Jungen liefen mit Tüten, worein sie das Wachs aufsammelten, das von den Kerzen der Mönche tropfte. Die Glocken klangen, der Gesang ertönte, die Burschen spielten Morra und die Mädchen tanzten Saltarello zum Klang des Tamburins; so festlich, so schön habe ich Italien seither nie wieder gesehen, es waren Pinellis Gemälde zu vollem Leben erwacht; ich habe diese Blätter in Natur und Wirklichkeit gesehen. ◆

Morra ist ein italienisches Fingerspiel, das bereits im Italien des 15. Jahrhunderts gespielt wurde: Zwei Spieler stehen sich gegenüber und zeigen auf Kommando gleichzeitig zwischen null und fünf Finger einer Hand, während sie im selben Moment laut die geschätzte Anzahl der von beiden insgesamt gezeigten Finger rufen. Wer richtig geraten hat, erhält einen Punkt.

Diese Eindrücke hält er in den Briefen an die Freunde daheim, in seinen Tagebüchern und den vielen kleinen Zeichnungen fest, die heute im Andersen-Haus in Odense aufbewahrt werden. An Edvard Collin schreibt er: »In Mola di Gaeta sahen wir Ciceros Bäder, die ich abgezeichnet habe, denn ich bin ein ganzer Zeichner geworden, und die Künstler in Rom ermuntern mich alle dazu meines guten Auges wegen; auf alle Fälle sind meine vielen Skizzen (insgesamt über 100) ein Schatz für mich, an dem ich daheim selbst viel Freude haben werde. Hätte ich doch zeichnen gelernt.«

»Ich weinte«, schreibt Andersen, als er vom Tod der Mutter erfährt, »ich konnte mich einfach nicht an den Gedanken gewöhnen, nun auch nicht mehr einen einzigen Menschen in der Welt zu haben, der mich durch die Bande des Blutes und der Natur lieben musste. Ich weinte mich richtig satt und hatte doch das Gefühl, dass ihr das Beste geschehen sei. Ich hätte ja doch nie ihre letzten Tage sorgenfrei und leicht gestalten können, sie war in dem heiteren Glauben an mein Glück gestorben und dass ich etwas sei.«

Aber selbst das Vergnügen an der Italienreise bleibt nicht ungetrübt. Auch die Aufnahme der beiden letzten Gedichtsammlungen durch die veröffentlichte Meinung betrübt ihn. Dazu erhält er hier die Nachricht vom Tod seiner Mutter. Sie hatte ihre letzten Jahre im alkoholischen Delirium im Franziskanerhospital verlebt.

Die Jahre 1830–1833 sind kritische Jahre für ihn. Er nimmt mit Vorliebe jeden Tadel zur Kenntnis. Aber die Eindrücke vom Licht und den Farben Italiens, von seinem Volksleben und seiner Kunst inspirieren ihn zu einem neuen Werk, das er in Italien beginnt – den Roman DER IMPROVISATOR, eine getarnte Selbstbiografie, deren Hauptperson Antonio ein Porträt des Dichters darstellt, dessen Lebensgeschichte in italienischem Gewande vorgeführt wird. Auch die Nebenpersonen haben Züge mit Menschen gemein, mit denen Andersen in Berührung gekommen war. »Jeder Charakter ist dem Leben entnommen, nicht ein einziger ist erdichtet, ich kenne und habe sie alle gekannt«.

Ein Kritiker schreibt, der Dichter habe sich zu einer bisher ungekannten Höhe aufgeschwungen, ein anderer, er habe seine reiche Einbildungskraft auf das geschmackvollste entwickelt. Der Dichter sieht freudig einer Zukunft als Romanschriftsteller entgegen, um so mehr, als DER IMPROVISATOR zügig ins Deutsche übersetzt wird und von dort Verbreitung in anderen Ländern findet. Der Roman hat Andersens europäischen Berühmtheit den Weg gebahnt.

Am 1. April 1834 tritt Andersen die Rückreise an. Bologna, Ferrara, Padua, Venedig, Innsbruck, München, Wien, Prag, Dresden, Berlin und Hamburg sind die Stationen, bevor er am 3. August wieder in Kopenhagen eintrifft. Italien wird immer sein Sehnsuchtsort sein:

Zoll- und Passkontrolle. Holzstich nach einer Zeichnung von Henry Ritter, 1849

Diese Seite der Alpen hat Heimweh in meiner Seele geweckt, tief und machtvoll! Ich sehne mich nach meiner Heimat, wo die Orangen wachsen, nach dem endlosen blauen Meer mit seinen schwimmenden Inseln, dem Vesuv mit seiner roten Lava und dem ganzen Leben dort. Oh! wäre ich doch in Neapel gestorben, könnte ich doch immer dort leben! – Rom genügt mir nicht, dort ist die Natur ausgestorben, ein ausgebrannter Krater, und ohne das Meer kann ich nicht leben, ich bin daran gebunden wie AGNETE – meine arme, im Stich gelassene AGNETE, ›dieses hoffnungslos unförmige Werk‹, wie es mein bester Freund nannte. ◆

Die Reisen nach Deutschland im Jahr 1831 und die nach Italien von 1833–34 sind die ersten, 1837 folgen eine schwedische Kanaltour von Göteborg nach Stockholm, ein kürzerer Besuch in Malmö und auf einigen schwedischen Herrenhöfen im Jahr 1840. Jetzt ist es beinahe leichter, die Jahre aufzuzählen, in denen er nicht ins Ausland reist. 1840–41 macht er seine große Orientreise über Italien, die Türkei und die Balkanhalbinsel, 1843 ist er wieder in Paris, 1844 in Weimar und Berlin, 1845–46 wiederum in Weimar, in Wien, Rom, Marseille, 1847 und 1857 in England. In den 50er Jahren reist er alljährlich nach Deutschland und in die Schweiz mit langen Aufenthalten in Weimar und in Maxen bei Dresden, 1861 in Rom, 1862 und 1866 in Spanien und 1866 außerdem geraume Zeit in Portugal, 1863, 1867 und 1870 in Paris. 1849 und 1865 ist er in Schweden, 1871 in Norwegen.

Es ist auffallend, wie farbig und engagiert Andersen das Leben der einfachen Leute und die so ganz anders geartete Natur im Ausland beschreibt. Sehenswürdigkeiten werden bei ihm eher als Pflichtübungen ziemlich kursorisch abgehandelt. Sein Dichterkollege H.P. Holst hat seinen Reisegefährten im Jahr 1840 geschildert: »Gott weiß übrigens, was er sich in Griechenland und Constantinopel vorzunehmen gedenkt, denn man wird schwerlich eine so lächerliche Art und Weise ausfindig machen können, als womit er die Zeit zubringt. Er sieht nichts, er genießt nichts, er erfreut sich an nichts – er tut nichts anderes als schreiben. Wenn ich ihn in den Museen sehe, den Bleistift unermüdlich in Bewegung, um niederzuschreiben, was der Kustode von Statuen und Gemälden erzählt, anstatt sie zu betrachten und sich ihrer Schönheit zu erfreuen, kommt er mir immer wie ein Nachlassverwalter vor, der im Schweiße seines Angesichts mit peinlichstem Fleiß jeden Stumpen und Fetzen aufnotiert, und dennoch lebt er in einer beständigen Angst, er könne möglicherweise das eine oder andere vergessen haben, das nicht mit in den Katalog (das heißt: in den Roman) gekommen ist.«

Hans Peter Holst (1811–1893) ist Erzähler, Lyriker und Dramatiker. Besonders am jungen Holst, den die Kritiker bevorzugen, reibt sich Andersen im MÄRCHEN MEINES LEBENS.

Vor allem geht es dem reisenden Andersen um Stoff für seine Dichtung. »Auf Reisen muss ich mich von früh bis spät tummeln, ich muss sehen und abermals sehen! Man kann ja nichts anderes tun als ganze Städte, Völker, Berge und Meere zusammenpacken und den Gedanken einverleiben; immerzu ergreifen, immerzu in Verwahr nehmen, es gibt keine Zeit dazu, ein einziges Lied zu singen! ja, ich bin nicht einmal dazu aufgelegt! aber das kommt, weiß ich! drinnen siedet und gärt es, und wenn ich dann in der guten Stadt Kopenhagen bin und geistig und körperlich kalte Umschläge bekomme, dann schießen die Blüten hervor!« Besonders eindrücklich und sinnlich geraten seine Naturschilderungen. »Am Tage liegt das Mittelmeer mit einem bläulichen Duft unter dem Schiff wie ein sternloser, unveränderlicher Himmel. Aber das Schwarze Meer hat kurze Wellen von einer dichten glanzlosen Farbe, bleiern gegenüber den leichten, glänzenden des Mittelmeers.« Von den Bergen Siziliens sagt er: »Sie glichen riesengroßen, versteinten Blasen; es sah aus, als sei die Insel aus der Tiefe herausgekocht und plötzlich zu Stein geworden; schwere Wolken ruhten auf den Bergen, als wären sie der bei jenem Aufkochen erzeugte Dampf.«

Im Reisebuch In Schweden von 1851 schildert Andersen die endlosen schwedischen Wälder: »Es geht hügelan und hügelab, immer in Windungen und somit voll Abwechslung, aber doch immerzu Wald, jener dichte, dicke Wald; wir kommen an kleinen Seen vorbei, die so tief und still liegen, als verbärgen sie die Nacht und den Schlaf unter ihrer dunkeln, gläsernen Fläche.«

Oder In Spanien, 1863 erschienen. »Am schönsten war es hier am Abend. Das Leuchtfeuer bei Tarifa schien so nahe, und augenblicksweise erwischte man ein Aufblitzen des fernen Trafalgar-Leuchtturms; der Vollmond schien

Stierkampfszene aus Andersens Reisealbum

Andersen auf Reisen

Amalfi. Gemälde von Carl Frederick Aagaard

über das weite, rollende Meer; die Luft war so unendlich durchsichtig, grünblau in der Farbe; der Mond segelte im Luftraum, die einzelnen Sterne, die sichtbar waren, schienen auf dem tiefen Himmelsgrund nicht festzusitzen, sie rollten gleich Weltkörpern durch das Unendliche.«

In der EISJUNGFRAU heißt es von der Schweiz: »Es wurde Abend, die Luft war erfüllt vom Duft des wilden Thymians und der blühenden Linden; über den waldgrünen Bergen lag es wie ein glänzender, luftblauer Schleier, es herrschte eine Stille, nicht die des Schlafes, nicht die des Todes, nein, es war als ob die ganze Natur den Atem anhielte, als fühlte sie sich hingestellt, damit ihr Bild auf den blauen Himmelsgrund fotografiert werden sollte.«

Das gleiche Interesse bringt er den Menschen entgegen, die da zu Hause sind, wo er hinkommt. Am besten und eindrücklichsten schildert er einfache Menschen. In EINES DICHTERS BAZAR heißt es: »Der Türke selber, der gelbe Opiumesser, der in roten Hosen und knallgelbem Kaftan mit grünem Turban dasitzt, ist ein lebendiges Gedicht.« Und die Schilderung eines Bettelknaben im Reisebuch IN SCHWEDEN: »Es war sehr schwierig, einen Übergang von Jacke zu Hose wahrzunehmen, die Lumpen rutschten ineinander; die ganze Kleidung war auf ein Luftbad eingerichtet, an allen Ecken und Kanten waren Luftlöcher; ein gelber Leinenlappen, an die untersten Regionen geheftet, schien das Hemd andeuten zu sollen. Ein sehr großer Strohhut, gewiss mehrmals unter Räder geraten, saß schief auf dem Kopf und ließ das abstehende, flachsblonde Haar des Knaben frei durch die Öffnungen wachsen, wo der Hutkopf sitzen sollte; die nackte braune Schulter und der ebenso braune Oberarm waren das Schönste.«

Die »Grand Tour«, wie die Italienreise in den englischen Salons genannt wird, entwickelt sich später auch im übrigen Europa nördlich der Alpen zum *must*. Alle, alle waren da: Goethe und Heine, Thorvaldsen und Ibsen, Mozart, der englische Maler William Turner, Rubens oder Dürer.

Schon seit der Renaissance reisen Künstler und Intellektuelle aus ganz Europa zu Italiens antiken Stätten: Griechenland gehört noch zum Osmanischen Reich, ersatzweise gilt Rom als Wiege der abendländischen Kultur. In Michel de Montaignes Reisetagebuch lesen wir 1580 erstmals von Wagenpferden der Post in Italien, von Post-Reitpferden in Frankreich und Italien. Er berichtet über die vielen Kutschen (»cocchi« und »carrozze«) unterwegs und in italienischen Städten. Gute Straßen findet Montaigne nicht nur in Italien vor, sondern auch in Süddeutschland und Tirol, wo schon seit der Römerzeit die Brenner-Passstraße den leichtesten Alpenübergang bietet.

Entlang der Reiseroute entwickelt sich rasch eine touristische Infrastruktur mit Herbergen und Gasthöfen. Aber auch Räuberbanden finden dort ein lukratives Betätigungsfeld. Rom, die Hauptstadt des Kirchenstaats, ist damals ein überschaubares Städtchen. Neben den Ruinen der Antike hausen die Einheimischen in schlichten Quartieren, auf den Straßen spielen halbnackte Kinder. Gegen kleine Geschenke finden die Touristen immer junge Frauen, die sich auf amouröse Abenteuer einlassen. Neapel ist zu der Zeit hochelegant, weil hier die Bourbonen Hof halten. Dort ist eine Wanderung auf den Vesuv Pflicht und später der Besuch der erst seit 1860 ausgegrabenen Ruinen von Pompeji. In Florenz locken die Uffizien, in Venedig die Gondelregatten zu Ehren prominenter Gäste. Der Tourismus federt als bedeutender Wirtschaftsfaktor den Niedergang von Rom und Venedig ab. Der Handel mit antiken Fundstücken boomt, und eigens wegen der kunstbegeisterten Touristen richtet der Papst 1771 das Museo Pio Clementino im Vatikan ein.

Italien ist eben das ganz besondere Sehnsuchtsland der Menschen nördlich der Alpen – Andersen macht da keine Ausnahme. Sehr amüsant berichtet der reisende Reporter über gelegentlich ziemlich mühsame Reisen im Land »wo die Zitronen blühn«. Und der heutige Italienreisende stellt gelegentlich hochamüsiert fest, dass sich in den letzten 150 Jahren so viel nicht geändert hat.

Reise mit dem Vetturin

Die gewöhnlichste Art, durch Italien zu reisen, ist in Begleitung eines Vetturins; er arrangiert das Ganze, aber man muss dann auch haltmachen, wo er will, essen, was er auf den Tisch setzen lässt, dort schlafen, wo es auszuwählen ihm beliebt; Mittagessen und Logis sind immer miteinbegriffen. Doch dauert die Reise stets doppelt solange, als wenn man mit der Post fährt; es ist auch ganz charakteristisch, dass man, nachdem man mit dem Manne einig geworden, nicht ihm, sondern er uns das Geld auf die Hand gibt; denn er ist sich sicher, dass wir ihm nicht davonlaufen. Diese Sicherheit haben wir bei ihm keineswegs, wenn ihm nämlich ein höherer Preis als der, auf den wir uns geeinigt haben, geboten wird, so nimmt er das bessere Angebot an und lässt uns mit dem, was wir bekommen haben, im Stich.

Schon Goethe erwähnt in seiner ITALIENISCHEN REISE häufig einen Vetturin, den Kutscher.

Gewöhnlich ist die Abreise vor Sonnenaufgang festgesetzt, da aber der Vetturin seine Passagiere an verschiedenen Stellen in der Stadt abholen muss und nicht alle zu den Frühaufstehern gehören – einige müssen erst geweckt werden, wenn er kommt, andere sind noch mit dem Einpacken beschäftigt – so verstreichen die Morgenstunden, ehe der letzte Passagier im Wagen sitzt. Ich gehöre zu denjenigen, die mitten in der Nacht aufstehen, wenn sie in früher Morgenstunde reisen wollen, und so war ich auch jetzt aufgestanden, hatte alles bereit, um Florenz zu verlassen und über Terni nach Rom zu fahren, eine Reise, welche mit dem Vetturin ganze sechs Tage dauert. Der Weg über Siena ist kürzer, ich kannte ihn auch und hatte den interessanteren, wenngleich län-

Eine Reisekutsche Mitte des 19. Jahrhunderts. Lithografie von Victor Adam

geren, vorgezogen. Um drei Uhr wollte der Vetturin aufbrechen, schon eine Stunde zuvor war ich reisefertig und starrte Koffer und Nachtsack an.

Ich ließ mein Gepäck hinuntertragen, damit man nicht auf mich zu warten brauchte. Die Uhr schlug halb vier, kein Wagen kam, die Uhr schlug vier, jetzt rollte etwas durch die Straßen, ein Vetturin näherte sich – er fuhr vorbei – ein zweiter kam – auch der fuhr vorbei – und alles war still.

Die Uhr schlug Viertelstunde um Viertelstunde! Die Klosterglocken riefen zum Gebet, die Glocken des Hotels nach Bedienung. Auf der Straße fuhren Wagen genug, aber keiner war für mich. Die Uhr schlug fünf, schlug sechs – nun war ich mir sicher, dass man mich vergessen hatte – und da kam der Wagen. Drinnen saß ein gewichtiger Engländer, der hatte noch geschlafen, als der Vetturin ihn holen wollte, und dazu eine römische Dame, die ihre Tochter in »Firenze« besucht hatte, und der Abschied habe, sagte der Vetturin, über eine Stunde gedauert, jetzt aber, wenn ich nur erst im Wagen wäre, solle es im Galopp gehn.

In Camaldoli, in den dichten Tannenwäldern nordöstlich von Arezzo, gründete der hl. Romuald in 1000 m Höhe eine Einsiedelei, die er mit einem Kloster von gemeinschaftlich lebenden Mönchen verband. Auch heute noch besteht diese Sonderform des benediktinischen Lebens fort. Schon in den Gründungsjahren richteten die Camaldulenser ein Krankenhaus ein, das bis zur Napoleonischen Aufhebung 1810 bestand.

Die Peitsche knallte, wir rollten über den Arno – und dann hielten wir an. Wir standen vor einem Kloster, ein paar Geistliche kamen heraus, ein junger bleicher Bruder vom Camaldulenser-Orden stieg zu mir ins Coupé. Er war Engländer, konnte ein wenig Französisch, doch ein Gespräch mit ihm anzuknüpfen war undenkbar, er las unablässig in seinem Gebetbuch, schlug sich vor die Brust, bekreuzigte sich und schloss dann und wann die Augen, als wolle er weder mit Bäumen, Bergen oder Sonne, geschweige denn mit einem Ketzer wie mir, zu tun haben. Jedes Volk und jede Sekte nähert sich Gott auf verschiedene Weise, dies ist mir heilig, und die Vorstellung, dass meine Gegenwart andre in ihrer Annäherung zu Gott behindern könnte, macht mich verlegen. So erging es mir auch hier neben diesem eifrigsten Katholiken, dem ich je begegnet bin, doch als ich nach und nach bemerkte, wie er so ganz in sich und seinen Formen lebte, fühlte auch ich mich frei; und als er einmal sein Gebetbuch schloss und einen Blick in die Natur, meine große, heilige Bibel, warf, zeigte ich auf ihre herrliche Schrift und die Sentenzen, die es da zu lesen gab. Gott hatte die grünen Häupter der Ölbäume ja mit Asche bestreut, in demütigem Gebet reichten die graugrünen Zweige hier ihre reifen Früchte dar. Die Weinranken klammerten sich fest aneinander, obwohl die Welt sie ihrer schweren Trauben beraubt und der Wind ihr rotbraunes Laub geplündert hatte. »Seid demütig, ob ihr gleich der Welt eine nährende Frucht schenkt!«, predigten die Ölbäume. »Haltet in Einigkeit zusammen, ob die Welt euch alles raubt!«, verkündete das

Weinlaub. – So las ich in meiner Bibel, was der Camaldulenser las, weiß ich nicht, aber die Bibel kann auf vielerlei Art
gelesen werden. Drinnen im Wagen war das Gespräch auf
andre Weise lebendig. Der Engländer plauderte französisch
mit »la Romana«, und die lachte und übersetzte ihrem
Gemahl, einem kleinen, als Abbate gekleideten Herrn,
die Reden des Engländers ins Italienische. Der vierte im
Wagen war ein junger Priester, das also war unsre Reisege-
sellschaft.

Karikatur des reisenden Engländers

Wir kamen nach Incisa. Der junge Priester und das
dünne Männlein schwangen sich aus dem Wagen, dann
folgte die Signora und schwerfälliger noch der Engländer, er
hatte Damenpelzstiefelchen an den Füßen, einen großen
blauen Mantelkragen um die Schultern und ein dickes rotes
Wolltuch um den spärlichen roten Backenbart gewickelt; er
hatte das Bewusstsein eines Hofmanns und die Haltung
eines Speckhökers. Mein englischer Geistlicher, schwarz
gekleidet, die Stiefelschäfte über die Beinkleider gezogen, sehr verfroren und
andächtig, wanderte sogleich zur Kirche, wir andern folgten dem Sir, der »la
Romana« eine breite, schmutzige Treppe hinauf zum Speisesaal geleitete, wir
erblickten vier nicht ganz weiße Wände, einen Fußboden von Mauersteinen,
ein paar Rohrstühle und einen Tisch, dessen Tuch aussah, als sei es in Kaffee
gewaschen. Der Engländer unterhielt uns mit Erzählungen von all den fürstlichen Salons, in denen er verkehrt hatte, von den zwei Prinzen, die an seinem
Bett gesessen hatten, als er krank in Florenz daniederlag – und nun sei er so
bescheiden, mit einem Vetturin vorlieb zu nehmen, und habe nicht einmal
einen Diener bei sich, aber schließlich sei man nicht zum Vergnügen seiner
Domestiken in Italien! Bei jedem vornehmen Namen, den er nannte, verneigte sich die Signora und wiederholte ihn für ihren Gemahl, der verneigte
sich noch tiefer und sah den jungen Priester an, und der verneigte sich
ebenfalls.

Jetzt kamen die Gerichte, die jeder von uns bestellt hatte, der Engländer
nahm sie in Augenschein, ergriff eine Gabel und nahm sich dann ohne
Umstände das beste Stück. »Das ist gut!«, rief er aus, und wir machten allesamt eine höfliche Verbeugung, die Gesellschaft vor seiner Vornehmheit, ich
vor seiner Originalität.

Nun holte die Signora Backwerk hervor, das ihr die Tochter mitgegeben
hatte, zwei der besten Stücke präsentierte sie unserem Gast – so konnten wir
ihn wohl bei Tisch bezeichnen. »Diese Kuchen hebe ich mir für heute abend

auf«, sagte er, »sie sind ganz deliziös!« Und er wickelte sie in ein Papier, steckte sie in die Tasche und dankte. »Aber probieren sollte man sie doch!«, fuhr er fort und nahm ein weiteres Stück von der Signora. »Ausgezeichnet, süperbe!« Und dann nahm er noch eins.

Die Signora verbeugte sich und lachte laut auf, ich glaube, auch sie fand ihn langsam originell.

Jetzt brachte die Wirtin ihm sein Frühstück, und das verschwand ebenso wie unsere Gerichte. Zum Dessert ließ der Engländer uns eine Bravourarie hören, die Signora klatschte und rief bravo, ihr Gemahl tat desgleichen, der Kellner verlor vor Entsetzen den Teller, und der Rohrstuhl des Engländers ging entzwei – den beiden war das für einen Menschen zu viel gewesen. Jetzt gab die Signora ein Zeichen, und ihr Gemahl hub zu singen an, und er sang so weich, so schmachtend, so ätherisch, dass ich, wie man mir glauben möge, zuletzt nur noch seinem zitternden Mund ansah, dass er uns noch immer mit seinem Gesang entzückte. Es wurde ein unvorstellbarer Erfolg! Dann kehrten wir in den Wagen zurück. Mein betender englischer Geistlicher erschien und kroch zu mir hinauf, sein Frühstück hatte aus Luft und dem kleinen Gebetbüchlein bestanden, er betete noch immer. Die Peitsche knallte, drei Stimmen im Wagen vereinten sich zu einer Melodie, und so fuhren wir los. Gegen Abend bekamen wir Regen, und bald gingen die Tropfen in Schneeflocken über, die auf dem nassen, lehmigen Weg sogleich tauten. Wir kamen nur langsam voran, es wurde finster, und kein Haus war in der Nähe, wo wir unsre

Italienisch lernen. Szene in einer
italienischen Schenke.
Radierung von Adolph Menzel

Andersen auf Reisen

Laterne hätten anzünden können. Die Signora jammerte aus Furcht vor Räubern und ihr Gemahl aus Furcht vor dem Umwerfen, der Engländer schalt den Kutscher und der Kutscher die Pferde, und so ging es immerfort, bis uns endlich ein Licht entgegenleuchtete, wir waren an einem einsamen Wirtshaus angelangt, und verfroren und verhungert stiegen wir durch den Stall in die Gaststube hinauf. Es dauerte eine Ewigkeit, bis endlich im Kamin ein paar Reiser und Zweige aufloderten, in dem Augenblick aber schleppte der Engländer seine Betttücher herbei und baute damit eine Barriere um das Feuer, »sie sollen ausdampfen«, sagte er. So schluckten die Laken die ganze Wärme. Die übrige Gesellschaft duldete es, und ich musste es mir denn auch gefallen lassen. Der Engländer sollte mit mir im selben Zimmer schlafen; als ich eintrat, fand ich ihn auf meiner Bettdecke stehend vor, die er auf dem Fußboden ausgebreitet hatte, er stopfte eben sein Kopfende mit zwei von meinen Kissen aus, welche er ohne Umstände an sich genommen hatte.

»Ich liege nicht gerne niedrig«, sagte er. »Ich auch nicht«, erwiderte ich. »Sie erlauben!« Und ich nahm sie ihm wieder ab; er sah mich erstaunt an. Er war ein unerträglicher Schlafkamerad und verlangte bedient zu werden – und darauf gab es schließlich nur eine Antwort: ich ging ins Bett und tat, als ob ich schlief. Ich sah aber doch mit halbgeschlossenen Augen, wie er sich auf einem wackligen Rohrstuhl neben dem Bett sein Mitternachtsmahl arrangierte.

Am nächsten Morgen war ich schon früh auf den Beinen, die Pferde waren längst vor den Wagen gespannt, und noch immer warteten wir auf den Engländer, er konnte und konnte nicht fertig werden; auch die Signora war erst im Begriff sich anzukleiden.

»Das geht langsam«, sagte der Gemahl, »denn sie weint vor Sehnsucht nach ihrer Tochter.« Endlich fuhren wir.

Ich saß wieder bei meinem gottseligen Nachbarn, der sich bekreuzigte, in seinem Gebetbuch las und fastete. In Arezzo mussten wir anhalten, denn die beiden Geistlichen hatten zu beten, und die Signora, wie sie sagte, notwendigerweise zu beichten.

Von hier an umgaben uns überall Ölwälder. Eine Baumgruppe löste die andre ab. Der Ölbaum hat mit der Weide die größte Ähnlichkeit, doch schießen seine Zweige nicht als steife Reiser hervor, sondern krümmen sich, sein Blatt ist kleiner, und der Stamm selbst sieht aus, als habe ihn eine Riesenhand halb aus der Erde gerissen, ihn herumgedreht und alsdann im Sturm schwankend stehenlassen. Über dem graugrünen Ölwald erhob sich auf dem Felsen das alte Castellone, eins der schmutzigsten, aber auch malerischsten Städtchen in Italien. Es sieht aus, als habe man alle Häuser und elenden Winkelchen, die sich in andern Städten allzu erbärmlich ausnahmen, zusammengenommen und sie hier hinter die alte Mauer geworfen, die sie dennoch überragen – besser weiß ich dieses Bild nicht zu verdeutlichen. Die kleinen hängenden Gärten hier sind eigentlich nur Stückchen von Balkons, wie sie unter ein Fenster oder über eine Tür, dort wo man es am wenigsten vermutet hätte, hingekleistert wurden. Ein Teil der Stadtmauer bildete eine Art Forum fürs Volk, es war ganz mit Menschen angefüllt, auch der steile Weg zum Stadttor hinauf wimmelte von Reitern und Fußgängern; doch keine Kirchenglocke klang, keine Fahne wehte, sonst hätte ich wohl angenommen, hier sei ein großes Fest. Auf allen Seitenwegen und auch auf der Landstraße, die wir befuhren, wimmelte es von Menschen und großen, grunzenden Schweineherden.

Über unsern Köpfen hing eine schwere Wolke und ließ ihre Tropfen fallen, da spannten die Reiter ihre Regenschirme auf, die fast alle grüngelb und dabei so riesig waren, dass man nichts weiter als ein grünes Dach und das Hinterteil des Esels sah, ob vor uns nun ein Mönch oder eine Dorfdonna ritt. Je näher wir dem Wirtshaus kamen, welches dicht am Weg zum Stadttor liegt, um so lauter wurde das Schreien und Grunzen, um so größer die Fröhlichkeit. In Castellone war Schweinemarkt.

In eben dem Augenblick, da eine ganze Schweineherde vorbeigetrieben wurde, stieg die Signora rücklings aus dem Wagen, die halbe Trift lief unter das Gefährt, es sah aus wie die Wogen des Schwarzen Meeres. Und die Signora trat mitten in das Schwarze Meer und schaukelte darauf wie eine travestierte Venus Anadyomene, sie schrie, die Wellen schrieen und der Treiber schrie. Dies war für die Signora ein Lebensmoment.

Einer Legende zufolge wurde Venus aus dem Schaum des Meeres geboren, sie heißt deshalb auch »Anadyomene«, die (aus dem Meer) Emporgetauchte.

Als wir uns im Wirtshaus zu Tisch setzten, fing der Engländer zu befehlen und zu rufen an, dass das ganze Haus überzeugt war, er sei ein verkleideter Prinz und es würde ein königliches Trinkgeld setzen. Sie hörten nur ihn, sie liefen nur für ihn, wurden beschimpft und getreten, und zu allem, was er sagte und tat, lächelten sie und verbeugten sich, aber aus dem Trinkgeld wurde nichts. »Denn«, so sagte er, »ich bin höchst unzufrieden. Ich bin unzufrieden mit dem Essen, mit dem Haus, mit der Bedienung!« Und die verblüfften Kellner machten einen noch tieferen Bückling, und als er in den Wagen stieg, nahmen beide Priester die Hüte ab.

Im Wageninnern war es eng und genierlich, alles war derart mit Schachteln und Futteralen behängt, dass sich ein jeder vernünftig verhalten musste, wenn es gut abgehn sollte. Das ganze Gepäck gehörte dem Engländer, und doch prahlte er damit, dass er am wenigsten von uns bezahlte. Er hatte sich den besten Platz genommen, und wenn ihm eine Schachtel oder ein Bündel zu nahe kam, schob er es den andern hin. »Das Zeug stört«, sagte er, und so war es in der Tat, die Sachen waren aber alle seine eigenen, sogar das große Futteral, dass er der Signora in den Nacken steckte.

Beim Lago di Perugia verließen wir toskanisches Gebiet und betraten päpstliches. Die Dogana (Zollstation) glich einem verlassenen Stallgebäude, doch ist sie schön am Berghang mitten in einem Ölwald gelegen, wie von Terrassen sah man hinunter zum See, die Sonne warf ihre kräftigen roten Strahlen auf die Bäume, hübsche Bauernmädchen mit weißen Schleiern um die Schultern trieben Vieh vorüber. Ich erfreute mich am Anblick dieses lebendigen Bildes, während sich die Bedienten der Dogana dem Anblick unsres Kofferinhalts widmeten.

Erst in der Dunkelheit fuhren wir weiter. Der Weg war schwer und unsre Pferde sehr erschöpft, es ging nur langsam voran. Der Vetturin meinte, der Weg sei hier nicht sicher, das wollte sagen, wir hätten zwar keine Räuber, wohl aber Diebe zu befürchten, die uns die Koffer hinten vom Wagen abschneiden könnten. Die Signora weinte laut.

Wir gingen nun, jeweils zwei, hinter dem Wagen her, um aufzupassen. Es war ein schwerer, lehmiger Waldweg, der nur von unsrer elenden Wagenlaterne beleuchtet wurde, jetzt ging es obendrein noch bergauf; die Pferde keuchten, der Engländer brummte, und die Signora seufzte aus der tiefsten Tiefe ihres Herzens. Zu später Stunde erreichten wir das Dorf Pasignano, welches von allen Reisenden für ein echtes Räuberloch gehalten wird.

Zwei stämmige, robuste Mägde, die jede wie eine Räuberbraut aussahen, kräftig und blühend, warteten uns in dem schmutzigen Wirtshaus auf. Wir bekamen eine Suppe, welcher wir durch viel Salz, Käse und Pfeffer etwas Geschmack verliehen, wir bekamen gekochte und danach gebackene Fischchen, die so groß wie ein Finger waren, der Wein war essigsauer, die Trauben schimmlig und das Brot hart wie Stein.

Die Betten waren ebenso breit als lang, sie schienen für vier Personen die Länge und vier Personen die Breite eingerichtet zu sein.

Draußen goss der Regen die ganze Nacht. Als wir am Morgen das Wirtshaus verlassen und die steile steinerne Treppe, die senkrecht durch zwei Etagen führte, hinuntersteigen wollten, trat unser wohleingepackter Engländer in etwas – ich weiß nicht was – und rutschte mit großer Grazie Stufe für Stufe die ganze Treppe hinunter, aber in bessere Stimmung hat ihn das nicht versetzt. Nach Perugia geht der Weg bergauf; man hatte Ochsen vor unsern Wagen gespannt, die einen Fuß vor den anderen setzten, niemals, so schien uns, sollten wir die gute Stadt erreichen, die durch den Töpfersohn berühmter geworden ist als durch alle ihre Bischöfe. Endlich waren wir da.

Andersen spielt auf den Maler Raffael an, der in Perugia seine Lehrzeit verbrachte.

Der Flur des Hotels war ganz mit Wappenschilden überladen, für jeden Fürsten, der hier eine Nacht verbracht, war eins aufgehängt; auch die dänischen »Wilden Männer« fand ich hier, sie schienen vor allem die Signora zu interessieren, und als sie von mir hörte, dass dies meine Landsleute seien, fragte sie ganz naiv, ob man in unserm kalten Land denn so gekleidet ginge. Der verfrorene, betende Camaldulenser verließ uns hier, keinem von uns sagte er Lebewohl.

Jetzt endlich hatte ich einen guten Platz, das ganze Coupe gehörte mir, ich konnte ganz für mich sitzen und mich recht zwischen den schönen Bergen umschauen, für zwei Personen war der Platz wirklich zu knapp gewesen.

Gerade als wir abfahren wollten, balancierte unser dicker Engländer zu mir herauf; er wollte die Aussicht genießen; Ich versicherte, der Platz reiche nicht aus für ihn. »Wie unangenehm«, sagte er und drückte sich in den Sitz, wobei er mir beständig recht gab, dass zwei hier nicht sitzen könnten; er schlug mir deshalb vor, in das Innere des Wagens zu kriechen. Ich aber sagte ihm, dass ich wegen der Natur eben diesen Platz gemietet habe. »Ich bleibe auch hier wegen der Natur!«, entgegnete er. Kaum waren wir eine kleine Strecke gefahren, machte er die Augen zu und bat mich, ihn anzuknuffen, wenn es etwas ganz besonders Schönes zu sehen gäbe. Ich ließ ihn schlafen.

Bei Assisi, der Stadt des Heiligen Franz, besuchten wir im Dorf die Kirche degli Angeli, die Signora musste beichten. Unser Engländer ließ sich allein herumführen und besah sich die Merkwürdigkeiten, »denn in Gesellschaft seh ich nicht gut«, meinte er. Der Mönch, der ihn begleitete, bekam weder Geld noch Dank: »Die Kerle haben ja nichts anderes zu tun«, sagte er, als ihm die Signora deshalb einen Vorwurf machte. Von diesem Augenblick an wurde ihr Verhältnis kühler, von diesem Augenblick an waren die vierstimmigen Gesänge im Wagen verstummt. Nie ist mir ein Mensch mit einer solchen – ja, wie soll ich es nennen – einer solchen unbewussten Unverschämtheit vorgekommen: alle sollten für ihn leben, alle sollten sich nach seiner Bequemlichkeit einrichten, nie sagte er ein Kompliment, ohne dass es sich in seinem Mund in eine Grobheit verwandelt hätte. Seine Gesellschaft ließ mich schließlich an das Märchen von der bösen Stiefmutter denken, welche die Tochter ihres Mannes in den Brunnen warf. Doch als sie wieder ans Tageslicht kam, flossen ihr Gold und Silber aus dem Mund, und daraufhin warf sie auch ihre eigne böse Tochter in den Brunnen, die aber wurde nur noch böser als zuvor, und bei jedem Wort sprang ihr ein Frosch oder eine Eidechse aus dem Mund. Je länger ich den Engländer betrachtete, je länger ich ihn reden hörte, desto gewisser wurde es mir, dass er der leibhaftige Bruder der bösen Tochter der Stiefmutter sei.

Wie hat er uns doch den Abend in dem friedlichen Spoleto verleidet; das Feuer brannte so freundlich im Kamin, die Musik tönte so schön von der Straße herein, das Volk vor der Kirche jubelte: »Evviva Madonna! Evviva Jesus Christus!«

Noch vor Sonnenaufgang waren wir wieder im Wagen, und solange es noch recht morgenkühl war, besaß ich meinen Platz allein. Das Wetter war grau, die Berge aber waren schön, viele Bäume standen in vollem Grün.

Villa Borghese. Zeichnung von H. C. Andersen, 24. Dezember 1833

Über uns erhob sich ein Städtchen neben dem anderen, jedes lag wie eine Sphinx auf dem Berg und schien zu fragen: »Weißt du, was hier lebt und sich regt?« – Wir fuhren vorbei! Eine Bettlerin lag vor uns am Weg und küsste die Erde. Wir fuhren vorbei! Bewaffnete Soldaten kamen uns entgegen, sie begleiteten einen Karren, auf dem vier gefesselte Räuber lagen, kräftige, schwarzbärtige Kerle, ein altes Weib saß bei ihnen, sie nickte uns zu und schien über die Maßen vergnügt zu sein. Wir fuhren vorbei. Wir waren in Spoleto.

Ein scheußlicher Kerl, angetan mit einem schmutzigen blauen Mantel und mit einer speckigen roten Mütze auf dem ungekämmten Haar, kam auf unsern Wagen zu; ich hielt ihn für einen Bettler und verwies ihn an die Gesellschaft im Wageninnern, er näherte sich von der einen, dann von der anderen Seite, wurde aber stets abgewiesen. »Es ist ein Passagier«, sagte der Vetturin, »ein Nobile aus Rom.« Wir aber protestierten alle und wollten ihn nicht zum Nachbarn haben, er sah ganz aus wie der selige Hiob, da er sich mit dem Scherben schabte.

Schließlich stieg der Mensch hinauf zum Vetturin, und nun war mir jegliche Aussicht versperrt. Dass man auf solche Art durch Italien reisen kann, lässt man sich zu Hause im weichen Sofa nicht träumen; da sieht man nur schöne Menschen, da scheint die Sonne ewig zwischen Reben und Zypressen, der Körper fühlt keine Mühsal. ◆

Scherenschnitt von Andersen mit Harlekin, Engel und Ballerina

Jetzt will ich mich an ein paar Kindermärchen machen

*Die Märchendichtung ist das am weitesten ausgedehnte Reich der Poesie,
es reicht von den blutdampfenden Gräbern der Vorzeit bis zum Bilderbuch
der frommen, kindlichen Legende, nimmt die Volksdichtung und Kunstdichtung
in sich auf, sie ist mir Repräsentantin aller Poesie, und der, welcher sie
beherrscht, kann in sie hineinlegen das Tragische, das Komische, das Naive, die
Ironie und den Humor und hat hier die lyrische Saite, das Kindlichplaudernde
und die Sprache des Naturbeschreibers zu seinem Dienst.*

Märchen nennt die Wissenschaft kurze Erzählungen von phantastisch-wunderbaren Begebenheiten, die sich in Wirklichkeit weder ereignet haben noch jemals ereignen können, weil sie sich über alle Naturgesetze hinwegsetzen. Das Wort Märchen ist eine Verkleinerungsform von »Märe«, mittelhochdeutsch »diu« oder häufiger »daz maere« – ursprünglich im Sinn von Kunde, Nachricht verwandt. Martin Luther benutzt es im Weihnachtslied VOM HIMMEL HOCH, DA KOMM ICH HER noch in dieser alten Bedeutung.

Im späteren Mittelalter wird es zur geläufigen Bezeichnung für kleine Erzählungen in Versform, die erfundene Stoffe behandeln. Heute wird das Märchen scharf gegen die verwandten Begriffe der Sage, Fabel, Legende, des Schwanks und der Anekdote abgegrenzt. »In seiner wissenschaftlichen Bestimmtheit geht es wesentlich auf die Brüder Grimm zurück, die freilich in ihre Sammlung der KINDER- UND HAUSMÄRCHEN noch manches aufgenommen haben, das wir heute nicht mehr zu den Märchen im strengen Sinne des Wortes rechnen würden«, schreibt der Literaturwissenschaftler und Grimm-Herausgeber Friedrich Panzer.

Helden der Märchenhandlung sind beinahe ausschließlich ganz gewöhnliche Menschen in ihrer gewöhnlichen

Jacob und Wilhelm Grimm sind nicht nur Sammler, Nacherzähler und Herausgeber, sie gelten auch als Begründer der Germanistik. In den Zeiten nationalen Aufbruchs nach den napoleonischen Kriegen nehmen sie energisch Partei gegen die überall herrschende Restauration für das zarte Pflänzchen Demokratie. 1837 protestieren sie als Mitglieder der Göttinger Sieben gegen die Aufhebung der Verfassung von 1833 durch König Ernst August II. von Hannover. 1841 zieht es die Brüder nach Berlin, wo sie Mitglieder der Akademie der Wissenschaften werden. Sie wohnen in der Linkstraße 7, unweit des späteren Potsdamer Platzes, wo Andersen sie im Jahr 1844 besucht und einen Schock erlebt: Überall in Europa liegen ihm Fürsten und Poeten zu Füßen, nur die Grimms haben noch nie von ihm gehört. Über Jacob Grimm notiert er empört im Tagebuch: »Er kannte mich nicht, hatte noch nie meinen Namen gehört, wusste von mir nicht das Geringste!«

irdischen Umwelt. Aber dies Gewöhnliche, Irdische wird gepaart mit Wunderbarem, der Wirklichkeit Widersprechenden. Schon die Geburt des Märchenhelden hat übernatürliche Elemente: Er ist geboren, weil seine Mutter eine bestimmte Frucht oder einen Fisch gegessen oder ein bestimmtes Wasser getrunken hat. Er wird aus dem Wasser gefischt, in das er in einer goldenen Schachtel aus dem Himmel gefallen ist. Er wird wahlweise aus Eisen geschmiedet, von einem Tier gezeugt oder gesäugt und aufgezogen. Dem Märchenhelden stehen übernatürliche Körperkräfte zu Diensten, unerhörte Schnelligkeit oder eine Schärfe der Sinne, die in weite Fernen sieht und die Toten unter der Erde hört.

Auch Tiere wachsen über ihre Natur hinaus, sind sprachbegabt und den Menschen in Freundschaft und Feindschaft vielfältig verbunden. Sie tragen ihn mit Windeseile, helfen beim Erbsen- und Linsenlesen, beim Wälder abholzen und Berge abtragen, holen Verlorenes aus dem Wasser und retten ihn aus vielerlei Gefahr.

Vögel haben goldene Federn, Esel niesen Dukaten, ein Butt erfüllt Wünsche, an einer Gans klebt alles fest. Wer eines Vogels Leber isst, findet jeden Morgen einen Beutel voll Gold unter seinem Kopfkissen, und wer sich das Fleisch der weißen Schlange einverleibt, versteht die Vogelsprache. Tiere werden in Menschen verwandelt oder sind eigentlich Menschen, die in Tiergestalt der Erlösung harren, wie der Frosch, der eigentlich ein schöner Prinz ist.

Apfelbäume tragen Äpfel aus Silber oder Gold, Äpfel, die gesund machen oder die ewige Jugend verleihen. Bäume wachsen buchstäblich in den Himmel und lassen kostbare Kleider herabfallen.

Wir finden ein schlaraffisches Tischleindeckdich und den schmerzhaften Knüppelausdemsack, ewig gefüllte Portemonnaies, nie versiegende Töpfe und Schüsseln, laufende Pfannkuchen und Garderobe, die unsichtbar macht. Wasser gibt Gesundheit und ewiges Leben und Salben schützen vor Verwundung. Schiffe fahren über Land, Stiefel tragen mit jedem Schritt sieben Meilen weiter. Hilfreich oder schädlich – je nachdem – sind Riesen, Zwerge, Heinzel- und Wichtelmänner, Hauler- und Erdmännchen, Wasserdämonen, Gespenster verschiedener Art. Dem Leser begegnen wunderbare Tiergestalten, Drachen, Greife und der Vogel Phönix. Sonne, Mond und Wind spielen mit, der Tod und nicht zu vergessen die Teufel.

Wir schreiben das Jahr 1835 – zum ersten Mal veröffentlicht Andersen Märchen unter dem Titel EVENTYR, FORTALTE FOR BØRN (MÄRCHEN, FÜR KINDER ERZÄHLT). Bisher hatte er Lyrik und Reisebilder publiziert und zahlreiche dramatische Versuche für das Königliche Theater in Kopenhagen geschrieben, die ein eher unfreundliches Echo gefunden hatten.

Andersens Märchen

»Für Kinder erzählt«, eine zweischneidige Kategorisierung, der sich Andersen später vergeblich zu erwehren sucht. Er entfernt bei seinen späteren Märchen das Schubladenetikett aus dem Titel. Als harmloser Idylliker will er nun wirklich nicht eingeschätzt werden, aber wie eine Reihe anderer großer Namen der Weltliteratur landet auch er im Kinderzimmer.

Andersen selbst hält zu der Zeit das Märchenerzählen für eine Nebenbeschäftigung. Romane sollen es sein, wie der ebenfalls 1835 erschienene IMPROVISATOR, der in Deutschland unter dem Titel JUGENDLEBEN UND TRÄUME EINES ITALIENISCHEN DICHTERS erschien und von Adelbert von Chamisso (1781–1838) als hochwillkommener Gegensatz zu den explizit politischen Autoren des Jungen Deutschland begrüßt wurde.

Junges Deutschland nennt sich eine oppositionelle literarische Bewegung in der Restaurationszeit. Sie will einen neuen, politischen Literaturbegriff durchsetzen. Freiheit des Geistes und des Wortes, Emanzipation des Individuums, für Verfassung und Demokratie sind die erstrebten Ziele.

Adalbert von Chamisso schreibt an Andersen: »Berlin, den 21. Juni 1836. Mit Freuden, teuerster Freund, wünsche ich Ihnen Glück zu Ihrem IMPROVISATOR, indem ich Ihnen meinen herzlichen Dank für so manche freundliche Erinnerung abstatte, die ich träg und unbeholfen unerwidert gelassen habe. Gar erfreulich wohltuend ist das rein unschuldige, keusche, fromme Buch. Die Seite muss ich an ihm zuerst hervorheben, weil es so ganz im Gegensatz steht zu den hervorragenden Erzeugnissen der Zeit, die, wo sie auch Ehrfurcht erzwingen, höchst betrübend sind. Ich rechne dazu die französischen Romane, alle die mir zu Händen gekommen sind. Zum Erschrecken durchschauende Blicke in die Verderbnis des menschlichen Herzens und der Gesellschaft, aber eine entgötterte Welt, eine Nacht, jenseits welcher keine Sonnen strahlen; der Satan von Milton schlägt mit Riesenschwingen das Nichts, aber es kann ihn nicht tragen und er fällt unabsehbar. – Das so genannte Junge Deutschland hat nur durch die Entrüstung, die es erregt hat, Aufmerksamkeit erweckt. Ein frevelndes Abbrechen und Abreißen ohne Neubau, ohne Plan, und Aussicht dazu. Eine ekelhafte Philosophie oder gar Religion der Sittenlosigkeit, wozu in schleppenden Erzählungen hölzerne Puppen die Träger sind, Papierfiguren ohne Fleisch und Blut, ohne Leben. – Hier wollen wir doch nicht den Heine mit einverstanden wissen. Der ist wohl ein Dichter bis in die Fingerspitzen. Der erschafft Lebendiges, und wen er anrührt, tritt, Katze oder Mensch, aus dem Papier heraus, und steht da dem Gespötte preis oder dem Beschauen.

Der Brite John Milton (1608–1674) kämpft in streitbaren Schriften für religiöse und bürgerliche Freiheit, setzt sich für die Ehescheidung im Falle der Zerrüttung ein und fordert in Texten zur Bildungsreform mehr Praxisbezug und Berücksichtigung der Naturwissenschaften. Mit Verve argumentiert er gegen den Absolutismus und für die Demokratie. Sein Hauptwerk PARADISE LOST greift auf die Tradition des klassischen Epos von Homer und Vergil zurück.

Auf solchem dunkeln Grund, woran ich erinnern musste, nimmt sich Ihr helles Bild gar köstlich aus, und wir lieben es und den lieben Dichter, der es

Du verstandest Dich nicht auf
die Rose und die Nachtigall, aber
den Schweinehirten konntest
Du für eine Spielerei küssen,
das hast Du nun dafür.«

Und dann ging er in sein Königreich und machte ihr die
Thür vor der Nase zu.

Da konnte sie draußen stehen
und singen:

ACH, DU LIEBER AUGUSTIN,
ALLES IST HIN, HIN, HIN.

*»Die Prinzessin und der Schweinehirt«.
Illustration von Heinrich Lefler, 1895*

uns geschenkt hat. Alles ist frisch, lebendig und Liebe wert. Alles gefühlt und
gesehen, und das Leben ohne die mir so oft verdrießliche Klugheit Tiecks, die
recht geistreich auszukramen er bloß Titularmenschen beauftragt, welche
weder Fleisch noch Blut haben. Die Kinder- und Jugendjahre sind Ihnen
besonders geglückt, das Leben bei Exzellenzen; die Sängerin und die kleine
Äbtissin sind ebenso schöne als wahre Gestalten, nur die Geschichte der
blauen Grotte lässt uns etwas ungläubig. –

Ich wollte Ihnen mehr darüber schreiben, aber ich habe das
Buch nicht zur Hand, das ich in der Ihnen bekannten literarischen Gesellschaft lesen lasse, wo es den größten Beifall
findet. Besonders Gaudy ist davon entzückt, der, jüngst aus
Italien zurückgekehrt, eben seinen RÖMERZUG herausgegeben hat. Wissen Sie, dass ich eitel darauf sein möcht, Sie
zuerst in Deutschland eingeführt zu haben, ein Verdienst,
das ich mir gern von Ihrem Übersetzer anrechnen lasse.

Franz Bernhard Heinrich Freiherr
von Gaudy (1800–1840) hat Lieder,
Romanzen und kulturgeschichtlich
bedeutsame Reiseschilderungen wie
MEIN RÖMERZUG und VENEZIANISCHE
NOVELLEN veröffentlicht.

Was mich anbetrifft, mein sehr teurer Freund, ich bin ein alter kranker Mann,
dem namentlich mit andern Sinnen die Stimme ganz ausgegangen ist. Ich
schreibe Ihnen sehr flüchtig, im Begriff nach dem schlesischen Gebirge ab-
zureisen, wohin man mich schickt, eine andere Luft einzuatmen. – Auf

Besserung habe ich gar keine Aussicht, wohl aber auf ein verlängertes gebrechliches Alter. Das ist nicht eben nach meinem Sinn, ich bin jedoch heiter und wohlgemut und genieße mit Vollbewusstsein und mit herzigem Dank des vielen Glückes, das mir geworden, und des Wohlwollens und der Liebe, die mir aller Orten entgegenkommen, und denen die neuliche Herausgabe meiner gesammelten Schriften eine neue Gelegenheit gegeben, an den Tag zu treten. Es ist wahrlich schön, geliebt zu sein, und des Glückes genieße ich reichbelohnter Sänger in vollem Maße.

Ich hätte Ihnen auch gerne ein Buch geschickt, aber ich bin unbeholfen, gehe nicht aus und sehe niemanden. Ich verbringe meine Zeit mit Husten und Ausruhen und kann an nichts denken. – Ich habe mir, glücklich genug, eine Beschäftigung ersonnen, die sich meinem jetzigen geschwächten Hinschleichen wohl eignet, die ich zu jeder Zeit vornehmen und wieder weglegen kann; dies ist ein linguistisches Studium; ich lerne jetzt eifrigst die Sprache von Hawaii, Grammatik und Lexikon, die noch fehlen, einst den bereits gekannten Zweigen dieses Sprachstammes anzureihen. – In meiner Reise lag mein Beruf, die Lücke, die das Hinscheiden von Wilhelm von Humboldt offen ließ, möglichst zu ergänzen. – Er hatte nämlich seine Sprachforschung von Indien aus über Java bis auf die Inseln der Südsee ausgebreitet und was ich unternehme, ist, das letzte Glied der abgebrochenen Kette aufzunehmen.

Wilhelm Freiherr von Humboldt (1767–1835) widmet sich nach einem Jurastudium seinen philosophisch-ästhetischen, später sprachwissenschaftlichen Interessen. Der Bruder des großen Naturforschers Alexander von Humboldt wird 1809 als Leiter des Kultus- und Unterrichtswesens in das preußische Innenministerium berufen. Er konzipiert die Berliner Universität, heute Humboldt Universität, und das humanistische Gymnasium.

Ich werde unterbrochen und muss abschließen, da ich die letzten Momente vor der Reise Ihnen zugewendet habe.

Leben, lieben und dichten Sie wohl, bleiben Sie frisch und gesund und behalten im freundlichen Angedenken einen alten Freund

Ihren Übersetzer Ad. v. Chamisso«

Chamisso spricht Dänisch, er hat auf seiner dreijährigen Weltumsegelung eng mit dem dänischen Botaniker und Grönlandforscher Morten Wormskiold (1783–1845) zusammengearbeitet. Andersen bringt ihm seinen neuen Gedichtband PHANTASIEN UND SKIZZEN mit, aus dem Chamisso noch im selben Jahr ein erstes Gedicht, DER SPIELMANN, übersetzt und publiziert. Bis 1837 werden weitere fünf dazukommen.

Andersen ist von den deutschen Kritiken beglückt. In einem Brief vom 4. Januar 1837 kommentiert er die Rezeption des IMPROVISATORS in Deutschland:

Ich habe aus Deutschland mehrere hervorragende Kritiken zum IMPROVISATOR bekommen, alle zeigen mir außerordentliche Freundlichkeit und

»Die Blumen der kleinen Ida«.
Illustration von Arthur Rackham

Achtung; oft kommt es mir vor wie ein Traum; denn ich besinne mich noch auf mein Leben als Kind, meine ganze Armut. Mein Leben ist ja ein poetisches Gedicht. Unter den guten Dichtern unserer Zeit müssen sie mich nennen, aber ich möchte mehr! Gott gebe mir Kraft dazu, einen Platz unter den Ersten zu bekommen. Zusammen mit Holberg und Oehlenschläger möchte ich genannt werden! Aber da fehlt noch ein Sprung, ein großer Sprung; das fühle ich sehr wohl, obwohl ich nicht gerne darüber reden mag. Der liebe Gott muss mir unter die Arme greifen; denn es nützt nichts, dass ich meine Beine hebe. Aber frischer Mut! Nur ein schlechter Soldat denkt nicht daran, General zu werden! ◆

Seine ersten Märchen waren zur Unterhaltung der Kinder ihm befreundeter Familien entstanden. Der langjährige Freund Hans Christian Ørsted erkennt als erster in ihnen die geniale Begabung, die diese Märchen weit über die Unterhaltung für Kinder hebt. Aber erst 1843 äußert Andersen, er sei nun endlich damit ins Reine gekommen, Märchen zu dichten.

Auch seine stets drückenden finanziellen Sorgen finden ein Ende, als ihm 1838 der dänische König ein Dichterstipendium bewilligt. Die Arbeiten des Flickschustersohns aus der Provinz finden – nach ihrem begeisterten Echo in ganz Europa – nun auch zunehmend in seinem Heimatland, der »schlechten Mutter Dänemark«, Aufmerksamkeit und Anerkennung.

Andersen ist kein dänischer Grimm und auch kein romantischer Schriftsteller im Sinne von E. T. A. Hoffmann oder Tieck. In seinen Märchen geht es

Andersens Märchen

anders zu als in der gelegentlich drögen Nacherzählung von Märchen durch Gelehrte wie dem Philologenpaar Wilhelm und Jacob Grimm. Sie hätten das Märchen vom Feuerzeug vermutlich so eingeleitet: »Es war einmal ein Soldat, der hatte dem König lange Jahre redlich gedient, als aber der Krieg zu Ende war und der Soldat, der vielen Wunden wegen, die er erhalten hatte, nicht weiter dienen konnte …« Andersen aber beginnt, als wäre er von einer Schar rotznasiger Gören umgeben, die ihm jedes Wort von den Lippen ablesen: »Kam ein Soldat auf der Landstraße daher marschiert. Eins zwei, eins zwei! … Er hatte seinen Tornister auf dem Rücken und einen Säbel an der Seite, denn er war im Krieg gewesen und wollte nun nach Hause.«

Andersen – und das unterscheidet ihn von nahezu allen anderen Märchenautoren – macht die Wirklichkeit zum Märchen, er sieht sie mit nur vorgeblich kindlichem Blick. Auch bei ihm kommen Prinzen und Prinzessinnen vor, die von bösen Stiefmüttern und Hexen verfolgt werden, auch er erzählt Geschichten von Verzauberung und Entzauberung, von Treue und Liebe und Grausamkeit.

Niemals aber würde man bei Andersen eine Geschichte wie die vom Froschkönig lesen, in der eine arrogante Königstochter einen Frosch für sich schuften lässt, ihn um den Lohn prellt und zum krönenden Abschluss umbringt. Und dafür fährt sie nicht zur Hölle – nein – ein schöner junger Prinz nimmt sie zur Frau.

Die Gebrüder Grimm sammeln ihre Märchen aus ethnologischem und literarischem Interesse, sie wollen in ihnen den unverfälschten deutschen Volkston finden. Während die Gebrüder Grimm der Volkssprache mit archäologischem Eifer nachspüren, greift Andersen als Künstler die Kindersprache auf und macht aus ihr ein stilbildendes Element seiner Dichtung.

Natürlich finden sich in den Stoffen so unterschiedlicher Märchenautoren viele Gemeinsamkeiten, da die Grundmotive der Märchen überall wiederkehren. So entsprechen Andersens Wilde Schwäne dem Märchen Brüderlein und Schwesterlein, Allerleirauh den Sieben Raben. Und Andersens Schweinehirt behandelt den gleichen Stoff wie König Drosselbart.

Mehr noch als bei den Brüdern Grimm aber findet der Leser Parallelen zu den deutschen romantischen Kunstmärchen. »Hier ist eine Wahlverwandtschaft tieferer Art: sie wurzelt in der gleichen oder verwandten Lebens- und Weltanschauung, in der auf beiden Seiten betonten Herrschaft des Herzens und des Gefühls über den kalten Verstand«, meint der Märchenforscher Friedrich Panzer. Adam Oehlenschläger hatte mit viel Aufwand und Zuwendung die romantischen Gefühle in die dänische Literatur eingeführt, in sei-

Aladdin ist eine Idealgestalt der dänischen Romantik. »Mit diesem Glücksritter als Hauptfigur«, schreibt Andersen-Kenner Erling Nielsen, »hatte Adam Oehlenschläger zu Beginn des Jahrhunderts ein farbenprächtiges Märchenspiel geschaffen, das des jungen Andersen Herzensbuch wurde und ihm das Grundmotiv zu seinem Leben und seiner Dichtung gab.« In vielen Variationen hat er sein Lieblingsthema durchgespielt. Gleich im ersten Märchenheft steht DAS FEUERZEUG als fünensche Variante von Oehlenschlägers orientalischem Motiv. Immer wieder zieht der Dichter Parallelen zwischen Aladdin und seinem eigenen Leben.

nem Lesedrama ALADDIN tritt die Welt des Orients hinzu. Die Wunderlampe wird bei Andersen zum ganz alltäglichen Feuerzeug eines Soldaten. Andersen braucht keine exotischen Staffagen, für ihn ist die ihn täglich umgebende Wirklichkeit voller Wunder – Bauerngärten und Kornfelder, Storchennester und Mauselöcher, Gräben und das Durcheinander von Fischen und Wasserratten, Holunder und Seerosen, Gänseblümchen und Disteln und die einfache dänische Blumenwelt, die er in den Märchen statt der prunkvollen Lilien und Rosen bevorzugt.

Das literarische Vorbild E. T. A Hoffmann ermutigt Andersen zur Herausgabe seiner Kindermärchen, damals durchaus noch ein Wagnis, denn prompt betrachtet die dänische Kritik die Märchen als Rückschritt gegenüber dem IMPROVISATOR.

Die ersten sechs Hefte von Andersens Märchen erscheinen 1835 bis 1841. »Die Märchen wurden eine Lektüre für Kinder und Erwachsene, was, wie ich glaube, in unserer Zeit die Aufgabe ist für den, der Märchen schreiben will.« An seinen Förderer Jonas Collin schreibt er: »Mein Ziel war, Dichter für alle Alter zu sein, das Naive war nur ein einzelner Teil des Märchens, der Humor war dagegen das Salz in ihnen.«

1852 ergänzt er die Reihe der Märchen durch eine Reihe HISTORIER (Geschichten), und endlich erscheint fast jährlich zu Weihnachten ein Heft MÄRCHEN UND GESCHICHTEN. Das geht so weiter bis 1873 – kurz vor seinem Tod im Jahr 1875 schreibt er keine Märchen mehr und resümiert betrübt:

🐦 Märchen fallen mir nicht ein! Es ist, als hätte ich den ganzen Kreis mit Märchen-Radien dicht nebeneinander angefüllt. Wenn ich mich im Garten zwischen den Rosen ergehe – ja, was haben da nicht schon die und selbst die Schnecken mir erzählt! Sehe ich ein Seerosenblatt, so

»Mährchen für Kinder von H. C. Andersen«. Titelblatt einer Ausgabe von 1838, illustriert mit Radierungen von G. Osterwald

hat DÄUMELINCHEN schon auf ihm seine Reise geendet. Lausche ich dem Winde – der hat von WALDEMAR DAA erzählt und weiß nichts Besseres. Im Walde unter den alten Eichen werde ich daran erinnert, dass der alte Eichbaum schon längst mir seinen letzten Traum erzählt hat. Ich bekomme so keine neuen, frischen Eindrücke, und das ist traurig. ◆

Bettina v. Arnim. Zeichnung von Ludwig Emil Grimm, 1810

Zeitgenossen haben Andersen immer wieder seine unkritische Haltung dem Adel gegenüber vorgehalten. Viel zu sehr genoss er in ihren Augen, dass ihn Europas Hochadel hofierte. Doch abfällige Bemerkungen wie z. B. von Heine oder Freiligrath treffen ihn nicht wirklich. Er ist sich seiner satirischen Treffsicherheit, wie sie sich z. B. in DES KAISER NEUE KLEIDER darstellt, ziemlich gewiss. Das stellt auch Bettina von Arnim, die er in Berlin kennen und schätzen lernt, scharfsichtig fest. Sie ist mit ihrem Mann Achim von Arnim (1781–1831) und ihrem Bruder Clemens Brentano (1778–1842) Teil des »romantischen Dreigestirns«, das schon zu Lebzeiten vom Himmel der europäischen Romantik nicht wegzudenken ist. Arnim hatte mit Brentano in Heidelberg die Volksliedsammlung DES KNABEN WUNDERHORN (3 Bände, 1806–08) herausgegeben und wurde so zu einem der Gründerväter der deutschen Romantik. »Alles geschieht in der Welt der Poesie wegen, die Geschichte ist der allgemeinste Ausdruck dafür«, schreibt er schwärmerisch an Clemens Brentano. Der gelernte Jurist versucht, das ihm anerzogene preußische Pflichtbewusstsein und sein Künstlertum zur Deckung zu bringen: »Nur wenige, und das sind die Poeten, werden genug begünstigt, dass ihnen die Arbeit zum Spiel wird, und sie müssen für die übrige Menschheit arbeiten.« Und der Pflichtmensch fügt hinzu: »Wer sich daher Poet nennt … zeigt keinen Stolz, sondern höchste Tugend an; er ist ein wahrer Märtyrer und Eremit, er betet und kasteit sich für andere, damit sie das Leben haben.«

Den jungen Adelsspross schmerzt der Verfall des Staatswesens in Preußen, der Niedergang der Feudalgesellschaft mit ihrem unmenschlichen, hohlen Ehrbegriff, eine in Konventionen erstarrte Moral, die Unterdrückung des Gefühls und all dessen, was Gewinnstreben und Karriere im Weg steht. Aus der kritischen Beobachtung seiner Umgebung wird ihm klar, dass der preußische Staat einer Katastrophe entgegentreibt, wenn nicht zügig Reformen durchgeführt und die herrschende Adelsschicht nicht in stärkerem Maße soziales Verantwortungsbewusstsein entwickeln würde.

Nach Achims frühem Tod tritt Bettina aus dem Schatten der Romantiker und beweist Mut vor Fürstenthronen. Sie begehrt auf in der bleiernen Zeit der Restauration und setzt sich für die Wiedereinstellung der in Göttingen entlassenen Brüder Grimm ein, die der preußische König Friedrich Wilhelm IV. im Jahr 1840 an die Berliner Universität beruft.

Die fiktiven Gespräche zwischen der Mutter Goethes und der Mutter des Königs, die sie 1843 unter dem Titel DIESES BUCH GEHÖRT DEM KÖNIG herausgibt, haben einen sozialkritischen Ansatz. Prompt wird das Buch in Bayern, dann auch in Preußen verboten. Zur immer drückender werdenden Armenfrage als Folge der industriellen Revolution plant sie 1844 eine große Dokumentation, die aber unveröffentlicht bleibt, als der Weberaufstand in Schlesien ausbricht. Die Revolution von 1848 erlebt sie in Berlin, anonym veröffentlicht sie im selben Jahr eine Polen-Denkschrift, die sie AN DIE AUFGELÖSTE PREUSSISCHE NATIONAL-VERSAMMLUNG adressiert. Sie steht den Ideen der Frühsozialisten nahe und trifft sich 1842 vermutlich mit Karl Marx.

Bettina also durchschaut Andersens Mimikry und meint, die Könige würden Andersens Märchen lesen, und das täte ihnen gut, da würden sie doch die Wahrheit erfahren. Sie weiß genau um Andersens Hellsicht, die hochmögenden Adressaten seiner Märchen.

Das Thema der Schlafprobe geht möglicherweise auf indische Erzählungen zurück, etwa auf die Erzählung KATHASARITSAGARA von den drei empfindlichen Brüdern, die Friedrich von der Leyen in seiner Sammlung INDISCHE MÄRCHEN (1897) zugänglich gemacht hat. Aus der nordwestgriechischen Landschaft Epirus stammt eine Fassung, in der der Held ebenfalls ein Mann ist. Dort geht es nicht wie in der indischen Version um ein Haar, das sich dem Mann durch sieben Matratzen hindurch in die Haut drückt, sondern um eine Erbse, die ins Bettstroh gefallen ist.

Das Märchen DIE PRINZESSIN AUF DER ERBSE erzählt in einer Fassung, die aus Schweden überliefert ist, von einem armen Mädchen, das in Begleitung einer Katze in die Welt hinauszieht und sich, dem Rat der Katze folgend, im Königsschloss als Prinzessin ausgibt. Die misstrauische Königin macht die Probe aufs Exempel, indem sie der Fremden winzige Gegenstände (eine Bohne, Erbsen, einen Strohhalm) unter die Matratze legt. Da das Mädchen jedes Mal von der Katze gewarnt wird, kann es jeden Morgen behaupten, miserabel geschlafen zu haben und so die Königin von seiner prinzessinnenhaften Empfindlichkeit überzeugen. Hier erreicht die Märchenheldin ihr Ziel also durch Betrug. Bei Andersen – und das ist sein Kniff, der die Besonderheiten adliger Herkunft illustriert – erweist sich das Mädchen als echte, überempfindliche Prinzessin.

Die Prinzessin auf der Erbse

Es war einmal ein Prinz, der wollte sich eine Prinzessin suchen, aber es sollte eine richtige Prinzessin sein. So reiste er denn rund um die ganze Welt, um so eine zu finden, aber allüberall war etwas auszusetzen. Prinzessinnen gab es genug, ob es aber richtige Prinzessinnen waren, dahinter konnte er nicht ganz kommen, immer war da etwas, was nicht ganz richtig war. So kam er wieder nach Hause und war so traurig, denn er wollte so gern eine wirkliche Prinzessin haben.

Eines Abends war ein fürchterliches Wetter; es blitzte und donnerte, der Regen strömte hernieder, es war ganz schrecklich! Da pochte es ans Stadttor, und der alte König ging hin, um aufzumachen.

Draußen stand eine Prinzessin. Aber, du lieber Gott, wie sah sie aus von dem Regen und dem Unwetter! Das Wasser lief ihr an Haaren und Kleidern herunter, und es lief in die Schuhspitze hinein und aus dem Hacken heraus, und dann sagte sie, sie sei eine wirkliche Prinzessin.

»Ja, das werden wir schon noch erfahren!«, dachte die alte Königin, aber sagen tat sie nichts, ging ins Schlafgemach, nahm alles Bettzeug weg und legte eine Erbse auf den Boden des Bettes, darauf nahm sie zwanzig Matratzen, legte sie oben auf die Erbse, und dann noch zwanzig Eiderdaunenbetten auf die Matratzen drauf.

Dort sollte nun die Prinzessin in der Nacht schlafen. Morgens wurde sie gefragt, wie sie geschlafen habe. »Oh, schrecklich schlecht!«, sagte die Prinzessin. »Ich habe die ganze Nacht fast kein Auge zugetan! Gott weiß, was in dem Bett gewesen ist? Ich habe auf etwas Hartem gelegen, sodass ich am ganzen Körper braun und blau bin! Es ist ganz schrecklich!«

Da konnten sie sehen, dass sie eine richtige Prinzessin war, weil sie durch die zwanzig Matratzen und die zwanzig Eiderdaunenbetten die Erbse gefühlt hatte. So empfindlich konnte niemand sein, außer einer wirklichen Prinzessin.

Der Prinz nahm sie also zur Frau, denn nun wusste er, dass er eine richtige Prinzessin hatte, und die Erbse kam in die Kunstgemächer, wo sie noch zu sehen ist, falls niemand sie weggenommen hat.

Seht, das war eine richtige Geschichte! ◆

Auch seine lebenslange Freundin Henriette Wulff (1804–1858) zaust ihn gelegentlich wegen seiner Liebe zum Adelsstand. Sie ist körperlich missgestaltet, klug und witzig, und sie allein darf Andersen an den Ohren ziehen, ohne dass er in beleidigte Depressionen verfällt. Die Korrekturabzüge vom MÄRCHEN MEINES LEBENS schickt Andersen sofort an Henriette Wulff, die kritisch anmerkt: »Ein Punkt, in dem Sie und ich so verschieden wie nur möglich sind. Sie sind, unbegreiflicherweise, ein Royalist und Aristokrat, ich dagegen bin eine ausgesprochen demokratische und egalitäre Natur, kann also beim besten Willen Ihre und verschiedener anderer Leute Gefühle in diesen Dingen nicht begreifen … Ich sehe darin eine völlige Verleugnung der eigenen Person, der Gaben, die Gott uns so gnädig verliehen hat, eine so unbegreifliche Selbsterniedrigung, dass es mich wundert, dass jemand wie Sie, Andersen – wenn Sie wirklich erkennen, dass Gott Ihnen besondere Geistesgaben verliehen hat –, dass SIE sich *glücklich* und *geehrt* fühlen, an der Tafel des Königs von Preußen oder anderer hochgestellter Personen zu sitzen, oder einen Orden zu bekommen, wie ihn auch die

Henriette Wulff. Gemälde von Adam Müller, 1827

größten Halunken tragen, von einem ganzen Schwarm höchst unbedeutender Personen ganz zu schweigen. Stellen Sie wirklich einen Titel, Geld, blaues Blut, Erfolg in rein äußerlichen Dingen *über* Genialität – Geist – die Gaben der Seele?« Und während seiner Deutschlandreise im Jahre 1855 schreibt sie ihm: »Wo sind Sie jetzt, lieber Andersen? Vermutlich bei König Max, den Sie ja lieben und verehren; obzwar ich kein Freund von Königen bin, wäre ich hocherfreut, zu wissen, dass Sie bei einem sind, den Sie lieben und der *(entre nous)* auch nach meiner Überzeugung einen edlen Charakter haben muss – da Sie ihm zugetan sind; Sie wissen, dass mein Vertrauen in Sie fast grenzenlos ist.« Im DÄUMELINCHEN setzt er seiner lebenslangen Freundin Henriette Wulff ein liebevolles Denkmal.

Däumelinchen

Es war einmal eine Frau, die so gern ein kleines Kindchen haben wollte, aber sie wusste gar nicht, wo sie es herbekommen sollte. Da ging sie denn zu einer alten Hexe und sagte zu ihr: »Ich möchte von Herzen gern ein kleines Kind haben, willst du mir nicht sagen, wo ich eines herbekommen kann?«

»O ja, das werden wir schon schaffen!«, sagte die Hexe. »Da hast du ein Gerstenkorn, es ist gar keines von der Art, wie sie auf dem Acker des Bauern wachsen oder wie es die Hühner zu fressen bekommen. Tu es in einen Blumentopf, dann sollst du mal sehen!«

»Vielen Dank!«, sagte die Frau und gab der Hexe zwölf Schillinge, ging alsdann nach Haus, pflanzte das Gerstenkorn ein, und sogleich spross eine wunderschöne, große Blume auf, die sah genauso aus wie eine Tulpe, aber die Blütenblätter waren ganz dicht geschlossen, so als wäre sie noch eine Knospe.

»Es ist eine reizende Blume!«, sagte die Frau und küsste sie auf die schönen, roten und gelben Blätter, aber als sie sie gerade küsste, gab es in der Blume einen großen Knall, und sie öffnete sich. Es war eine richtige Tulpe, das konnte man jetzt sehen, aber mitten in der Blüte auf einem grünen Stuhl saß ein winzigkleines Mädchen, so fein und liebreizend. Sie war nicht größer als ein Daumen, und darum wurde sie Däumelinchen geheißen.

Sie bekam eine hübsch lackierte Walnussschale als Wiege, blaue Veilchenblätter waren ihre Matratzen und ein Rosenblatt ihr Oberbett; dort schlief sie nachts, aber tagsüber spielte sie auf dem Tisch, wo die Frau einen Teller hin-

Andersen selbst nennt DÄUMELIN-CHEN seine »vollständig eigene Erfindung«. Er bündelt hier Motive aus den Volksmärchen (Grimms KLEINER DÄUMLING) und den romantischen Kunstmärchen (E. T. A. Hoffmanns PRINZESSIN BRAMBILLA und MEISTER FLOH, Oehlenschlägers TOMMELIDEN), aber auch literarische Reminiszenzen aus Swifts GULLIVER und Voltaires MICROMEGAS.

»Däumelinchen«. Illustration von
Eleanor Vere Boyle, 1872

gestellt hatte, um den sie einen ganzen Kranz von Blumen gelegt hatte, die ihre Stängel ins Wasser steckten; hier schwamm ein großes Tulpenblatt, und auf diesem durfte Däumelinchen sitzen und von der einen Seite des Tellers zur anderen fahren: sie hatte zwei weiße Rosshaare zum Rudern. Das sah sehr hübsch aus. Sie konnte auch singen, oh, so fein und süß, wie man es hier nie vernommen hatte. ◆

Bei ihrer durch den amerikanischen Zirkuskönig Barnum organisierten US-Tournee ist Jenny Lind Gegenstand eines Starrummels von bis dahin unbekannten Ausmaßen. In Amerika heiratet sie den Komponisten Otto Goldschmidt, kehrt später wieder nach Schweden zurück, wohnt zwischen 1852 und 1858 in Dresden und später in England.

Im Jahr 1843 lernt Andersen die schwedische Sängerin Jenny Lind kennen und verliebt sich so leidenschaftlich wie nie zuvor. Die Dreiundzwanzigjährige wird wenige Jahre später Europas berühmteste Sängerin sein und in aller Welt als »schwedische Nachtigall« bekannt werden.

Am 10. und 13. September 1843 singt sie in der Königlichen Oper die Alice in Meyerbeers ROBERT DER TEUFEL und gibt außerdem ein Wohltätigkeitskonzert. Andersen notiert: »10. September. Jenny Linds erstes Auftreten als Alice in ROBERT DER TEUFEL; sie wurde hervorgerufen. Abends mit ihr bei Bournonvilles; auf ihr und mein Wohl getrunken; verliebt.«

Der dänische Tänzer August Bournonville (1805–1879) wird nach einer Ausbildung in Paris 1830 als Solotänzer und Ballettmeister am Hoftheater Kopenhagen angestellt, wo er in kurzer Zeit ein weithin gerühmtes *Corps de ballet* schafft. 1855 zieht er nach Wien, kehrt aber ein Jahr später in die Heimat zurück.

An Henriette Wulff schreibt Andersen, die beiden wichtigsten Ereignisse seit ihrer Abreise seien das Erscheinen eines neuen Bandes seiner Märchen und die Tatsache gewesen, dass er einen Brief von Jenny L. erhalten habe.

Aber ach – wieder wird er nicht erhört, und wie bei ihm auch gar nicht anders vorstellbar, liebt er wirklich nur aus der Ferne. Jenny Lind hält ihn als ›Bruder‹ auf Distanz. Sie bewundere seine »himmlisch schönen« Märchen, unter denen sie dem HÄSSLICHEN JUNGEN ENTLEIN den Ehrenplatz einräume. Sie unterschreibt als »Ihre Sie liebende Schwester Jenny«.

1845 sehen sich die beiden in Berlin wieder. Im Tagebuch notierte er:

19. Dezember. Traf um 1.15 in Berlin ein, ging ins Britische Hotel, von wo ich sofort einen Kellner zu Jenny Lind schickte, um zu sagen, dass ich angekommen sei, und ob sie mir ein Billett besorgen könnte? Sie antwortete, falls eines aufzutreiben sei, würde ich es bekommen, aber kein Billett kam. – Ich ging in die Oper, es gab noch Billetts für das Stehparterre und die Galerie, ich ging ins Stehparterre, dort war allerlei gemeines Volk, ein betrunkener Franzose; ich stand an der Tür, hörte Jenny, hatte ihr eigentlich böse sein wollen, aber sie eroberte mich ganz. Sie singt deutsch genauso, wie ich meine Märchen vorlese, die Muttersprache scheint durch, aber das macht es, wie man über mich gesagt hat, noch interessanter. Das Theater war prachtvoll, aber ich sah es eigentlich gar nicht; ich war Jennys wegen da, ich hörte sie wie in einem Traum. Ich glaube, ich liebe sie anders als ich sollte.

21. Dezember. Fuhr zu Jenny. Sie empfängt niemandem, sagte der Portier. »Doch, mich empfängt sie!« – »Geben Sie mir Ihre Karte!«, und dann hatte ich keine. »Wie ist Ihr Name?« – Dann kam sie zu mir heraus; sie sah blühender aus als in Kopenhagen. Wir saßen auf dem Sofa und sprachen von der Familie Collin.

23. Dezember. Nicht gut gelaunt, fühle mich etwas einsam. – Bisher hat mir Jenny noch kein Billett geschickt; Fräulein Frohmann gab mir gestern abend eines von der Prinzessin von Preußen. – Jenny sang so schön, dass ich nicht böse auf sie war. – Nein, nein! Sie kann mich nicht vergessen haben!

24. Dezember. Nichts von Jenny gehört. Fühle mich gekränkt und ver-

Jenny Lind. Gemälde von Joseph Rubens Powell

stimmt. In Berlin ist sie nicht wie eine Schwester zu mir. Wenn sie wünscht, dass ich hier ein Fremder bin, hätte sie es mir sagen können, dann wäre ich es gewesen. Sie hat einst mein Herz erfüllt – ich liebe sie nicht mehr! In Berlin hat sie mein krankes Fleisch mit einem kalten Messer herausgeschnitten. Ich wüsste gern, woran sie denkt, sie schenkt mir so wenig Beachtung, und ich bin doch hauptsächlich ihretwegen nach Berlin gekommen und hätte einen viel froheren Weihnachtsabend verbringen können. – In Kopenhagen habe ich für sie gelebt – was ist mein Lohn für alles, was ich gegeben habe, einem Menschen gegeben habe, den die Welt den edelsten und besten nennt! – Es ist Heiliger Abend! Glücklich das Heim, wo der Gatte einen Herd hat! Jetzt ist der Christbaum angezündet, die Gattin steht mit dem kleinsten Kind auf dem Arm davor, es streckt die Hände nach den vielen Kerzen aus, hüpft vor Freude auf dem Arm der Mutter, die anderen Kinder jubeln vor Freude, halten Ausschau nach den Geschenken und sind von einem Freundeskreis umgeben. – Der Fremde ist draußen, sein Weihnachtsbaum sind die Sterne, Bilder neuer Städte, neue Gesichter – er fliegt von Ort zu Ort – unter Gottes Weihnachtsbaum erhebe ich meinen Blick und frage: Vater im Himmel, was gibst du mir? – und bekomme vielleicht einen Sarg.

25. Dezember. Meine Gedanken sind unter einem Schleier verborgen, aber sie fliegen zu Jenny! – Was habe ich ihr getan? Schenkt sie mir so wenig Beachtung, weil sie um ihren guten Ruf besorgt ist? »Ich hasse Sie nicht, denn ich habe Sie nie geliebt«, hat sie mir einmal gesagt, ich habe es damals nicht verstanden, jetzt verstehe ich's … Brief von Jenny, sie ist sehr liebenswürdig.

26. Dezember. Besuchte Jenny, sie hatte einen Weihnachtsbaum, schenkte mir Seife, geformt wie ein Stück Käse, Kölnisch Wasser, war ganz wunderbar, strich mir über die Stirn, sagte »Kind« zu mir. Wir fuhren zu Madame Birch-Pfeiffer, die, wie sie sagte, zu ihr wie eine Mutter sei … Jenny sagte, ich sei ein so guter Mensch und ihr Bruder. ◆

Charlotte Birch-Pfeiffer (1800–1868) tritt bereits als Dreizehnjährige in München als Schauspielerin auf. 1825 heiratet sie den in München lebenden dänischen Schriftsteller und Kritiker Christian Andreas Birch. Zu ihren Glanzrollen gehörten die Maria Stuart, die Elisabeth und Sappho. Sie schreibt mehr als 70 Bühnenstücke, ihre Bearbeitungen von Romanen Victor Hugos, Alexandre Dumas', George Sands, Charles Dickens' werden in ganz Europa gespielt.

Später treffen sie sich in Weimar, wo sie die Gräber Goethes und Schillers besuchen, 1847 werden beide in London gefeiert. Im MÄRCHEN MEINES LEBENS schwärmt er: »Durch Jenny Lind habe ich erst die Heiligkeit der Kunst verstehen lernen, durch sie habe ich gelernt, dass man sich selbst im

Dienst des Höheren vergessen muss! Kein Buch, keine Person haben für eine Zeit lang besser und veredelnder auf mich als Dichter gewirkt als Jenny Lind.«

Am 11. Oktober 1843 notiert Andersen: »Das chinesische Märchen begonnen.« Und tags darauf: »Das chinesische Märchen fertig.« Gemeint ist DIE NACHTIGALL, eines seiner berühmtesten Märchen, eine viel feinsinnigere Variation eines Themas, das er schon im Märchen DER SCHWEINEHIRT verwandt hatte.

Als die außerhalb ihrer schwedischen Heimat noch nicht bekannte Sängerin im Herbst 1843 in Kopenhagen aufgetreten war, hatten konservative Opernfreunde sich über sie mokiert und den im Hoftheater aufgeführten italienischen Opern den Vorzug gegeben. Diese Erfahrung verarbeitet Andersen in seinem Text, indem er der echten Nachtigall (Jenny Lind) einen künstlichen Vogel (italienischer Sänger) gegenüberstellt. Im Märchen singt die Nachtigall für den Kaiser – Jenny Lind tut es für den dänischen König. Er schenkt ihr Diamanten – im Märchen soll die Nachtigall als Geschenk des Kaisers einen goldenen Pantoffel am Hals tragen. Für Andersen ist Jenny Lind sein musikalisches Ebenbild: begnadetes Naturtalent, geborenes Genie.

Die Nachtigall

In China, das weißt du ja wohl, ist der Kaiser ein Chinese, und alle, die er um sich hat, sind Chinesen. Es ist jetzt viele Jahre her, aber eben darum ist es besser, die Geschichte zu hören, ehe sie vergessen wird! – Des Kaisers Schloss war das prächtigste auf der Welt, ganz und gar aus feinem Porzellan, sehr kostbar, aber sehr zerbrechlich; es war so gefährlich, daran zu rühren, dass man sich gehörig in Acht nehmen musste. Im Garten sah man die wunderlichsten Blumen, und an die allerprächtigsten waren silberne Glocken gebunden, die läuteten, damit man nicht vorüberging, ohne die Blume zu bemerken. Ja, alles war so ausgeklügelt im Garten des Kaisers, und er streckte sich so weit hin, dass selbst der Gärtner das Ende nicht kannte; ging man immer weiter, kam man in den schönsten Wald mit hohen Bäumen und tiefen Seen. Der Wald ging bis ans Meer, das blau und tief war, große Schiffe konnten ganz bis unter die Äste heransegeln, und in diesen wohnte eine Nachtigall, die so göttlich sang, dass selbst der arme Fischer, der auf so viel anderes zu achten hatte, still dalag und

Die schon 1838 notierte Idee zu diesem Text hatte Andersen bereits im MÄRCHEN VOM FLIEGENDEN KOFFER verarbeitet. Grundiert wird die Geschichte mit der Auseinandersetzung über den – von Kopenhagener Ästhetikern um Heiberg diskutierten – Konflikt zwischen Natur- und Kunstschönem. Die chinesische Einkleidung verdankt sich zum Teil auch der schon im Rokoko modischen Asien-Begeisterung. Außerdem hat Andersen Aubers Zauberoper DER CHINESISCHE PRINZ im Königlichen Theater in Kopenhagen gesehen. Eine mechanische Nachtigall war ihm während seiner Schweiz-Reise 1833 in Le Locle vorgeführt worden.

lauschte, wenn er nachts draußen war, um das Fischnetz einzuholen, und dann die Nachtigall hörte. »Herrgott, wie ist das schön!«, sagte er, aber dann musste er seiner Arbeit nachgehen und vergaß den Vogel; wenn dieser jedoch in der nächsten Nacht wieder sang und der Fischer dort hinauskam, sagte er das gleiche: »Herrgott, wie ist das doch schön!«

Aus allen Ländern der Erde kamen Leute zur Stadt des Kaisers gereist, und sie bewunderten sie, das Schloss und den Garten; aber wenn sie die Nachtigall hören durften, sagte einer wie der andere: »Die ist trotz allem das Beste!«

Und die Reisenden erzählten davon, wenn sie heimkamen, und die Gelehrten schrieben viele Bücher über die Stadt, das Schloss und den Garten, aber die Nachtigall vergaßen sie nicht, sie wurde allem vorangesetzt; und alle, die dichten konnten, schrieben die schönsten Gedichte, alle miteinander über die Nachtigall im Wald an der tiefen See.

Die Bücher gelangten um die ganze Welt, und einige kamen denn auch einmal bis zum Kaiser. Der saß auf seinem goldenen Thron, las und las, alle Augenblicke nickte er mit dem Kopf, denn er freute sich, all die prächtigen Beschreibungen von der Stadt, dem Schloss und dem Garten zu hören. »Aber die Nachtigall ist trotzdem das Allerbeste!«, stand da geschrieben.

»Was ist das!«, sagte der Kaiser, »die Nachtigall! die kenne ich ja gar nicht! Gibt es hier in meinem Kaiserreich solch einen Vogel, noch obendrein in meinem Garten! Davon habe ich nie etwas vernommen! So etwas muss man nun erst durch Lesen erfahren!«

Und dann rief er seinen Kavalier, der so vornehm war, dass er, wenn jemand, der geringer war als er, ihn anzureden oder nach etwas zu fragen wagte, nichts anderes erwiderte als »P!«, und das bedeutet nichts.

»Hier soll es ja einen höchst bemerkenswerten Vogel geben, der Nachtigall heißt!«, sagte der Kaiser. »Man sagt, der sei das Allerbeste in meinem großen Reich! Weshalb hat man mir nie etwas von ihm erzählt?«

»Ich habe nie zuvor davon gehört!«, sagte der Kavalier, »der ist nie bei Hofe vorgestellt worden!«

»Ich will, dass er heute Abend herkommt und mir vorsingt!«, sagte der Kaiser. »Da weiß nun die ganze Welt, was ich habe, und ich weiß es nicht!«

»Ich habe nie zuvor davon gehört!«, sagte der Kavalier, »ich werde ihn suchen, ich werde ihn finden!«

Aber wo war er zu finden? Der Kavalier lief die Treppen hinauf und hinunter, durch Säle und Flure, keiner von all denen, die er traf, hatte von der Nachtigall erzählen hören, und der Kavalier rannte wieder zum Kaiser und sagte, dass es wohl eine Fabel sein müsste, von denen erfunden, die Bücher schrieben. »Eure kaiserliche Majestät dürfen nicht glauben, was

geschrieben wird! Das sind Erfindungen und etwas, was man die Schwarze Kunst nennt!«

»Aber das Buch, in dem ich es gelesen habe«, sagte der Kaiser, »ist mir von dem großmächtigen Kaiser von Japan geschickt worden, und dann kann es keine Unwahrheit sein. Ich will die Nachtigall hören! Sie muss heute Abend hier sein! Sie besitzt meine höchste Gnade! Und kommt sie nicht, dann kriegt der ganze Hof auf den Bauch geklopft, wenn er sein Abendbrot gegessen hat!«

»Tsing-pel« sagte der Kavalier und lief abermals alle Treppen hinauf und hinunter, durch alle Säle und Gänge; und der halbe Hof rannte mit, denn sie wollten nicht gern auf den Bauch geklopft werden. Da hob ein Fragen an nach der merkwürdigen Nachtigall, die die ganze Welt kannte, aber keiner bei Hofe.

Endlich begegnete ihnen eine kleine, arme Magd aus der Küche. Sie sagte: »Ach Gott, die Nachtigall, die kenne ich gut! Ja, kann die aber singen! Jeden

Abend darf ich meiner armen, kranken Mutter einige Reste von der Tafel mitbringen, sie wohnt unten am Strand, und wenn ich dann zurückgehe, müde bin und mich im Wald ausruhe, dann höre ich die Nachtigall singen! Mir treten dabei Tränen in die Augen, es ist ganz so, als ob meine Mutter mich küsst!« »Kleine Küchenmagd!«, sagte der Kavalier, »ich verschaffe Ihr eine feste Anstellung in der Küche und die Erlaubnis, den Kaiser essen zu sehen, falls Sie uns zur Nachtigall hinführen kann, denn die ist auf heute Abend bestellt!«

Und nun zogen sie alle miteinander in den Wald, dorthin, wo die Nachtigall zu singen pflegte; der halbe Hof war mit dabei. Wie sie nun ganz schnell dahingingen, hub eine Kuh zu brüllen an.

»Oh!«, sagten die Hofjunker, »da haben wir sie! Es steckt doch eine merkwürdige Kraft in solch einem kleinen Tier! Ich habe sie ganz bestimmt schon gehört!«

»Nein, das sind die Kühe, die brüllen!«, sagte die kleine Küchenmagd, »wir sind noch weit von dem Ort entfernt!«

Jetzt quakten die Frösche im Sumpf.

»Köstlich!«, sagte der chinesische Schlosspropst, »nun höre ich sie, es klingt genau wie kleine Kirchenglocken.«

»Nein, das sind die Frösche!«, sagte die kleine Küchenmagd. »Aber nun, glaube ich, werden wir sie bald hören!«

Da begann die Nachtigall zu singen.

»Das ist sie!«, sagte die kleine Magd. »Hört! hört! Und da sitzt sie!«, und dann zeigte sie auf einen kleinen, grauen Vogel oben in den Zweigen.

»Ist es möglich!«, sagte der Kavalier. »So habe ich sie mir nun nicht vorgestellt! Wie sieht sie gewöhnlich aus! Die hat sicher ihre Farbe verloren, weil sie jetzt so viele vornehme Menschen vor sich sieht!«

»Kleine Nachtigall!«, rief die kleine Küchenmagd ganz laut, »unser gnädiger Kaiser möchte so gern, dass du ihm etwas vorsingst!«

»Mit dem größten Vergnügen!«, sagte die Nachtigall und sang, dass es eine Wonne war.

»Es hört sich an wie Glasglocken!«, sagte der Kavalier. »Und seht die kleine Kehle, wie sie sich anstrengt! Es ist merkwürdig, dass wir sie nie zuvor gehört haben! Die wird einen großen succes bei Hofe haben!«

»Soll ich dem Kaiser noch einmal vorsingen?«, sagte die Nachtigall, welche meinte, der Kaiser sei mit dabei.

»Meine vortreffliche kleine Nachtigall!«, sagte der Kavalier, »ich habe die große Freude, Sie zu einem Hoffest auf heute Abend zu bestellen, wo Sie Seine hohe kaiserliche Gnaden mit Ihrem charmanten Gesange bezaubern werden!«

»Der klingt am besten im Grünen!«, sagte die Nachtigall, aber sie ging trotzdem gern mit, als sie hörte, der Kaiser wünsche es.

Im Schloss hatte man schlechterdings alles geschmückt! Wände und Fußböden, die aus Porzellan waren, schimmerten von Tausenden von goldenen Lampen. Die schönsten Blumen, die richtig läuten konnten, waren in den Fluren aufgestellt; da war ein Rennen und ein Zugwind, aber dann läuteten gerade alle Glöckchen, man konnte seine eigene Stimme nicht hören.

Mitten in dem großen Saal, wo der Kaiser saß, war eine goldene Stange aufgestellt, und auf dieser sollte die Nachtigall sitzen; der ganze Hof war da, und die kleine Küchenmagd hatte die Erlaubnis bekommen, hinter der Tür zu stehen, da sie jetzt den Titel einer richtigen Köchin hatte. Alle waren sie in ihrem feinsten Staat, und alle betrachteten sie den kleinen grauen Vogel, dem der Kaiser zunickte.

Und die Nachtigall sang so wunderbar, dass dem Kaiser Tränen in die Augen traten, die Tränen kullerten ihm über die Wangen hinunter, und da sang die Nachtigall noch schöner, es griff recht ans Herz; und der Kaiser freute sich sehr, und er sagte, die Nachtigall solle seinen goldenen Pantoffel haben und um den Hals tragen. Aber die Nachtigall dankte, sie hätte schon Lohn genug erhalten.

»Ich habe Tränen in den Augen des Kaisers gesehen, das ist mein reichster Schatz! Eines Kaisers Tränen haben eine wundersame Macht! Weiß Gott, ich bin genügend belohnt!«, und dann sang sie von neuem mit ihrer süßen, göttlichen Stimme.

»Das ist die reizendste Koketterie, die ich kenne!«, sagten die Damen ringsumher, und dann nahmen sie Wasser in den Mund, um zu gluckern, wenn jemand sie anredete; sie glaubten, sie seien dann auch eine Nachtigall; ja, die Lakaien und Kammermädchen ließen verkünden, dass sie auch zufrieden seien, und das will viel heißen, denn es denen recht zu machen, ist das allerschwierigste. O doch, die Nachtigall fand in der Tat allgemeinen Beifall.

Sie sollte nunmehr bei Hofe bleiben, ihren eigenen Käfig haben, dazu die Freiheit, zweimal bei Tag und einmal nachts spazieren zu gehen. Sie bekam zwölf Diener mit, sie hatten alle ein seidenes Band um das Bein der Nachtigall geschlungen und hielten gut fest. So ein Spaziergang war gar kein Vergnügen.

Die ganze Stadt redete von dem auffallenden Vogel, und trafen sich zwei, dann sagte der eine nichts weiter als: »Nacht!«, und der andere sagte: »Gall*!«,

* Im Dänischen ein Wortspiel, im Deutschen nicht wiederzugeben. »galt« gleich »gal«, das im Dänischen »verrückt« bedeutet (Anmerkung d. Übers.).

und dann seufzten sie und verstanden einander, ja, elf Krämerkinder wurden nach ihr benannt, aber nicht eines davon hatte einen Ton im Leibe.

Eines Tages kam ein großes Paket beim Kaiser an, auf dem stand geschrieben: Nachtigall.

»Da haben wir nun ein neues Buch über unseren berühmten Vogel!«, sagte der Kaiser; aber es war kein Buch, es war ein kleines Kunstwerk, das in einer Schachtel lag, eine künstliche Nachtigall, die der lebendigen gleich sein sollte, aber überall mit Diamanten, Rubinen und Saphiren besetzt war; sobald man den künstlichen Vogel aufzog, konnte er eines von den Stücken singen, die die richtige Nachtigall sang, und dann ging der Schwanz auf und nieder, und auf dem stand geschrieben: »Die Nachtigall des Kaisers von Japan ist armselig gegen die des Kaisers von China.«

»Das ist wunderbar!«, sagten sie alle, und derjenige, der den künstlichen Vogel gebracht hatte, erhielt sogleich den Titel Oberkaiserlicher Nachtigallenbringer.

»Nun müssen sie gemeinsam singen, das gibt aber ein Duett!«

Und nun mussten sie gemeinsam singen, aber es wollte nicht so recht gehen, denn die richtige Nachtigall sang auf ihre Weise, und die künstliche lief auf Walzen. »Die hat keine Schuld«, sagte der Spielmeister, »sie hält den Takt besonders gut und ist ganz aus meiner Schule!« Nun sollte der künstliche Vogel allein singen. – Er gefiel ebenso gut wie der richtige, und dann war er ja auch noch viel hübscher anzuschauen, er glitzerte wie Armbänder und Blusennadeln.

Dreiunddreißigmal sang er ein und dasselbe Stück, und er wurde trotzdem nicht müde, die Leute hätten ihn gern noch einmal von vorn gehört, aber der Kaiser meinte, nun solle auch die lebendige Nachtigall ein wenig singen – aber wo war die? Niemand hatte es bemerkt, dass sie zum offenen Fenster hinausgeflogen war, hinaus in ihre grünen Wälder. »Aber was soll denn das heißen!«, sagte der Kaiser, und alle Hofleute schalten und fanden, die Nachtigall sei ein höchst undankbares Tier. »Den besten Vogel haben wir immerhin!«, sagten sie, und dann musste der künstliche Vogel abermals singen, und nun hörten sie dasselbe Stück zum vierunddreißigsten Male, aber sie konnten es noch nicht ganz, denn es war so schwer, und der Spielmeister lobte den Vogel über alle Maßen, ja, er versicherte, dass er besser sei als die richtige Nachtigall, nicht nur, was das Kleid anbetraf und die vielen wunderbaren Diamanten, sondern auch inwendig.

»Denn sehen Sie, meine Herrschaften, vor allem der Kaiser! Bei der richtigen Nachtigall kann man niemals berechnen, was da kommen mag, aber bei dem künstlichen Vogel liegt alles fest! So wird es und nicht anders! Man kann alles klarlegen, man kann ihn öffnen und die menschliche Erfindergabe zeigen, wie die Walzen liegen, wie sie laufen und wie eins sich aus dem anderen ergibt!« ◆

Der gesellschaftliche und sexuelle Außenseiter Hans Christian Andersen gewinnt seine Identität als Dichter, indem er nicht einfach Unglück und Glück beschreibt, sondern das unheilbare Außenseitertum der Seejungfrau, des falsch gegossenen Zinnsoldaten, des Schwans, der im Ententeich zu leben hat, wo man Schwäne nicht als höhere Gattung anerkennt. Stets lauert der Skandal, der durch ein Kind beschworen werden kann, das den Kaiser nackt sieht.

Der achtzigjährige – zumindest zu homoerotischen Gefühlen neigende – Thomas Mann erkennt in dem Märchen »im Grunde das Symbol meines Lebens« und erzählt es im Zauberberg in anderer Form neu.

Einer der anspruchsvollsten Texte von H. C. Andersen ist Der Schatten, die bittere Geschichte eines gelehrten Mannes, der schließlich im Schatten seines eigenen Schattens steht, der ihn am Ende umbringt. Andersen hat diesen Text im Sommer 1846 begonnen, als er schwitzend im glühend heißen Neapel saß:

🦢 Montag, 8. Juni – Die Wärme wälzt sich herab, wage mich kaum aus dem Haus. Der Bauch nicht recht in Ordnung, vor allem morgens Schmerzen. Im Meer gebadet und mich wohl gefühlt, bin heute Nachmittag ungewöhnlich viel durch die Straßen gelaufen, zweimal hinunter zum Molo, beim letzten Mal spürte ich Mattigkeit, erreichte ein Café und trank Limonade, fühlte mich jedoch immer schlechter, die Hitze sprang mir aus allen Poren, ich hatte ein Bedürfnis, mich auf die Erde zu werfen, und eine Angst, ich ließ Botega einen Wagen holen, der hatte zwei Pferde, doch es waren kaum mehr als 300 Schritte Weges, ich bot ihm einen Carlino an, er wollte nicht, ich wurde wütend und ging zu Fuß, kam aber nur bis zu Fleischers Tor, hier musste ich beim Pförtner einkehren und mich ausruhen, das war sehr beängstigend.

Dienstag, 9. Juni – Am Abend die Geschichte von meinem Schatten geschrieben. ◆

Im März 1847 beendet er das Märchen in Kopenhagen. Der gelehrte Mann »aus den kalten Ländern« ist in den heißen Ländern auf Reisen.

Der Schatten

Andersens Text ist sehr heutig, fast
existentialistisch zu nennen. Der Held
ist ein Dichter, der vergeblich versucht, das Edle und Gute zu beschreiben. Es gelingt ihm nicht, er verliert
zum Schluss sein Leben – die Andersen wohlbekannte Schattenseite des
Lebens siegt.

Eines Nachts erwachte der Fremde, er schlief bei offener Balkontür, der Vorhang davor hob sich im Wind, und ihm schien
es so, als käme ein seltsamer Glanz vom Balkon des Hauses
gegenüber, die Blumen leuchteten alle wie Flammen in den
herrlichsten Farben, und mitten unter den Blumen stand eine
schlanke, entzückende Jungfrau, es war, als ob auch sie leuchtete; seine Augen waren richtig geblendet, er machte sie nun
auch so furchtbar weit auf und kam eben aus dem Schlaf; mit
einem Satz war er aus dem Bett, ganz leise trat er hinter den Vorhang, aber die
Jungfrau war weg, der Glanz war weg; die Blumen leuchteten gar nicht, standen aber sehr schön da, wie immer; die Tür war angelehnt, und tief drinnen
erklang die Musik so weich und schön, man konnte sich richtig in liebliche
Gedanken verlieren. Es war aber doch wie Zauberei, und wer wohnte dort?

»Ich glaube, mein Schatten ist das einzig Lebendige, was man da drüben
sieht!«, sagte der gelehrte Mann. »Siehe da, wie artig er unter den Blumen sitzt,
die Tür halb offen, jetzt sollte der Schatten so schlau sein und hineingehen,
sich umsehen und dann herkommen und mir erzählen, was er gesehen hat! Ja,
du solltest dich nützlich machen!«, sagte er im Scherz. »Bitte, tritt ein! aha!
gehst du?«, und dann nickte er dem Schatten zu, und der Schatten nickte wieder. »Ja, dann geh nur, aber geh mir nicht verloren!«, und der Fremde stand
auf, und sein Schatten auf dem Balkon gegenüber stand auch auf; und der
Fremde drehte sich um, und der Schatten drehte sich auch um; ja, falls jemand

so richtig darauf geachtet hätte, dann hätte er deutlich sehen können, wie der Schatten durch die halb geöffnete Balkontür des Nachbarn ging, gerade als der Fremde in seine Stube ging und den langen Vorhang hinter sich zufallen ließ. Am nächsten Morgen ging der gelehrte Mann aus, um Kaffee zu trinken und Zeitungen zu lesen. »Was ist das?«, sagte er, als er in den Sonnenschein hinaustrat, »ich habe ja keinen Schatten! So ist er wirklich gestern Abend fortgegangen und nicht wiedergekommen; das ist aber eine unangenehme Geschichte!« ◆

Jahre später, als ihm längst ein neuer Schatten gewachsen ist, sucht ihn der verlorene Schatten hoch im Norden auf. Er ist ein vermögender Herr geworden, der viele Länder bereist und alles gesehen hat, auch die verborgenen Dinge.

»Wissen Sie, wer im Hause gegenüber wohnte?«, sagte der Schatten, »es war das Herrlichste von allem, es war die Poesie! Ich war drei Wochen dort, und das hat die gleiche Wirkung, als ob man dreitausend Jahre lebte und alles läse, was gedichtet und geschrieben worden ist, das ist nun meine Ansicht, und die stimmt. Ich habe alles gesehen, und ich weiß alles!«

»Die Poesie!«, rief der gelehrte Mann, »ja, ja – sie ist oftmals ein Einsiedler in den großen Städten! die Poesie! Ja, ich habe sie einen einzigen, kurzen Augenblick gesehen, aber der Schlaf saß mir in den Augen! Sie stand auf dem Balkon und leuchtete, wie das Nordlicht leuchtet! Erzähle, erzähle! Du warst auf dem Balkon, du gingst zur Tür hinein und dann –!«

»Dann war ich im Vorgemach!«, sagte der Schatten. »Sie haben immer dagesessen und zum Vorgemach hinübergeschaut. Da war gar kein Licht, da herrschte ein gewisses Zwielicht, aber die eine Tür stand offen, der anderen gerade gegenüber in einer langen Reihe von Stuben und Sälen; und da war alles erleuchtet, ich wäre fast vom Licht getötet worden, wäre ich ganz bis zu der Jungfrau hingelangt; aber ich war besonnen, ich ließ mir Zeit, und das muss man tun!«

»Und was hast du da gesehen?«, fragte der gelehrte Mann.

»Ich sah alles, und ich werde es Ihnen erzählen, aber – es ist nicht etwa Stolz – als ein freier Mann und mit den Kenntnissen, die ich besitze, gar nicht zu reden von meiner guten Stellung, meinen vortrefflichen Lebensumständen, da hätte ich den großen Wunsch, dass Sie mich mit Sie anredeten!«

»Verzeihung!«, sagte der gelehrte Mann, »es ist eine alte

Die häufigen Ablehnungen der Duz-Anträge im SCHATTEN geben fast wörtlich Teile aus dem Briefwechsel mit Edvard Collin wieder: »Sie sagten da etwas, das sehr geradezu und wohlwollend gesagt ist, ich will nun ebenso wohlwollend und geradezu sein. Sie als ein gelehrter Mann wissen es wohl, wie wunderlich die Natur ist. Manche Menschen können es nicht vertragen, graues Papier anzufassen, denn davon wird ihnen übel; anderen fährt es durch alle Glieder, wenn man mit einem Nagel über eine Glasscheibe streicht. Ich habe ein ähnliches Gefühl, wenn ich Sie du zu mir sagen höre, ich fühle mich dadurch, wie in meiner ersten Stellung bei Ihnen, zu Boden gedrückt. «

Gewohnheit, die fest eingewurzelt ist! – Sie haben völlig recht! Und ich werde dran denken! Aber nun erzählen Sie mir alles, was Sie sahen!«

»Alles!«, sagte der Schatten, »denn ich sah alles, und ich weiß alles.«

»Wie sah es in den innersten Gemächern aus?«, fragte der gelehrte Mann. »War es dort wie im frischen Wald? War es dort wie in einer heiligen Kirche? Waren die Säle wie der sternklare Himmel, wenn man auf den hohen Bergen steht?«

»Alles war dort!«, sagte der Schatten. »Ich ging ja nicht ganz bis hinein, ich blieb im vordersten Zimmer, im Zwielicht, aber dort stand ich besonders gut, ich sah alles, und ich weiß alles! Ich bin am Hofe der Poesie gewesen, im Vor-gemach!«

»Aber was sahen Sie? Gingen nicht durch die großen Säle alle Götter des Altertums? Kämpften dort nicht die alten Helden? Spielten niedliche Kinder dort und erzählten ihre Träume?«

»Ich sage Ihnen, ich war dort, und Sie verstehen, ich sah alles, was es dort zu sehen gab! Wären Sie da herübergekommen, dann wäre aus Ihnen nicht ein Mensch geworden, aber aus mir wurde einer! Und gleichzeitig lernte ich meine innerste Natur kennen, meine angeborene, die Verwandtschaft, die mich mit der Poesie verband. Ja, damals, als ich bei Ihnen war, dachte ich nicht darüber nach, aber immer, Sie wissen das, wenn die Sonne aufging und die Sonne sank, wurde ich so seltsam groß; im Mondschein war ich fast deutlicher zu sehen als Sie selber; ich verstand damals meine Natur nicht, im Vorgemach wurde sie mir erst klar! Ich wurde Mensch! – Gereift kam ich heraus.« ◆

Weitere Jahre vergehen. Der alte Schatten kehrt zurück und bittet den gelehr-ten Mann, der vor lauter Nachdenken über das Wahre, Gute, Schöne blass und krank geworden ist, ihn als seinen Schatten auf eine Reise zu begleiten.

Dann kamen sie in ein Bad, wo viele Fremde waren und unter diesen eine schöne Königstochter, die an der Krankheit litt, dass sie viel zu gut sah, und das war nun ziemlich beängstigend.

Gleich von vornherein merkte sie, dass der, welcher da angekommen war, ein ganz anderer Mensch war als all die anderen. »Er ist hier, damit sein Bart wächst, sagt man, aber ich sehe die wahre Ursache, er kann keinen Schatten werfen.«

Neugierig war sie geworden; und dann fing sie gleich auf dem Spaziergang mit dem fremden Herrn eine Unterhaltung an. Als Königstochter brauchte sie nicht allzu viel Umstände zu machen, und darum sagte sie: »Sie leiden an der Krankheit, dass Sie keinen Schatten werfen können.«

»Euer Königliche Hoheit müssen sich auf dem Wege der Besserung befinden!«, sagte der Schatten. »Ich weiß, Ihr Übel ist, dass Sie allzu gut sehen, aber das hat sich gegeben, Sie sind geheilt, ich habe gerade einen ganz ungewöhnlichen Schatten! Sehen Sie nicht die Person, die immer mit mir zusammen ist? Andere Menschen haben einen gewöhnlichen Schatten, aber ich liebe das Gewöhnliche nicht. Man gibt seinem Diener vornehmeres Tuch für die Livree, als man selber trägt, und so habe ich meinen Schatten zu einem Menschen herausputzen lassen! Ja, Sie sehen, ich habe ihm sogar einen Schatten geschenkt. Das ist etwas sehr Kostspieliges, aber ich liebe es, etwas zu haben, was andere nicht haben!«

»Was?«, dachte die Prinzessin, »sollte ich mich wirklich erholt haben? Dies Bad ist das erste in seiner Art! Das Wasser hat in unserer Zeit ganz wundersame Kräfte. Aber ich fahre nicht weg, denn jetzt wird es hier lustig; der Fremde gefällt mir außerordentlich. Wenn bloß sein Bart nicht wächst, dann reist er nämlich ab!«

»Der Schatten«. Illustration von Vilhelm Pedersen

Abends in dem großen Ballsaal tanzten die Königstochter und der Schatten zusammen. Sie war leicht, aber er war noch leichter, solch einen Tänzer hatte sie nie gehabt. Sie erzählte ihm, aus welchem Land sie komme, und er kannte das Land, er war dort gewesen, aber da war sie gerade nicht zu Hause gewesen; er hatte zu den Fenstern hineingeschaut, oben wie unten, er hatte das eine wie das andere gesehen, und so konnte er der Königstochter antworten und Andeutungen machen, so dass sie sehr erstaunt war; er musste der weiseste Mann auf der ganzen Welt sein! Sie bekam solch eine Achtung vor dem, was er wusste, und als sie dann wieder tanzten, da verliebte sie sich in ihn, und das merkte der Schatten wohl, denn sie konnte fast durch ihn hindurchsehen. Dann tanzten sie noch einmal, und da war sie nahe daran, es zu sagen, aber sie besann sich doch, sie dachte an ihr Land und Reich und an die vielen Menschen, die sie regieren sollte.

»Ein weiser Mann ist er«, sagte sie bei sich, »das ist gut! Und wunderbar tanzen tut er, das ist auch gut, ob er aber gründliche Kenntnisse hat, das ist ebenso wichtig! Er muss examiniert werden.« Und dann fing sie ganz allmählich an, ihn über einige der allerschwierigsten Dinge auszufragen, sie hätte selber nicht darauf antworten können; und der Schatten machte ein ganz sonderbares Gesicht.

»Darauf können Sie keine Antwort geben!«, sagte die Königstochter.

»Das habe ich schon als Kind gewusst«, sagte der Schatten, »ich glaube sogar, mein Schatten da drüben an der Tür kann das beantworten!«

»Ihr Schatten?«, sagte die Königstochter, »das wäre höchst merkwürdig!«

»Ja, ich sage nicht bestimmt, dass er es kann!«, sagte der Schatten, »aber ich möchte es annehmen, er hat mich nun so viele Jahre begleitet und zugehört – ich möchte es annehmen! Aber Euer Königliche Hoheit gestatten, wenn ich Sie darauf aufmerksam mache, dass er so stolz darauf ist, für einen Menschen gehalten zu werden, und wenn er in der richtigen Stimmung sein soll, und das muss er sein, um gut antworten zu können, dann muss er ganz wie ein Mensch behandelt werden.«

»Das gefällt mir gut!«, sagte die Königstochter.

Und dann ging sie zu dem gelehrten Mann an der Tür, und sie sprach mit ihm von Sonne und Mond und von den Menschen, über ihr Äußeres wie über ihr Inneres, und er antwortete sehr klug und gut.

»Was muss das für ein Mann sein, der einen so weisen Schatten hat!«, dachte sie. »Das wäre ein wahrer Segen für mein Volk und mein Reich, wenn ich ihn zu meinem Gemahl erwählte – ich tue es!«

Und sie wurden sich schnell einig, die Königstochter und der Schatten, aber keiner sollte etwas davon erfahren, bevor sie nicht in ihr eigenes Reich heim gekommen war. ◆

Dort schlägt der Schatten dem Gelehrten vor, von nun an für immer sein Schatten zu sein und mit ihm im Königsschloss zu wohnen. Dem gelehrten Mann wird das zu bunt, und er besteht darauf, dem Spuk ein Ende zu setzen. Doch es kommt anders.

🦢 »Ich habe das Grausigste erlebt, das man erleben kann!«, sagte der Schatten. »Denke dir – ja, so ein armes Schattenhirn kann nicht viel aushalten –, denk dir, mein Schatten ist verrückt geworden, er denkt, er wäre der Mensch und ich – denk dir nur –, ich wäre sein Schatten!«

»Das ist furchtbar!«, sagte die Prinzessin, »er ist hoffentlich eingesperrt?«

»Das ist er! Ich fürchte, er erholt sich nie.«

»Armer Schatten!«, sagte die Prinzessin, »er ist sehr unglücklich; es ist wirklich eine gute Tat, wenn man ihn von dem bisschen Leben befreit, das er hat, und wenn ich so recht darüber nachdenke, so glaube ich, es wird notwendig sein, dass ihm in aller Stille der Garaus gemacht wird!«

»Das ist allerdings hart!«, sagte der Schatten, »denn er war ein treuer Diener!«, und dann stieß er sozusagen einen Seufzer aus.

»Sie sind ein edler Charakter!«, sagte die Königstochter.

Am Abend war die ganze Stadt festlich beleuchtet, und die Kanonen gingen los: Bumm! und die Soldaten präsentierten das Gewehr. Das war eine

Hochzeit! Die Königstochter und der Schatten traten auf den Balkon hinaus, um sich zu zeigen und noch ein Hurra zu bekommen.

Der gelehrte Mann hörte nichts von alledem, denn man hatte ihn umgebracht. ◆

1861 schreibt Bjørnstjerne Bjørnson, der Literatur-Nobelpreisträger von 1903, an Jonas Collin jr.: »Es ist ganz falsch, das, was Andersen jetzt schreibt, als ›Märchen‹ zu bezeichnen. Das war die Bezeichnung für seine allerersten kleinen Geschichten, die sozusagen in eine Nußschale gelegt und wieder herausgenommen werden konnten, um die Welt zu umspannen. Zudem war die Form, in die diese Geschichten gegossen wurden, vollkommen – einzig und allein auf den Kern seines Themas bezogen. Inzwischen aber ist Andersen, oft ungerechterweise, aus dem Bereich des Romans, des Dramas und der philosophischen Erzählung hinausgedrängt worden, mit dem Ergebnis, dass diese hartnäckigen Gesellen sich an einer anderen Stelle ihren Weg durch den Fels gehauen haben, so dass jetzt bei ihm – Gott steh uns bei! – Roman, Drama und Philosophie im Märchen auftauchen! Dass dies keine Märchen mehr sind, ist klar. Es ist etwas genuin Andersianisches, das ohnehin beim literarischen Apotheker nicht frei erhältlich ist … Es ist etwas, dem nach oben und nach unten keine Grenzen gesetzt sind, also auch keine formalen – und das daher nur von einem echten Genie gebändigt werden kann … Doch diese Freiheit von jeder Beschränkung – diese Vorstellung, dass alle Formen und eine ganze Welt voller tragischer, komischer, lyrischer und epischer Ideen, alles Singen, Predigen, Scherzen, das Belebte und das Unbelebte miteinander verschmelzen wie im Paradies – das alles lässt uns immer wieder dem Erscheinen seines nächsten Werkes entgegenfiebern. Welches Geheimnis wird es lösen? Auf welche Reise wird es uns führen? Und wird es geglückt oder missglückt sein?«

In der Liebe hat Andersen resigniert, er schickt sich darein, dass Frauen nie andere als mütterliche oder schwesterliche Gefühle für ihn hegen werden. Seine Sexualität findet nur in seiner Einsamkeit statt und ist sublimiert in einem geradezu fieberhaften Schaffen. Die Welt hat vielleicht einen Familienvater verloren, einen großen Poeten hat sie gewonnen. Andersen schreibt für die Erwachsenen, legt aber den Samen der Leselust schon in die Seelen der Kinder. Viele Kollegen, allesamt große Namen in der Weltliteratur, lassen sich von seinem schein-naiven Ton nicht irritieren – sie lesen und schätzen ihn: Thomas Mann und Kafka, Fontane, Dickens und Oscar Wilde, Leo Perutz und G. K. Chesterton, Mallarmé, Joyce und Arno Schmidt.

Eröffnungsfeier der Weltausstellung 1851 im Londoner Kristallpalast

Der Flügelschlag eines unendlich mächtigen Geistes

Für mich beleuchtet die Wissenschaft gerade die göttliche Offenbarung; ich gehe mit offenen, sehenden Augen auf das Ziel los, zu dem die anderen sich blindlings hintasten. Dem Herrgott macht es nichts aus, dass man ihn mit dem gesunden Verstand anschaut, den er uns gegeben hat. Frieden und Versöhnung zwischen Natur und Bibel möchte ich!

Eine der Konstanten in der europäischen Geschichte seit dem Spätmittelalter ist das Phänomen der Beschleunigung. Bis zur Französischen Revolution (1789) gestalten die Gesellschaften Leben und Arbeit mit und nach der Natur, rhythmisiert lediglich durch die Glockenschläge der Klöster und Kirchen oder das Ticken der Uhren. Im Verkehr gibt es zwischen der Spätantike und dem 18. Jahrhundert keine wirklich spürbare Beschleunigung. Für die Strecke von Rom nach Paris benötigt man – immerhin 1500 Jahre lang – ungefähr 26 Tage.

Mit der Industriellen Revolution aber wächst die Beschleunigung in gewaltigen Sprüngen – Dampfmaschinen, Eisenbahnen, Dampfschiffe und Nachrichtenübermittlung sorgen für eine Geschwindigkeit, die die Sinne verwirrt. Die Eisenbahn gibt »der Zeit ein neues Tempo« vor, wie Heinrich Heine bemerkt. Goethe befürchtet, mit der Eisenbahn würden »junge Leute viel zu früh aufgeregt und dann im Zeitstrudel fortgerissen«, obendrein entziehe die rasende Bahn dem Reisenden den »Duft der Pflaume«.

Genau zur Hälfte des fortschrittstrunkenen 19. Jahrhunderts manifestiert im Jahr 1851 die große Weltausstellung in London den Glauben an das unausweichliche Fortschreiten menschlicher Geschichte in Richtung auf »die Verwirklichung der Einheit der Menschheit«, wie Prinz Albert, der Gatte der Königin Victoria, in seiner Eröffnungsrede sagt. Der Kristallpalast, in dem die Ausstellung stattfindet, ist selbst eine mächtige Demonstration des technischen Fortschritts.

Josef Paxton, der Erbauer des Kristallpalasts, hatte bei Glashäusern gute Erfahrungen mit Gusseisen gemacht. Jetzt errichtet er das erste Gebäude in Elementbauweise nach Methoden der industriellen Massenproduktion. Die Grundfläche des Kristallpalasts ist viermal größer als die des Petersdoms. Die Einzelteile sind in Serie produziert. Die größte Glasscheibe, die man damals herstellen kann, ist 1,20 m lang. Die daraus resultierende feine Gliederung verleiht dem Bauwerk ein fast ätherisches Aussehen.

Erst im 20. Jahrhundert wird man herausfinden, dass der Fortschritt kein Naturgesetz ist wie das der Schwerkraft, sondern eine Idee – und dazu noch eine relativ neue. Es ist unabweisbar richtig: Infolge der im 19. und frühen 20. Jahrhundert erzielten Fortschritte leben die Menschen länger, sterben weniger Kinder, werden viele besser ernährt, besser untergebracht und besser erzogen. Durch Dampfer, Lokomotive, Automobil und Flugzeug werden alle Teile der Welt miteinander verbunden. Gebiete der Welt, die zuvor praktisch nicht bewohnt werden konnten, werden erschlossen. Ein ganzes Jahrhundert lang hatte die Welt dem Glauben des Westens nachgeeifert, dass der Fortschritt in Politik, Wissenschaft und Kunst niemals abreißen werde, dass Fortschritt gleichbedeutend mit Verbesserung sei.

In der Maschinenhalle der Londoner Weltausstellung herrscht ohrenbetäubender Lärm – Lokomotiven, Schiffsmaschinen, hydraulische Pressen und Maschinenwebstühle, für die die britische Industrie berühmt ist, werden vorgeführt. Ausgestellt ist eine 31 Tonnen schwere Great-Western-Lokomotive, immerhin schon über 95 Stundenkilometer schnell. Und eine Druckpresse von Applegath & Cowper, die 5000 Exemplare der ILLUSTRATED LONDON NEWS pro Stunde drucken kann.

Mehr als 6500 Aussteller aus den verschiedensten Ländern der Welt sind gekommen. Der französische Stand lässt erkennen, dass die Industrie dort nicht mit der englischen zu vergleichen ist. Die industrielle Revolution macht in Frankreich – ganz im Gegensatz etwa zum benachbarten Belgien – nur langsame Fortschritte. Binnenzölle an Flüssen und zwischen den einzelnen Departements erschweren und verteuern den Handel. Aber – Frankreich gewinnt einen Preis für eine Wasserturbine, die besonders klein ist und daher auch in flachen Gewässern und Flüssen eingesetzt werden kann, und Louis

Die Great-Western-Lokomotive
»Knight«

Andersen und der Fortschritt

Daguerre führt sein fotografisches Verfahren vor. In der Erzeugung von Luxusgütern aber ist Frankreich unübertroffen. Es stellt die Waren her, die die jungen und hungrigen Neureichen endlich nobilitieren sollen: Porzellane, Kristall, Silber und Juwelen kommen aus Paris, Sèvres und Limoges, Teppiche aus Aubusson, Seiden und Tapisserien aus Lyon und feine Parfums aus Grasse.

Das immer noch in 39 kleine und kleinste Staaten zersplitterte Deutschland stellt 1851 in erster Linie handwerkliche Erzeugnisse aus – Porzellan aus Meißen, dazu Keramik, Plastiken und Rüstungen aus Bayern. Eine nennenswerte Industrie gibt es noch nicht, aber ein Erzeugnis wird in naher Zukunft von allergrößter Bedeutung sein – die gegossene Stahlkanone von Alfred Krupp aus Essen. Sie wird mit einer Goldmedaille ausgezeichnet, Krupp kann aber für seine Erfindung noch keine Käufer finden. Ganz im Gegensatz zu den isolierten Telegrafendrähten von Werner Siemens, durch die die Verlegung eines transatlantischen Kabels ermöglicht wird. Die Vernetzung der Weltmärkte durch Telegrafen- und Telefonleitungen treiben das Wirtschaftswachstum an. Die Kapazität der unterseeischen Telefonkabel legt in 17 Jahren um 70 Prozent zu. Londoner Börsenbroker müssen ein paar Jahre später nicht einmal mehr eine Minute auf eine Verbindung warten, wenn sie mit ihren Partnern in New York Kurse und Aufträge austauschen wollten.

Als in Dänemark die Telegrafie eingeführt wird, schreibt Andersen am 3. Juni 1853 begeistert an den Kollegen Carsten Hauch:

Bereits im Februar 1839 zeigt sich Andersen von Daguerres Erfindung fasziniert. »Ich habe lange und viel mit Ørsted darüber gesprochen«, schreibt er an Henriette Hanck. »Alle Gegenstände werden wie in einem Spiegelbilde aufgefangen und festgehalten; sieht man durchs Mikroskop, so entwickelt sich der feinste Punkt zu einem detaillierten Gegenstand. Man sieht die Feuchtigkeit auf den Steinen, erkennt die Tageszeit an der Beleuchtung. Nun kann man also höchst getreue Bilder von den Altertumsschätzen, herrliche Ansichten von tropischen Landschaften bekommen.«

Die große Industriehalle der Weltausstellung in Paris 1855

Eine kleine Episode, die für mich so groß war, muss ich Ihnen gegenüber doch erwähnen. Ich kam neulich, Montag, auf die Post, um dort Bescheid zu sagen, dass ich wegreise, und wohin man die Briefe schicken solle, die für mich kämen; ich traf im Hause Faber, der, wie Sie wissen, der Oberste im Kontor für den elektromagnetischen Draht in Kopenhagen ist; ich bat ihn, ob ich, wenn ich von meinem Sommerausflug zurückkäme, sehen dürfe, wie das mit dem Telegrafieren gemacht wird. Er forderte mich auf, ich könnte es gleich sehen und spüren, und wir gingen in den Raum hinüber, von wo aus der Draht nach Korsør und Helsingør geht. Er gab dem letztgenannten Ort ein Signal, das sogleich beantwortet wurde; er fragte, wie viele sie im Kontor in Helsingør seien, und sogleich ertönte die Antwort: »Drei Mann!« Es ging so schnell, als ob der Hammer, mit dem er gegen den Tischrand schlug, den Schlaghammer auf dem anderen Tischrand in Bewegung setzte. Jetzt erzählte er ihnen, dass ich in Kopenhagen im Kontor sei, und dass sie mir etwas Neues aus Helsingør erzählen sollten. »Warten Sie ein wenig!«, war die unverzügliche Antwort, und einige wenige Sekunden später ertönte das Signal, die Maschine arbeitete, und auf den langen Papierstreifen, den sie aus ihr hervorzogen, hatte die Einwirkung des elektrischen Stroms die Maschine folgendes drucken lassen:

Der Schiffer hat 'ne Ehefrau,
die ist sein beste Last;
das Kleine in der Wiege
zurrt er an des Schiffes Mast ...

Hans Christian Andersen, 1854

Es war der ganze erste Vers von einem meiner eigenen, ältesten Gedichte, das ich, glaube ich, in meiner Schulzeit in Helsingør gemacht habe. Ich fühlte mich so seltsam überwältigt von der Größe der Erfindung; es war, als spürte ich den Flügelschlag eines unendlich mächtigen Geistes; es gingen mir so viele Gedanken durch die Seele, dass ich schier weinen wollte und davoneilte, damit die Fremden dort nicht über meine Nervosität lachen sollten, wie sie es vielleicht genannt hätten. Es war für mich aber ein in höchstem Grade großartiger Moment, und wenn Sie selbst das Experiment noch nicht gesehen haben, dann gehen Sie unter allen Umständen eines Tages dorthin. ◆

Andersens sprühende Phantasie verarbeitet die technische Neuerung flugs in einem Märchentext.

Die große Seeschlange

Da war ein kleiner Seefisch aus guter Familie, des Namens entsinne ich mich nicht, den müssen die Gelehrten dir sagen. Der kleine Fisch hatte achtzehnhundert Geschwister, alle gleich alt; sie kannten weder ihren Vater noch ihre Mutter, sie mussten sofort allein fertigwerden und herumschwimmen, aber das war ein großes Vergnügen. Wasser zum Trinken hatten sie genug, das ganze Weltmeer, an die Nahrung dachten sie nicht, die würde schon kommen; jeder würde seinen Freuden nachgehen, jeder würde seine eigene Gechichte haben, ja, darüber dachte auch keines von ihnen nach.

Die Sonne schien ins Wasser hinab, es glitzerte um sie, es war so hell, es war eine Welt mit den erstaunlichsten Geschöpfen, und einige so schauerlich groß, mit riesigen Schlünden, die konnten die achtzehnhundert Geschwister verschlingen, aber darüber dachten sie auch nicht nach, denn keiner von ihnen war bis jetzt verschlungen worden. Die Kleinen schwammen zusammen, dicht nebeneinander, wie die Heringe und die Makrelen es tun; wie sie aber gerade so schön im Wasser schwammen und an nichts dachten, sank mit entsetzlichem Geräusch von oben, mitten zwischen ihnen hindurch, ein langes, schweres Ding herab, das gar nicht aufhören wollte; länger und länger wurde es, und jeder von den kleinen Fischen, der davon getroffen wurde, wurde zerquetscht oder bekam einen Knacks, von dem er sich nicht erholen konnte. Alle kleinen Fische, aber auch die großen, von der Meeresoberfläche bis ganz auf den Grund, schossen vor Entsetzen auseinander; das schwere, riesige Ding sank tiefer und tiefer, es wurde länger und länger, meilenlang, so lang wie das ganze Meer.

Fische und Schnecken, alles, was schwimmt, alles, was kriecht oder von den Strömungen getrieben wird, bemerkte dieses fürchterliche Ding, diesen unermesslichen, unbekannten Meeresaal, der ganz urplötzlich von oben heruntergekommen war.

Was war es nur für ein Ding? Ja, das wissen wir! es war der große, meilenlange Telegrafendraht, den die Menschen zwischen Europa und Amerika versenkten.

Es entstand ein Schrecken, wo der Draht versenkt wurde, es entstand ein Aufruhr unter den rechtmäßigen Bewohnern des Meeres.

1850 wird das erste Seekabel zwischen England und Frankreich gelegt. In achtjähriger Bauzeit (1857–1865) werden Europa und Amerika miteinander verbunden, was Andersen 1871 zur GROSSEN SEESCHLANGE anregt.

*Die Verlegung des transatlantischen
Kabels 1865/66 mit dem Raddampfer
»Great Eastern«. Holzstich, 1877*

»Lasst es liegen, wo es liegt! Es geht uns nichts an!«, sagte der vorsichtigste von den kleinen Fischen, aber der allerkleinste von ihnen wollte es nicht aufgeben, sich darüber zu unterrichten, was dies Ding sein könnte; von oben war es heruntergekommen, von oben musste man sich am besten Auskunft holen können, und so schwammen sie an die Meeresoberfläche, es war windstilles Wetter.

Dort trafen sie einen Delphin; das ist so ein Springinsfeld, ein Meerstreicher, der über die Wasserfläche hinweg Purzelbäume schlagen kann; er hatte Augen im Kopf, und er musste etwas gesehen haben und wissen; den fragten sie, aber er hatte nur an sich selbst und seine Purzelbäume gedacht, nichts gesehen, wusste nichts zu antworten, und so schwieg er und schaute stolz drein.

Darauf wandten sie sich an den Seehund, der gerade untertauchte; der war höflicher, obgleich er kleine Fische frisst; aber heute war er satt. Er wusste etwas mehr als der Springfisch.

»Ich habe manche Nacht auf einem nassen Stein gelegen und nach dem Land hinübergeschaut, meilenweit von hier entfernt; da gibt es arglistige Geschöpfe, man nennt sie in ihrer Sprache Menschen, sie stellen uns nach, aber meistens entschlüpfen wir ihnen doch, das ist mir klar geworden, und das ist auch dem Meeraal klar geworden, nach dem ihr fragt. Der ist in ihrer Gewalt gewesen, ist oben am Land gewesen, sicher seit unvordenklichen Zeiten; von dort haben sie ihn auf einem Schiff mitgenommen, um ihn übers Meer in ein anderes, fernes Land zu bringen. Ich sah, was für Mühe sie hatten, aber sie konnten mit ihm fertigwerden, der war ja an Land schlapp geworden. Sie legten ihn in Ringe und Kreise, ich hörte, wie er rasselte und raschelte, als sie ihn hinlegten, aber er ist ihnen doch entkommen, ist hier herausgekommen. Sie haben ihn mit aller Kraft fest gehalten, viele Hände hielten fest, er entwischte trotzdem und gelangte auf den Grund; da liegt er, denke ich, bis auf weiteres!«

»Der ist ein bisschen dünn!«, sagten die Fischlein.

»Die haben ihn ausgehungert!«, sagte der Seehund, »aber er erholt sich wohl bald, erhält seinen alten Umfang und seine Größe zurück. Ich nehme an, es ist die große Seeschlange, vor der die Menschen solche Furcht haben und von der sie so viel reden; ich habe sie bis jetzt noch nie gesehen und nie an sie geglaubt; jetzt glaube ich, die ist das!«, und dann tauchte der Seehund.

Da kam eine alte Seekuh an. Die Menschen nennen diese Art Seejungfrau oder Wassermann. Eine Sie war sie, hatte einen Schwanz und zwei kurze Arme zum Platschen, eine Hängebrust und Tang und Schmarotzer am Kopf, und auf die war sie stolz.

»Wollt ihr Wissen und Kenntnisse haben?«, fragte sie, »dann bin ich sicher die einzige, die welche vermitteln kann; aber ich verlange dafür gefahrenfreien Weideplatz auf dem Meeresgrunde für mich und die Meinen. Ich bin ein Fisch wie ihr, und ich bin durch Übung auch Kriechtier. Ich bin die Klügste im Meer; ich weiß über alles Bescheid, was sich hier unten tut, und über alles, was oben vorgeht. Das Ding da, über das ihr euch den Kopf zergrübelt, ist von oben, und was von da oben herunterplumpst, ist tot oder wird tot und kraftlos; lasst es liegen als das, was es ist. Es ist nur ein menschlicher Einfall!«

»Ich glaube aber, an dem ist ein bisschen mehr dran!«, sagte der kleine Seefisch.

»Halt den Mund, Makrele!«, sagte die große Seekuh.

»Stichling!«, sagten die anderen, und das war noch verletzender.

Und die Seekuh erklärte ihnen, das ganze Alarmtier, das ja übrigens keinen Mucks von sich gab, wäre eine Erfindung vom trockenen Land. Und sie hielt einen kleinen Vortrag über die Arglist der Menschen.

»Sie wollen uns zu fassen kriegen«, sagte sie, »das ist das einzige, wofür sie leben; sie spannen Netze aus, kommen mit Ködern am Haken, um uns zu locken. Dies hier ist irgendeine große Angelleine, von der sie hoffen, wir beißen an, die sind so dumm! Das sind wir nicht! Rührt bloß das Machwerk nicht an, das geht auseinander, wird zu lauter Fasern und Schlamm, das Ganze. Was von oben kommt, ist Bruch und Lug und Trug, ist nichts wert!«

»Nichts wert!«, sagten alle Meeresgeschöpfe und hielten sich an die Meinung der Seekuh, um eine Meinung zu haben. Der kleine Seefisch blieb bei seinem Gedanken, »Die unglaublich lange dünne Schlange ist wahrscheinlich der wundersamste Fisch im Meer. Ich habe so ein Gefühl.«

»Der wundersamste!«, sagen wir Menschen auch und sagen es auf Grund unserer Kenntnisse und mit Überzeugung.

Die große Seeschlange ist es, von altersher in Lied und Sage erwähnt.

Sie ist durch menschliche Genialität zur Welt gekommen und großgezogen worden, ist ihr entsprungen und auf den Meeresgrund gelegt worden, erstreckt sich von den Ländern im Osten zu den Ländern im Westen und bringt Botschaft so schnell wie der Strahl des Lichts von der Sonne bis zu unserer Erde. Sie wächst und wächst an Macht und Verbreitung, wächst Jahr um Jahr, durch alle Meere, rund um die Erde, unter den stürmischen Wassern und den glasklaren Wassern, wo der Schiffer hinunter blickt, als segelte er in durchsichtiger Luft, wo er ein Fischgewimmel sieht, ein ganzes Farbenfeuerwerk.

Ganz unten streckt sich die Schlange aus, eine Midgardschlange voller Segen, die sich in den Schwanz beißt, indem sie die Erde umfängt. Fische und Kriechtiere laufen mit der Stirn dagegen, sie verstehen das Ding von dort oben ja doch nicht; die mit Gedanken angefüllte, in allen Sprachen kündende und dennoch lautlose Schlange des Wissens auf Gedeih und Verderb, das wundersamste von allen Wundern des Meeres, die große Seeschlange unserer Zeit. ◆

Nicht alle finden die Errungenschaften der industriellen Revolution wunderbar, nachdenkliche Beobachter sehen traditionelle Werte der Gesellschaft bedroht. Die Hinwendung der Menschen zum materiellen Fortschritt lässt Papst Pius IX. in Rom für die Religion fürchten – der Handel sei zur Religion geworden und die Fabrik zum Schrein. Dickens in London, Dostojewski in St. Petersburg und Victor Hugo in seinem Exil auf der britischen Kanalinsel

Andersen und der Fortschritt

Guernsey fürchten um die Menschenwürde der unteren Schichten. Und Karl Marx ist damit beschäftigt, Material für Das Kapital zu sammeln, das Werk, mit dem er den Sturz der kapitalistischen Gesellschaft initiieren will.

In den Neuentdeckungen der Naturwissenschaft sieht Andersen den Geist der Zeit am Werk. Technik zählt für Andersen zu den wunderbaren Seiten des Daseins: »Unser Zeitalter ist nicht länger das der Phantasie und des Gefühls, es gehört dem Verstand an, die technische Fertigkeit in jeder Kunst und jedem Gewerbe ist nun zur allgemeinen Bedingung ihrer Ausübung geworden.«

Doch sein Fortschrittsglaube ist nicht blind, er wittert auch die Gefahren, die in einer allzu starken Wissenschaftsgläubigkeit liegen und auch darin, dass der aufblühende Materialismus alles nur seiner strengen Rationalität unterwerfen will. An Henriette Wulff schreibt er am 27. Dezember 1855:

Meine liebe, treue Freundin!

Mit Poesie, das wissen Sie ja, geht es nicht so, wie Abildgaard zu Oehlenschläger sagte: »Ja, wir Maler müssen Studien machen, sammeln und denken! Der Dichter setzt sich eines Morgens früh hin und träumt ein Buch fertig!« Es gehört wahrlich mehr dazu, als zu träumen! Was die Idee zu meinem neuen Roman anbetrifft, so muss ich Sie ein wenig in die geistigen Bewegungen jener Zeit einführen, die ich einfangen möchte. Sie wissen, dass sich, vor allem in Deutschland, durch tüchtige Gelehrte der Materialismus ausbreitet, indem man wissenschaftlich alles Einfache klärt. Die Welt besteht aus Materie und Kraft, und je nachdem wie beides sich mischt, entsteht ein Stein, eine Pflanze, ein Tier oder ein Mensch. Die ganze kunstvolle Maschinerie wird auf das vollkommenste erklärt; aber es bleibt trotzdem nur Maschinerie, und das Ganze scheint mir demzufolge ein Dasein voller Verzweiflung zu sein. Der Mensch wird demnach nur ein Glied in einer ganzen Schöpfungsart; Unsterblichkeit – Gott selbst – verschwindet; es ist grauenhaft! Es kann nicht so sein, und das, fühle ich, kann ich gesund und schlicht beweisen, und zwar sogar durch die Kraft des Humors, jenes, der am leichtesten im Zeitalter wirkt. Es gibt – und zwar in hohem Grade auch bei uns – einen geistigen Kampf zwischen Religion und Wissenschaft; der Bischof predigte diesen ja schon gegen Ørsted, und kürzlich hat Professor Nielsen in seinem Universitätsprogramm klar ausgesprochen, dass man entweder die Bibel ablehnen muss oder die Wissenschaft; die beiden stehen gegeneinander! Dagegen aufzutreten, wie Sie es schon im Märchen meines Lebens gesehen haben, ist mir ein Bedürfnis. Für mich beleuchtet die Wissenschaft gerade die göttliche Offenbarung; ich gehe mit offenen, sehen-

Nicolai Abraham Abildgaard (1743–1809), ein dänischer Allegorienmaler, Architekt und Dekorateur, ist einer der Lehrer Thorvaldsens.

den Augen auf das Ziel los, zu dem die anderen sich blindlings hintasten. Dem Herrgott macht es nichts aus, dass man ihn mit dem gesunden Verstand anschaut, den er uns gegeben hat. Frieden und Versöhnung zwischen Natur und Bibel möchte ich! Kann ich diese Aufgabe lösen, dann geht auch dieses, das alles Göttliche verschlingende Ungeheuer des Materialismus zugrunde! ◆

Von der romantischen Sehnsucht nach verschwundenen Zeiten, insbesondere der herrlichen Zeit des angeblich so heilen Mittelalters, will Andersen überhaupt nichts wissen. Er schätzt nicht nur Eisenbahnen, Fotografien und Telegrafendrähte, auch die vom Fortschritt zum Positiven veränderte Stadt mit besseren Straßen, Kanalisation und Straßenbeleuchtung findet seinen Beifall. In der satirischen Geschichte von den GALOSCHEN DES GLÜCKS wird von Justizrat Knap berichtet. Andersen beschreibt ein Kopenhagen ohne feste Straßen, ohne Beleuchtung und Kanalisation.

🦢 Es war spät. Justizrat Knap, noch ganz vertieft in König Hans Zeit, wollte nach Hause, und nun war es ihm beschieden, dass er an Stelle seiner Galoschen die des Glückes bekam, als er nun auf die Oststraße hinaustrat; jedoch durch der Galoschen Zauberkraft war er in die Zeit des Königs Hans zurückversetzt, und deshalb setzte er seinen Fuß mitten in Schlamm und Morast auf der Straße, da es in jenen Zeiten noch keine gepflasterten Wege gab.

»Es ist ja fürchterlich, wie schmutzig es hier ist!«, sagte der Justizrat. »Der ganze Bürgersteig ist weg, und alle Laternen sind aus!«

Der Mond war noch nicht aufgegangen und die Luft überdies ziemlich neblig, so dass alles ringsum im Dunkel verschwamm. An der nächsten Ecke hing jedoch eine Laterne vor einem Madonnenbilde, aber diese Beleuchtung war so gut wie keine, er bemerkte sie erst, als er gerade darunter stand und seine Augen auf das gemalte Bild mit Mutter und Kind fielen.

»Das ist wahrscheinlich«, dachte er, »eine Kunsthandlung, wo vergessen worden ist, das Schild hereinzunehmen!«

Ein paar Menschen, in der damaligen Tracht, gingen an ihm vorbei.

»Wie sahen die denn aus! Sie kamen wahrscheinlich von einem Maskenfest!«

Da erklangen mit einem Male Trommeln und Pfeifen, und Fackeln leuchteten auf. Der Justizrat blieb stehen und sah nun einen wunderlichen Zug vorbeiziehen. Voran ging ein ganzer Trupp Trommelschläger, die ihr Instrument recht artig bearbeiteten, ihnen folgten Trabanten mit Bogen und Armbrüsten. Der Vornehmste im Zuge war ein geistlicher Herr. Erstaunt fragte der Justizrat, was das zu bedeuten habe und wer jener Mann wäre.

»Das ist der Bischof von Seeland!«, antwortete man ihm.

»Herrgott! was fällt denn dem Bischof ein?«, seufzte der Justizrat und schüttelte mit dem Kopfe. Der Bischof konnte es doch nicht gut sein. Darüber nachgrübelnd und nicht rechts, nicht links blickend ging der Justizrat durch die Oststraße über den Hohenbrückenplatz. Die Brücke zum Schlossplatz war nicht zu finden. Er sah undeutlich ein seichtes Flussufer und stieß hier endlich auf zwei Männer, die ein Boot bei sich hatten.

»Will der Herr nach dem Holm übergesetzt werden?«, fragten sie.

»Nach dem Holm hinüber?«, sagte der Justizrat, der ja nicht wusste, in welchem Zeitalter er herumwanderte. »Ich will nach Christianshafen hinaus in die kleine Torfgasse!«

Die Männer sahen ihn an.

»Sagt mir doch, wo die Brücke ist!«, sagte er. »Es ist schändlich, dass hier keine Laternen angezündet sind, und dann ist es ein Schmutz hier, als ob man im Sumpf watete!«

Je länger er mit den Bootsmännern sprach, um so unverständlicher wurden sie ihm.

»Ich kann euer Bornholmisch nicht verstehen!«, sagte er zuletzt wütend und wandte ihnen den Rücken. Die Brücke konnte er nicht finden; ein Geländer war auch nicht da! »Es ist ein Skandal, wie es hier aussieht!«, sagte er. Niemals hatte er sein Zeitalter elender gefunden, als an diesem Abend. »Ich glaube, ich werde eine Droschke nehmen müssen!«, dachte er, aber wo eine hernehmen? Zu sehen war jedenfalls keine. Ich werde zum Königsneumarkt zurückgehen müssen, dort halten wohl Wagen, sonst komme ich nie nach Christianshafen hinaus!« (…)

Nun stieß er auf eine halboffene Türe, durch deren Spalt Licht fiel. Es war eine der Herbergen der damaligen Zeit, eine Art Bierhaus. Die Stube hatte das Aussehen einer holsteinischen Diele. Eine ganze Menge guter Bürger, bestehend aus Schiffern, Kopenhagener Patriziern und ein paar Gelehrten saßen hier in Gespräche vertieft bei ihren Krügen und gaben nur wenig acht auf den Eintretenden.

»Verzeihung!«, sagte der Justizrat zu der Wirtin, die ihm entgegenkam, »mir ist plötzlich unwohl geworden! Wollen Sie mir nicht eine Droschke nach Christianshafen hinaus holen lassen?«

Die Frau sah ihn an und schüttelte den Kopf; darauf sprach sie ihn in deutscher Sprache an. Der Justizrat nahm an, dass sie der dänischen Zunge nicht mächtig sei und brachte daher seinen Wunsch auf deutsch vor; dies, wie auch seine Tracht bestärkten die Frau darin, dass sie einen Ausländer vor sich habe; dass er sich krank fühle, begriff sie schnell und gab ihm deshalb einen

Krug Wasser, das freilich abgestanden schmeckte, obgleich es aus dem Brunnen war.

Der Justizrat stützte seinen Kopf in die Hand, holte tief Luft und grübelte über all das Seltsame rundum.

»Ist das Der Tag von heute abend?«, fragte er, nur um etwas zu sagen, als er die Frau ein großes Stück Papier weglegen sah.

Sie verstand nicht, was er meinte, reichte ihm aber das Blatt. Es war ein Holzschnitt, der eine Lufterscheinung, die sich in der Stadt Köln gezeigt hatte, darstellte.

»Das ist sehr alt!«, sagte der Justizrat und wurde ganz aufgeräumt bei dem Gedanken, dass er ein so altes Stück entdeckt habe. »Wie sind Sie zu diesem seltenen Blatte gekommen? Das ist sehr interessant, obgleich es eine Fabel ist. Man erklärt sich dergleichen Lufterscheinungen als Nordlichter. Aber wahrscheinlich werden sie durch Elektrizität hervorgerufen!«

Diejenigen, die in der Nähe saßen und seine Rede gehört hatten, sahen verwundert zu ihm auf, und einer von ihnen erhob sich, lüftete ehrerbietig den Hut und sagte mit der ernsthaftesten Miene: »Ihr seid gewiss ein hochgelehrter Herr, Monsieur!«

»O nein«, erwiderte der Justizrat, »ich kann nur von diesem und jenem mitsprechen, wie es ja ein jeder können sollte!«

»Bescheidenheit ist eine schöne Tugend!«, sagte der Mann. »Im übrigen muss ich zu Eurer Rede sagen, dass ich anderer Meinung bin, doch will ich hier gern mein Urteil zurückhalten!«

»Darf ich nicht fragen, mit wem ich das Vergnügen habe, zu sprechen?«, fragte der Justizrat.

»Ich bin Baccalaureus der Heiligen Schrift!«, antwortete der Mann.

Der Baccalaureus ist seit dem 13. Jahrhundert der unterste akademische Grad. In den angloamerikanischen Ländern ist der Bachelor gebräuchlich, abgekürzt B. A. (Bachelor of Arts) oder B. S. (Bachelor of Science).

Diese Antwort war dem Justizrat genug. Der Titel entsprach hier der Tracht; es ist sicher, so dachte er, ein alter Landschulmeister, so ein sonderlicher Kauz wie man sie noch ab und zu in Jütland da oben antrifft.

»Hier ist wohl nicht eigentlich der rechte Ort zu Gesprächen«, begann der Mann, »doch bitte ich Euch, Euch zum Sprechen zu verstehen. Ihr seid gewiss sehr belesen in den Alten!«

»O ja, einigermaßen!«, antwortete der Justizrat, »ich lese gern alte, nützliche Schriften, aber ich habe auch viel für die neueren übrig, nur nicht für die Alltagsgeschichten, die erleben wir genug in der Wirklichkeit!«

»Alltagsgeschichten?«, fragte unser Baccalaureus.

»Ja, ich meine diese neuen Romane, die man jetzt hat.«

Andersen und der Fortschritt

»O«, lächelte der Mann, »sie enthalten doch viel Geist und werden auch bei Hofe gelesen; der König liebt besonders den Roman von Herrn Ivent und Herrn Gaudian, der von König Artus und den Rittern seiner Tafelrunde handelt. Er hat darüber mit seinen hohen Herren gescherzt!«

»Ja, den habe ich noch nicht gelesen!«, sagte der Justizrat, »das muss etwas ganz neues sein, das Heiberg herausgegeben hat!«

»Nein«, antwortete der Mann, »der ist nicht bei Heiberg herausgekommen, sondern bei Gottfried von Gehmen!«

»So ist das der Verfasser?«, fragte der Justizrat. »Das ist ein sehr alter Name. Das ist ja der erste Buchdrucker, den es in Dänemark gab.«

»Ja, das ist unser erster Buchdrucker!«, sagte der Mann. Bis dahin ging alles gut; nun sprach einer der guten Bürgersleute von der schrecklichen Pestilenz, die vor ein paar Jahren geherrscht habe, und meinte damit die vom Jahre 1484. Der Justizrat nahm an, dass von der Cholera die Rede sei, und so ging der Diskurs recht gut vonstatten. Der Freibeuterkrieg von 1490 lag nahe, dass er berührt werden musste. Die englischen Freibeuter hätten die Schiffe von der Reede genommen, meinten sie, und der Justizrat, der sich so recht in die Begebenheiten von 1801 hineingelebt hatte, stimmte vortrefflich gegen die Engländer mit ein. Die übrige Unterhaltung dagegen lief nicht so gut ab. Jeden Augenblick schulmeisterten sie sich gegenseitig. Der gute Baccalaureus war doch allzu unwissend, und ihm erschienen des Justizrats einfachste Bemerkungen zu dreist und fantastisch. Sie sahen einander scharf an, und wurde es gar zu arg, so sprach der Baccalaureus Latein, weil er glaubte, so besser verstanden zu werden, aber es half nicht viel. (…)

Niemals war er in so roher und beschränkter Gesellschaft gewesen. »Man könnte fast glauben, das Land sei zum Heidentum zurückgekehrt«, meinte er, »dies ist der schrecklichste Augenblick meines Lebens!«

Aber gleichzeitig kam ihm der Gedanke, sich unter den Tisch zu bücken, zur Tür hinzukriechen und zu sehen, wie er hinausschlüpfen könne. Aber als er am Ausgange war, merkten die anderen, was er vorhatte; sie ergriffen ihn bei den Beinen, und da, zu seinem größten Glück, gingen die Galoschen ab – und mit diesen der ganze Zauber.

Der Justizrat sah ganz deutlich eine helle Laterne vor sich brennen, und hinter dieser lag ein großes Haus, er erkannte es ebenso wie die Nachbarhäuser. Es war die Oststraße, wie wir sie alle kennen. Er selbst lag mit den Beinen gegen eine Tür, und geradeüber saß der Wächter und schlief.

»Du mein Schöpfer, habe ich hier auf der Straße gelegen und geträumt!«, sagte er. »Ja, das ist die Oststraße! Wie

»Die Galoschen des Glücks«. Illustration von Vilhelm Pedersen

prächtig hell und bekannt! Es ist doch schrecklich, wie das Glas Punsch auf mich gewirkt haben muss!«

Zwei Minuten später saß er in einer Droschke, die mit ihm nach Christianshafen fuhr. Er dachte an all die Angst und Not, die er überstanden hatte, und pries aus ganzem Herzen die glückliche Wirklichkeit, unsere Zeit, die mit all ihren Mängeln doch weit angenehmer war, als die, in der er sich kürzlich befunden hatte. Und es war vernünftig von dem Justizrat gedacht!

Andersen begreift seine Zeit als eine Epoche des Fortschritts, und auch sein Wunsch, damit möglicherweise zugleich die festgefügten Grenzen zwischen den gesellschaftlichen Klassen zu lockern, hängt eng damit zusammen. Aufgrund seiner eigenen Erfahrungen kann er von der Zukunft nur Besseres erwarten. ◆

Dänemark verändert sich in Andersens letzten Jahrzehnten gründlich. Eine Welt der Technik zieht herauf, in der »Meister Blutlos«, wie Andersen den Dampf nennt, regiert. Den Vormarsch der Industrie erlebt Andersen um 1850 in Dänemark vor allem in der neu entstandenen Stadt Silkeborg, der ersten Stadt in Dänemark, die um eine Fabrik – eine Papierfabrik – herum gebaut wurde. Er bewundert die Industrialisierung, allerdings hat er auch Vorbehalte. Er sieht, dass diese Entwicklung unumkehrbar in die traditionellen Werte, in die Natur und die Poesie eingreift. Aber er will auch im Lärm der Maschinen das verheißungsvolle Brausen der Zukunft hören. Seine Bedenken formuliert er eher zögerlich und in Randbemerkungen. Thematisiert werden sie am ehesten in dem Märchen DIE DRYADE, seinem großen Alterswerk über die Weltausstellung in Paris. Und auch die geliebte Eisenbahn, die er in seinen Reisebüchern rückhaltlos feiert, findet in seinen Tagebuchnotizen eine ambivalente Würdigung, in einem veröffentlichten Text aus dem Jahr 1842 wird sie von ihm geradezu hymnisch besungen.

Tagebuch

Dienstag, den 10. November nach Magdeburg, einer ansehnlichen Stadt mit Festungswerk. Ich trank Kaffee im »Stadt Petersburg« und ging um sieben Uhr mit ein wenig Eisenbahnfieber zur Eisenbahn, um zum ersten Mal in meinem Leben mit Dampf zu fahren. Mir war, als begäbe ich mich in die Gewalt meines Gottes. Ich war zusammen mit einem Mann, der am Vorabend mit dem Elbedampfschiff gekommen war. (Gestern, als wir aus Braunschweig fuhren, sah ich zum ersten Mal einen Dampfwagen, doch nur den Rauch, er kam aus

Die Eisenbahnlinie Leipzig–Dresden, Radierung von 1837

Wolfenbüttel und fuhr nach Braunschweig; es sah aus wie eine Rakete, die in gerader Linie über das Feld sauste.) Heute versuchte ich es nun selbst. – Jetzt habe ich eine Vorstellung davon, dass sich die Erde dreht, nahe bei mir bewegten sich Gräser und Äcker wie das schnurrende Spinnrad, nur die entferntesten Gegenstände schienen ihre gewohnte Ruhe zu behalten. Jetzt kann ich mir den Flug der Zugvögel vorstellen, so müssen sie die Städte hinter sich lassen. Es war, als liege die eine Stadt nahe bei der anderen. Es hat durchaus etwas von Hexerei; mir schien, ich sei ein Magier, hätte meinen Drachen vor meinen Wagen gespannt und schösse nun an den armen Sterblichen vorbei, die, wie ich sah, auf den Seitenwegen mit ihren Fahrzeugen krochen, als wären es Schnecken; wenn der Dampf abgelassen wird, klingt es, als würde ein Dämon stöhnen. – Die Signalpfeife ist abscheulich, es ist, als höre man ein Schwein quieken, wenn es das Messer in den Leib bekommt. – Ich war allein mit einem Mann in einem für acht Personen bestimmten Raum, mir kam der Gedanke, wenn er nun verrückt sei und seinen Raptus bekäme, mir wurde ganz heiß dabei. Bei Köthen bekamen wir vier Passagiere, einer von ihnen war sehr gesprächig und hatte eine Stimme wie ein heiseres Frauenzimmer. Von sieben Uhr bis kurz nach halb zehn hatten wir den ganzen Weg von Magdeburg nach Leipzig über Halle geschafft, fünfzehn Meilen und ein bisschen. Ich zog in das »Stadt Rom«, wo ich nun dieses schreibe, hoch oben mit der Aussicht über den Eisenbahn-Hof, ich habe die nach Dresden und Magdeburg fahrenden Dampfwagen gesehen. ◆

Meisterlich ist Andersens Talent, Kindern Abstraktes zu vermitteln. So beschreibt er ein Mikroskop, ohne jemals dies Wort zu verwenden. »Der Wassertropfen von der stehenden Wasserpfütze hat eine ganze lebendige Welt in sich«, beobachtet er – aus diesem Keim entfaltet sich später das Märchen.

Der Wassertropfen

Du kennst doch wahrscheinlich ein Vergrößerungsglas, so ein rundes Brillenglas, in dem alles hundertmal größer aussieht, als es ist? Wenn man das nimmt und vors Auge hält und sich einen Wassertropfen draußen vom Teich ansieht, dann sieht man Tausende von seltsamen Tieren, die man sonst nie im Wasser sieht, aber sie sind da, und es ist richtig. Es sieht beinahe so aus wie ein ganzer Teller voller Krabben, die durcheinanderhüpfen, und die sind ganz räuberisch, sie reißen sich gegenseitig Arme und Beine, Ecken und Enden aus, und dennoch sind sie auf ihre Art fröhlich und zufrieden.

Nun war da einmal ein alter Mann, den alle Leute Kribbel-Krabbel nannten, so hieß er nämlich. Er wollte ewig und immer aus jeder Sache das Beste herausholen, und wenn es gar nicht gehen wollte, dann holte er es sich durch Zauberei.

Da sitzt er eines Tages mit dem Vergrößerungsglas vor dem Auge und sieht sich den Wassertropfen an, der draußen aus einer Wasserpfütze im Graben genommen worden war. Nein, wie es da kribbelte und krabbelte! All die Tausende von Tierchen hüpften und sprangen, zerrten eins am anderen und knabberten sich gegenseitig an.

»Ja, aber das ist doch abscheulich!«, sagte der alte Krib-bel-Krabbel. »Kann man sie nicht dazu bringen, in Ruhe und Frieden miteinander zu leben und jedem das Seine zu lassen?«, und er überlegte und überlegte, aber es wollte nicht gehen, und da musste er denn zaubern. »Ich muss ihnen Farbe geben, damit sie deutlich hervortreten!«, sagte er, und dann goss er einen Tropfen von so etwas Ähnlichem wie Rotwein in den Wassertropfen, aber es war Hexenblut, die allerfeinste Sorte zu zwei Schilling; und nun wurden all diese sonderbaren Tiere am ganzen Körper rosa, es sah aus wie eine ganze Stadt von nackten Wilden.

»Was hast du da?«, fragte ein anderer alter Troll, der keinen Namen hatte, und das war gerade das Feine an ihm.

»Ja, kannst du raten, was es ist«, sagte Kribbel-Krabbel, »dann schenke ich es dir; aber es ist nicht so leicht zu raten, wenn man es nicht weiß!«

Und der Troll, der keinen Namen hatte, sah durch das Vergrößerungsglas.

*Das Diorama
von Carl Wilhelm Gropius
in der Georgenstraße, Berlin.
Stahlstich, um 1830*

Es sah wirklich aus wie eine ganze Stadt, wo alle Menschen ohne Kleider herumliefen! Es war grausig, aber noch grausiger war es zu sehen, wie einer den anderen puffte und stieß, wie sie sich zwickten und zwackten, sich gegenseitig bissen und aneinander herumzerrten. Was zuunterst war, sollte nach oben, und was zuoberst war, sollte nach unten! »Sieh! sieh! sein Bein ist länger als meins! paff! weg damit! Da ist einer, der hat einen kleinen Pickel hinterm Ohr, einen kleinen harmlosen Pickel, aber der quält ihn, und dann mag er sich ruhig noch mehr quälen!«, und sie hackten hinein, und sie zerrten ihn hervor, und sie fraßen ihn auf wegen des kleinen Pickels. Einer saß da so still wie ein Jungfräulein und wünschte sich nichts als Ruhe und Frieden, aber nun musste die Jungfrau heraus, und sie zerrten an ihr, und sie rissen an ihr, und sie fraßen sie auf.

»Das ist ungemein lustig!«, sagte der Troll.

»Ja, aber was denkst du denn, was das ist?«, fragte Kribbel-Krabbel. »Kannst du es erraten?«

»Das ist doch leicht zu erkennen!«, sagte der andere, »das ist Kopenhagen oder eine andere Großstadt, die sind ja alle miteinander gleich. Eine große Stadt ist es!«

»Es ist Grabenwasser!«, sagte Kribbel-Krabbel. ◈

Der Märchendichter schätzt weder Postkutschengeruhsamkeit noch Segelschiffromantik. Für das Moderne, das Neue und ›Interessante‹, hat Andersen eine nervöse Witterung. »Ich bin doch ein seltsames Wetterglas!«, heißt es 1864 im Tagebuch. 1834 besichtigt er in Berlin das Diorama von Carl Wilhelm Gropius, 1840 reist er erstmals mit der Eisenbahn –

Fotopionier Daguerre hat sich auch das Diorama (griech. »Durchschaubild«) ausgedacht. Das ist eine perspektivische Darstellung, bei der ein perfekter räumlicher Eindruck entsteht. Ein Diorama ist kein einfaches Modell. Der Maßstab von Figuren und Körpern ist variabel und muss entsprechend der Perspektive angepasst werden. Der Bildhintergrund ist meistens gemalt und fügt sich nahtlos an die Modellbauten an. Dioramen stellen an den Modellbauer und Maler größte Anforderungen.

»Welche Großtat des Geistes ist doch diese Erfindung!« Es zieht ihn zum Neuen, das ihm die Welt im Flug zeigt, das ihn selbst »mächtig wie einen Zauberer der alten Zeit« werden lässt. Dampfmaschinen und Lokomotiven werden zum organischen Bestandteil seiner Märchenwelt. Er träumt von den Verkehrsmöglichkeiten der Zukunft, sogar von einem zu schreibenden Roman über das Fliegen. Zwölf Jahre später wird er das überaus hellsichtige Märchen In Jahrtausenden schreiben.

In Jahrtausenden

Ja, in Jahrtausenden werden sie auf den Flügeln des Dampfes durch die Lüfte über das Weltmeer daherkommen! Die jungen Bewohner Amerikas besuchen das alte Europa. Sie kommen zu den Denkmälern und den zu jener Zeit versinkenden Stätten, so wie wir Heutige zu den zerfallenden Herrlichkeiten Südasiens ziehen.

In Jahrtausenden kommen sie!

Die Themse, die Donau, der Rhein fließen noch immer dahin; der Montblanc steht da mit seiner schneeigen Zinne, das Nordlicht flammt über den Ländern des Nordens, aber die Geschlechter sind eins nach dem anderen zu Staub geworden, die Reihen der Mächtigen des Augenblicks sind vergessen, wie jene, die jetzt im Hünengrab schlummern, wo der wohlhabende Mehlhändler, auf dessen Grund und Boden es liegt, sich eine Bank zurechtzimmert, auf der er sitzen und über den flachen, wogenden Getreideacker schauen kann.

»Nach Europa!«, heißt es unter dem jungen Geschlecht Amerikas, »ins Land der Väter, das herrliche Land der Erinnerungen und der Phantasie, nach Europa!«

Das Luftschiff kommt; es ist von Reisenden überfüllt, denn die Fahrt geht schneller als zur See; der elektromagnetische Draht unter dem Weltmeer hat schon telegrafiert, wie groß die Luftkarawane ist. Schon ist Europa zu sehen, es ist die Küste von Irland, die man erblickt, aber die Fahrgäste schlafen noch; sie möchten erst geweckt werden, wenn sie über England sind; dort betreten sie Europas Erde im Lande Shakespeares, wie es bei den Söhnen des Geistes heißt; das Land der Politik, der Maschinen, nennen es andere.

Hier wird ein ganzer Tag Aufenthalt gemacht, so viel Zeit hat das betriebsame Geschlecht für das große England und Schottland übrig.

Die Reise geht weiter durch den Kanaltunnel nach Frankreich, dem Lande Karls des Großen und Napoleons, Molière wird erwähnt, die Gelehrten spre-

»Luftschifffahrt«. Karikatur von 1843

chen von klassischer und romantischer Schule im fernen Altertum, und es wird über Helden, Skalden und Gelehrte gejubelt, die unsere Zeit noch nicht kennt, die aber auf Europas Krater geboren werden sollen: in Paris.

Der Luftdampfer fliegt über das Land hinweg, von dem Columbus auszog, wo Cortéz geboren wurde und wo Calderón Dramen in wogenden Versen sang; wunderbare schwarzäugige Frauen wohnen in den blühenden Tälern, und in uralten Liedern wird des Cid und der Alhambra gedacht.

Durch die Luft über das Meer nach Italien, über die Stelle hinweg, wo das alte, ewige Rom lag; es ist zerstört, die Campagna eine Wüste; von der Peterskirche wird noch ein einsam stehender Rest eines Gemäuers gezeigt, aber seine Echtheit wird angezweifelt.

Andersen und der Fortschritt 199

Nach Griechenland, um in dem üppigen Hotel auf dem Gipfel des Olymp zu übernachten, damit man da gewesen ist; die Fahrt geht weiter dem Bosporus zu, wo man einige Stunden Rast machen und sich die Stelle ansehen will, wo einst Byzanz gelegen hat; arme Fischer hängen ihre Netze aus, wo nach der Sage der Garten des Harems zur Zeit der Türken lag.

Überreste riesiger Städte an der kraftvollen Donau, Städte, die unsere Zeit nicht gekannt hat, werden überflogen, aber hier und da – an den reichen Gedenkstätten, an jenen, die kommen, jenen, die die Zeit gebiert –, hier und da geht die Luftkarawane nieder und steigt von neuem auf.

Dort unten liegt Deutschland – das einst von dem dichtesten Netz von Eisenbahnen und Kanälen durchzogen war – die Länder, in denen Luther sprach, Goethe sang und wo Mozart zu seiner Zeit das Zepter der Töne schwang! Große Namen glänzen in Wissenschaft und Kunst, Namen, die wir nicht kennen. Einen Tag Aufenthalt in Deutschland und einen Tag für den Norden, für die Heimat Ørsteds und Linnés, und für Norwegen, das Land der alten Helden und der jungen Norweger. Island wird auf der Heimfahrt erledigt; die Geisire brodeln nicht mehr, die Hekla ist erloschen, aber als ewige steinerne Tafel der Saga ragt die starke Felseninsel aus dem brausenden Meer empor!

»In Europa gibt es vieles zu sehen!«, sagt der junge Amerikaner; »und wir haben es in acht Tagen gesehen; es ist zu schaffen, wie der große Reisende«, ein Name wird genannt, der zu ihren Zeitgenossen zählt, »es in seinem berühmten Werk gezeigt hat: ›In acht Tagen durch Europa.‹« ◆

Für die Bewohner der umliegenden Region galt der Vulkan Hekla lange Zeit als »Tor zur Hölle«. Noch heute ist er einer der bekanntesten und gleichzeitig aktivsten Vulkane Islands. Er liegt im Südwesten der Insel, direkt in der Verwerfungszone, die von der durch Island ziehenden Plattengrenze gebildet wird. Die erste Eruption des Hekla in historischer Zeit war gleichzeitig eine der gewaltigsten in der Geschichte Islands. Der explosive Ausbruch im Jahr 1104 schleuderte mehr als 2500 Kubikmeter Lavabrocken, Asche und feines Geröll über Kilometer hinweg Richtung Nordwesten.

War die Weltausstellung in London schon ein Jahrhundertereignis, das eigentlich nicht mehr zu toppen war – die Weltausstellung in Paris ließ 1867 die Zeitungen schwärmen: »Die helle Frühlingssonne des ersten April, dieses sonst von manchen Völkern argwöhnisch betrachteten und höhnisch verfolgten Jahrestages, schien lustig und fröhlich auf Paris und auf die Eröffnung der ›Allgemeinen Ausstellung‹ des Jahres 1867 herab. Die unzähligen National-Wimpel des eisernen Industrie-Colosseums und die Kaiseradler Frankreichs flatterten und glänzten in der plötzlich so blauen und heiteren Frühlingsluft, und auf den schnurgeraden, neugesprengten Strassen, wo in bunten Farben die Uniformen der französischen Cavallerie glänzten, zog die Menge nach diesem größten Palaste unserer Zeit, größer als Escorial und Alhambra, als das Colosseum des alten Rom oder Sanct Peters Riesendom. Es sollte die Eröffnung

Andersen und der Fortschritt

eines Tempels des menschlichen Fleißes und des Gedankenreichthums erfolgen, ein Cultus des Genius ächter Humanität. Durch die getroffenen Arrangements, dass auf den Palast-Revieren des Kaiserzuges allerdings nur Personen in grossen Toiletten auf specielle Billets zugelassen wurden, durch das hohe Tages-Entrée von 20 Franken pro Person u.s.w., war das anwesende Publikum ein der exklusiven Feier angemessenes und gewähltes.

Der Eisen-Palast prangte dabei in einem improvisirten überraschenden Schmuck von Blumen, Flaggen, Fahnen und Decorationen, und die Arrangements, die so zu sagen über Nacht noch ausgeführt waren, bewiesen die weltberühmte Kunst der Decoration, welche die Franzosen ohne Zweifel besitzen, wiederum in einem grossartigen Beispiel. So ward denn um 2 Uhr Nachmittags, als der Kaiser Louis Napoleon, seine Gemahlin am Arm, die feierliche Promenade durch einige Theile des grossen Palastes vollführte, die Allgemeine Ausstellung von 1867 eröffnet. Dies war ein Akt von ebenso welthistorischer Bedeutung, als – so Gott will – voll segensreicher Folgen für alle Völker der Civilisation, die gern und willig im Schweisse der aufgeklärten und lohnenden Arbeit ihr Brot essen, und dabei unablässig bestrebt sind, das Leben durch einen immer grösseren Reichthum von Ideen zu verschönern und zu verbessern.« So die DEUTSCHE AUSSTELLUNGSZEITUNG in ihrer Nr. 3, Sonnabend, 6. April 1867.

Und Kaiser Franz-Joseph äußert sich anlässlich einer Preisverleihung am 1. Juli 1867: »Meine Herren! Nach einem Zwischenraume von 12 Jahren werde ich zum zweiten Male die Belohnungen an Diejenigen vertheilen, die die Hervorragendsten in jenen Arbeiten sind, welche die Nationen bereichern, das Leben verschönern und die Sitten veredeln. Von allen Punkten der Erde sind

Zelt und großes Glashaus auf der
Weltausstellung in Paris 1867

die Vertreter der Wissenschaft, der Kunst, der Industrie um die Wette herbeigeeilt, und man kann sagen, dass Völker und Könige in dem Gedanken der Versöhnung und des Friedens gekommen sind, die Werke der Arbeit zu ehren und durch ihre Gegenwart sie zu krönen. (…) Die Ausstellung von 1867 kann sich mit Recht die ›universelle‹ nennen, denn sie vereinigt die Elemente aller Schätze des Erdballs; neben den allerneuesten Vervollkommnungen der modernen Kunst sehen wir die Producte der ältesten Zeiten, so dass sie zugleich die Thätigkeit aller Jahrhunderte und aller Nationen repräsentirt. Sie ist ›universell‹, denn neben den Wundern, welche der Luxus für einige hervorbringt, ist sie ganz mit den Bedürfnissen der grossen Mehrzahl beschäftigt. Niemals haben die Interessen der arbeitenden Classen eine lebhaftere Sorgfalt hervorgerufen. Ihre moralischen und materiellen Bedürfnisse, die Erziehung, die Bedingungen einer billigen Existenz, die wirksamste Art und Weise des Associationswesens, sind der Gegenstand sorgsamer Untersuchungen und ernster Studien gewesen. Aehnlich wie diese gehen alle Verbesserungen ihren Weg vorwärts. Wenn die Wissenschaft, indem sie sich die Materie dienstbar macht, die Arbeit befreit, so befördert die Bildung des Herzens, indem sie das Laster, die Vorurtheile und die gemeinen Leidenschaften bezwingt, die Humanität. Die Ausstellung von 1867 wird, ich hoffe es, eine neue Aera der Harmonie und des Fortschritts bezeichnen. Ueberzeugt, dass die Vorsehung die Werke aller Derjenigen segnet, welche, wie wir, das Gute wollen, glaube ich an den endlichen Triumph der grossen Principien der Moral und der Gerechtigkeit, welche, allen gesetzlichen Wünschen genugthuend, allein die Throne befestigen, die Völker erheben und die Humanität steigern können.«

Und Andersen ist mittendrin, er sucht die Weltausstellung in Paris 1867 sogar zweimal auf.

🦢 Ich war im Frühling 1867 anlässlich der großen Weltausstellung nach Paris gefahren, wo mein Aufenthalt mich niemals früher oder später in gleichem Maße hingerissen und erfüllt hat wie angesichts dieses Zeitereignisses. Bei meiner Ankunft stand das Ausstellungsgebäude da und war eingeweiht; obwohl die Vorbereitungen noch nicht ganz abgeschlossen waren, war die Ausstellung dennoch gewaltig und überwältigend. In Frankreich und in allen Ländern kündeten die Zeitungen von dieser Herrlichkeit. Ein dänischer Berichterstatter versicherte, dass keiner außer Charles Dickens imstande wäre, hiervon eine Schilderung zu geben. Es kam mir indessen so vor, als sollte das auch im Bereich meiner Fähigkeiten liegen; wie froh würde ich sein, wenn ich diese Aufgabe lösen könnte und Landsleute und Fremde das dann anerkennen müssten. Von diesem Gedanken erfüllt, sah ich eines Tages draußen auf dem Platz vor dem Hotel, in dem ich wohnte, einen abgestorbenen Kastanienbaum liegen. Dicht daneben hielt ein Fuhrwerk mit einem jungen, frischen Baum, der an diesem Morgen vom Lande hereingeholt worden war, um hier drinnen eingepflanzt zu werden. Die Idee zu einem Märchen von der Pariser Ausstellung lag in dem jungen Baum verborgen und wurde mir geschenkt; die Dryade winkte mir zu. ◆

Als einziger Text der MÄRCHEN UND GESCHICHTEN wird DIE DRYADE als selbstständiger Band veröffentlicht. Der Text ist eines der längsten Märchen und »kontrastiert«, so Andersen-Kenner Detering, »in einzigartiger Konsequenz und Komplexität Erzählschemata und -traditionen von Mythos und Märchen mit denen der ›modernen‹ realistischen Erzählung und der journalistischen Reportage. In dieser Geschichte, vielleicht seiner hoffnungslosesten, sehnt sich die Seele eines Kastanienbaums nach Paris. Sie möchte all den Reichtum der Menschen in der Zeit der Weltausstellung kennen lernen. Und tatsächlich: sie gelangt dorthin, wird mitgerissen vom Trubel, blüht auf in einer verzehrenden Lebenslust. Wie ein Rosenblatt trägt sie der Wind empor und in die Höhlen künstlicher Meerestiefen hinab. Aber ach – es ist das Leben einer Eintagsfliege: »›Bald küsst die Sonne die Wolken rot!‹ sagte der Wind, ›und dann gehörst du zu den Toten, bist vergangen, wie alle Herrlichkeit hier vergeht, ehe noch das Jahr um ist, und ich kann von neuem mit dem leichten, losen Sand hier auf dem Platz spielen, den Staub über den Boden hinfegen, den Staub in die Luft hinauffegen, Staub! Alles nur Staub!‹«

»Märchen«. Tuschzeichnung von Johan August Malström, Andersen gewidmet

Ich habe doch im Grunde ein merkwürdiges Glück

Es ist gewiss so, ich habe wirklich erreicht, der berühmteste Däne zu werden, diese Reise hat mich davon überzeugt, aber Ihnen sage ich es, ich kann in Demut und Tränen zusammensinken, indem ich erhoben werde, fühle ich, wie unwürdig, wie gering ich bin vor all der Gnade des Herrn.

Andersen reist ab Mitte der 1840er Jahre von Triumph zu Triumph, dennoch lässt ihm der Gedanke keine Ruhe, die Collins hätten noch immer nicht begriffen, *wie* berühmt der Dichter im Ausland geworden war. Aus Dresden schreibt er im Februar 1846 an Edvard Collin:

Ich bin selbst für meine Liebsten in der Heimat nur Andersen, der gutmütige Mensch, der Talent hat, aber schrecklich viel von sich selbst hält, und Dänemark hat ganz andere Größen … Niemand daheim ist stolz auf mich, ich scheine der Eckstein zu sein, den man verwirft. Es ist doch etwas, dass ich überall von Fürsten und den bedeutendsten Männern mit Herzlichkeit und Freundschaft aufgenommen werde – ja, Sie wissen es wohl nicht –, aber dass alle Zeitungen von Stadt zu Stadt über mich Nachrichten bringen, selbst wenn man sich nur an das Greifbare hält, so ist es doch allerhand! – In Oldenburg schenkte mir der Großherzog, wie Sie wissen, zur Erinnerung einen äußerst kostbaren Ring, in Berlin ließ mich der König sogleich an seine Tafel rufen, eine Ehre, die, wie die deutschen Zeitungen sagen, wenigen deutschen Dichtern zuteil wird, und ich bekam den Roten-Adler-Orden. In Weimar bin ich bei Hofe so aufgenommen worden, wie dort noch kein Bürgerlicher aufgenommen worden ist, und der junge Fürst schenkte mir seine ganze Liebe, seine Freundschaft und das Anerbieten, dermaleinst für immer bei ihm zu bleiben, in Leipzig einigte ich mich mit einem Verlagsbuchhändler auf ein ganz ordentliches Honorar für die deutsche Ausgabe meiner Schriften, wer von zu Hause reiste besser? Ich bin selbst erstaunt, glücklich, Gott dankbar, ich reise durch Deutschland und werde wie ein Fürst empfangen, daheim hingegen werde ich wie ein Bettler behandelt; draußen werde ich mit Ehren und Freuden überhäuft, und von daheim kommt kein einziger Strahl, nicht eine einzige Nachricht, die beweist, dass ich dort meine Heimat habe. Der eine Brief von Ihrem Vater war lebhaft und gut, der zweite sagte mir nur, was schon mehrmals berührt worden ist, dass es im Grunde ein leeres Leben ist, das ich führe, dass es ›dem Geist nicht dienlich sein kann‹, und ob ich nicht bald etwas schreiben wollte. – Ich hatte das Gefühl, als wollte ich einem um den Hals fliegen, und er wende sich ab. Ich weiß es, keiner in Dänemark ist mir so gütig gesonnen wie Ihr Vater, aber eben das, lieber Freund! – Für mich liegt Dänemark im Hause Collin! ◆

Darauf Edvard leicht entnervt: »Mein lieber Andersen! Ich greife wieder einmal zur Feder, und auch wenn Sie mich darum nicht bewundern, so bewundere ich mich selber, denn ich habe mich immer davor gefürchtet, mit dem Schreiben langer Briefe zu beginnen; diesmal aber kann ich nicht anders, nachdem ich gestern Ihren Klagebrief erhalten habe. Nichts wäre leichter für mich, als diese Briefzeilen damit zu füllen, dass ich bereitwillig in Ihre Klagen einstimme, aber, offen gesagt, das kann ich nicht. Die Dinge liegen doch so: Sie sind in Deutschland beliebt, in Weimar verwöhnt man Sie, von allen hohen Herrschaften dort werden Sie geküsst und umarmt. Wir, Ihre Freunde hier zu Hause, die nun einmal diese gegenseitige Küsserei nicht mögen, zerfließen nicht vor rührseliger Freude darüber, aber wir freuen uns aufrichtig über den Teil der Geschichte, der wesentlich ist, nämlich dass Sie Erfolg haben, dass Sie sich Freunde erwerben, die, wie ich fürs erste annehmen möchte, wahre Freunde sind, und dass Sie alles in allem auf dieser Reise glück-

Edvard Collin. Bleistiftzeichnung von Jørgen Roed, 1833

lich gewesen sind. Nehmen Sie dies als die wahre Lage der Dinge, die so bleiben sollte von Ewigkeit zu Ewigkeit, Amen! – und vergleichen sie mit der Kaffeestunde in der Amaliengade, wo Ingeborg Sie neckt und Theodor Sie aufzieht und ›un pauvre pomme de terre‹ (arme Kartoffel, Anm. d. A.) nennt, dann ist es Ihre auserlesene Einbildungskraft, die sogleich die Geschichte erfindet, dass Sie in Dänemark verachtet sind und dass Sie Dänemark verachten, das sind ja beides Unwahrheiten! Sie und Dänemark vertragen sich vortrefflich und würden sich noch besser vertragen, wenn es kein Theater in Dänemark gäbe – hinc illae lacrymae (lat. »daher jene Tränen«, wird bei Cicero und Horaz sprichwörtlich zur Bezeichnung der überraschenden Aufklärung über den Grund von sonderbarem Verhalten, Anm. d. A.) – Immer kommen Sie auf dieses verdammte Theater zurück, und das kann mich ärgern. Ist dieses Theater denn

Dänemark, und sind Sie denn nichts anderes als ein Theaterschriftsteller? Werden Sie in Deutschland als solcher gefeiert, nicht etwa als Verfasser der Märchen? Und liebt man Ihre Märchen in Dänemark nicht? Vielleicht redlicher als in Deutschland! Aber Ihr letzter Brief war in schlechter Stimmung geschrieben, nachdem Sie sich plötzlich nach all dem Wirbel und Trubel allein in Dresden befanden … Erst werden Sie vom Weimarer Hof umarmt, weil Sie Märchen vorgelesen haben, und nun sitzen Sie allein in einem Hotelzimmer. Das gleiche hier: Gestern schrieen die Rammarbeiter auf dem Kasinoplatz ›Hurra!‹, damit ich ihnen Schnaps spendierte, und heute sitze ich in meiner alten Samtjacke und mit Bauchschmerzen zu Hause. Wir müssen uns mit dem Auf und Ab des Lebens abfinden.«

Hans Christian Andersen.
Fotografie von 1867

Und auch die alte Duz-Geschichte kommt Andersen immer wieder hoch. Im April 1846 schreibt er Edvard aus Rom: »Ja, wenn ich Staatsrat geworden bin und einen Sohn habe, wird er sich weigern, ›du‹ zu Ihrem Sohn zu sagen, falls Sie dann nicht mehr sind als ein Justizrat.« Worauf Edvard antwortet: »Welch herrlicher Unsinn in Ihrem Brief über die alte Duz-Geschichte, wir haben uns darüber amüsiert. Sie närrischer Mensch, war es meinerseits denn Stolz? Ich kann sehr stolz darauf sein, dass ich Nummer 1 unter Ihren Freunden bin, aber Brüderschaft möchte ich nach wie vor nicht mit Ihnen trinken.«

Andersen ist kein Mann der Politik und alles andere als ein Sozialrevolutionär. Künstler und Dichter sollen sich aus der Politik heraushalten:

Frau Politika ist die Venus, die sie in ihren Berg lockt, wo sie dann zugrunde gehen. Es geht mit den Liedern dieser Dichter wie mit den Tageblättern, man nimmt sie in die Hand, liest sie, wird davon eingenommen – und vergisst sie. In unserem Zeitalter wollen alle regieren. Die Subjektivität macht ihre Macht geltend, aber die meisten vergessen, dass vieles, was theoretisch möglich ist, sich praktisch nicht durchführen lässt. Man vergisst, dass es vom Wipfel eines Baumes anders aussieht als unten von der Wurzel aus. Wer von edler Überzeugung getrieben wird, sei er Fürst oder ein Mann aus dem Volk, vor dem beuge ich mich. Politik ist nicht meine Sache, auf diesem Gebiet bin ich nicht zuständig. Gott hat mir eine andere Aufgabe zugedacht, das fühle ich und werde es weiterhin fühlen. ◆

Zwar liest Andersen von 1858 an bis zu seinem Tod regelmäßig im Kopenhagener Arbeiterverein, aber generell zieht es den unsicheren Emporkömmling zu den Noblen seiner Zeit. Schon die schwesterliche Freundin Henriette Wulff hatte ihm sein intensives Buhlen um die Fürsten und Könige seiner Zeit verübelt: »Sie sind, unbegreiflicherweise, ein Royalist und Aristokrat, ich dagegen bin eine ausgesprochen demokratische und egalitäre Natur …« In Paris kommt Heinrich Heine zu einem ähnlichen Schluss: »Er ist ein hagerer Mann mit einem hohlen, eingefallenen Gesichte und verrät in seinem äußeren Anstände ein ängstliches, devotes Benehmen, so wie die Fürsten es gern lieben. Daher hat Andersen auch bei allen Fürsten eine so glänzende Aufnahme gefunden. Er repräsentiert vollkommen die Dichter, wie die Fürsten sie gern haben wollen. Als er mich besuchte, hatte er seine Brust mit einer großen Tuchnadel geschmückt; als ich ihn fragte, was er da denn eigentlich vor seiner Brust sitzen habe, antwortete er mit einer ungemein salbungsreichen Miene: das ist ein Geschenk, welches die Kurfürstin von Hessen mir zu verleihen die Gnade hatte. Übrigens ist Andersens Charakter sehr ehrenwert.«

Aber seine Kritiker übersehen oft, dass Andersen ein Meister der Camouflage ist, der die Aufgeblasenheit höfischer Kreise süffisant aufzuspießen weiß. Hinter der Maske des Naivlings wird er ziemlich frech und offen. Die Schilderungen adligen Hochmuts im Hässlichen Entlein sind treffend, aber nirgends wird das deutlicher als in seinem satirischen Text vom nackten Kaiser.

Des Kaisers neue Kleider

Vor vielen Jahren lebte ein Kaiser, der hübsche neue Kleider so über die Maßen liebte, dass er all sein Geld dafür ausgab, recht sehr geputzt zu werden. Er machte sich nichts aus seinen Soldaten, machte sich nur etwas aus Theater oder Spazierfahrten im Walde, weil er dann seine neuen Kleider zeigen konnte. Er hatte für jede Stunde des Tages einen Frack, und wie man von einem König sagt: Er ist im Rat, so sagte man hier immer: Der Kaiser ist im Kleiderschrank!

In der großen Stadt, in der er wohnte, ging es sehr vergnüglich zu, täglich kamen viele Fremde, eines Tages kamen zwei Betrüger; sie gaben sich als Weber aus und sagten, sie verstünden den schönsten Stoff zu weben, den man sich denken könne. Nicht allein wären die Farben und das Muster außerordentlich schön, sondern die Kleider, die aus diesem Stoff genäht würden, hätten die erstaunliche Eigenschaft, dass sie für jeden Menschen unsichtbar blieben, der nicht für sein Amt tauge oder auch ungebührlich dumm sei.

»Das müssen ja wunderbare Kleider sein«, dachte der Kaiser, »wenn ich die anhabe, könnte ich ja dahinter kommen, welche Männer in meinem Reich nicht für das Amt taugen, das sie innehaben; ich kann die Klugen von den Dummen unterscheiden; ja, dieser Stoff muss sofort für mich gewebt werden!«, und er gab den beiden Betrügern viel Geld an die Hand, damit sie mit ihrer Arbeit beginnen sollten.

Sie stellten auch zwei Webstühle auf, taten, als ob sie arbeiteten, aber sie hatten nicht das Geringste auf dem Webstuhl. Frischweg verlangten sie die feinste Seide und das prächtigste Gold; das steckten sie in ihren eigenen Beutel und arbeiteten an den leeren Webstühlen, und zwar bis tief in die Nacht hinein.

»Nun möchte ich doch wirklich wissen, wie weit die mit ihrem Zeug sind!«, dachte der Kaiser, aber ihm war ordentlich ein bisschen wunderlich ums Herz, wenn er daran dachte, dass derjenige, der dumm war oder gar nicht für sein Amt passte, das Zeug nicht sehen konnte, nun meinte er allerdings, er brauche um sich selbst keine Sorge zu haben, aber er wollte doch zuerst jemanden hinschicken, der nachsehen sollte, wie es stünde. Alle Menschen in der ganzen Stadt wussten, welch seltsame Kraft der Stoff hatte, und jeder war darauf erpicht, zu sehen, wie schlecht oder dumm sein Nachbar sei.

»Ich schicke meinen alten, ehrlichen Minister zu den Webern!«, dachte der Kaiser. »Er kann am besten sehen, wie der Stoff sich ausnimmt, denn er hat Verstand, und keiner passt besser für sein Amt als er!«

So ging denn der alte, brave Minister in den Saal, wo die beiden Betrüger saßen und an den leeren Webstühlen arbeiteten. »Gott im Himmel!«, dachte der alte Minister und sperrte die Augen auf, »ich kann ja nichts sehen!« Aber das sagte er nicht.

Beide Betrüger forderten ihn auf, er möge so gut sein und näher treten, und fragten, ob es nicht ein schönes Muster und herrliche Farben seien. Dann zeigten sie auf den leeren Webstuhl, und der arme alte Minister sperrte die Augen immer weiter auf, aber er konnte nichts sehen, denn es war nichts da. »Herrgott!«, dachte er, »sollte ich dumm sein? Das habe ich nie gedacht, und das darf kein Mensch erfahren!

In seinem Kommentar zu der 1862 erschienenen Ausgabe von EVENTYR OG HISTORIER erklärt Andersen, dass er die Idee zu DES KAISERS NEUE KLEIDER dem spanischen Autor Don Juan Manuel (1282 bis ca. 1349) zu verdanken habe. Der Infant Don Juan Manuel wurde vor allem durch sein LIBRO DE PATRONIO bekannt, eine Sammlung von einundfünfzig didaktischen Geschichten und Anekdoten, die sich vor allem an orientalische Vorbilder anlehnen. Andersen kannte eine davon, die unter dem Titel SO IST DER LAUF DER WELT ins Deutsche übersetzt worden war. Aus dem maurischen König macht er einen Kaiser, dessen Reich überall und nirgendwo auf Erden existieren könnte, und statt drei Betrügern lässt er nur zwei auftreten. Die wichtigste Änderung aber betrifft die wunderbare Eigenschaft der neuen Kleider. In der spanischen Erzählung behaupten die angeblichen Weber, das Material sei für jedermann unsichtbar, der nicht der echte Sohn seines Vaters sei. In Andersens Märchen erklären sie, die Kleider besäßen »die wunderbare Eigenschaft, dass sie für jeden Menschen unsichtbar seien, der nicht für sein Amt tauge oder der unverzeihlich dumm sei«. In Andersens ursprünglichem Manuskript endet das Märchen damit, dass jedermann des Kaisers neue Kleider bewundert. Aber als Andersen das Manuskript in Druck gegeben hatte, kommen ihm Bedenken. Ein paar Tage später schreibt er an Edvard Collin, er solle den letzten Satz streichen und dafür den jetzigen Schluss einsetzen, »weil dadurch alles satirischer wirkt«. Dieser Schluss — von Andersen vermutlich hinzugefügt, nachdem er einem Kind die Erstfassung vorgelesen hatte — verleiht dem Werk erst die richtige Würze.

»Des Kaisers neue Kleider«.
Illustration von H. Clarice

Sollte ich für mein Amt nicht taugen? Nein, es geht nicht, dass ich erzähle, ich könnte den Stoff nicht sehen!«

»Nun, Sie sagen nichts darüber!«, sagte der eine, der webte.

»Oh, es ist wunderhübsch! ganz allerliebst!«, sagte der alte Minister und blickte durch seine Brille. »Dies Muster und diese Farben! – Ja, ich werde dem Kaiser sagen, dass es mir ganz besonders gefällt!«

»Nun, das freut uns!«, sagten die beiden Weber, und nun nannten sie die Farben beim Namen und das seltsame Muster. Der alte Minister hörte gut zu, damit er dasselbe sagen konnte, wenn er zum Kaiser nach Hause käme, und das tat er.

Nun forderten die Betrüger mehr Geld, mehr Seide und Gold, welches sie

Ruhm und Nachruhm

zum Weben brauchten. Sie steckten alles in ihre eigenen Taschen, auf den Webstuhl kam kein Fädchen, aber sie fuhren fort wie vorher, an dem leeren Webstuhl zu weben.

Der Kaiser schickte bald wieder einen braven Beamten hin, der sich ansehen sollte, wie es mit dem Weben ginge und ob der Stoff bald fertig wäre. Es erging ihm genauso wie dem Minister, er guckte und guckte, da aber nichts da war außer den leeren Webstühlen, konnte er nichts sehen.

»Ja, ist es nicht ein hübsches Stück Stoff?«, sagten die beiden Betrüger und zeigten und erklärten das wunderbare Muster, das gar nicht da war.

»Dumm bin ich nicht!«, dachte der Mann, »aber dann ist es also mein gutes Amt, zu dem ich nicht tauge. Das wäre wirklich komisch, aber da darf man sich nichts anmerken lassen!«, und dann lobte er den Stoff, den er nicht sah, und versicherte sie seiner Freude über die schönen Farben und das wundervolle Muster. »Ja, es ist ganz allerliebst!«, sagte er zum Kaiser.

Alle Menschen in der Stadt redeten von dem prachtvollen Stoff.

Nun wollte der Kaiser selber ihn sehen, während er noch auf dem Webstuhl war. Mit einer ganzen Schar auserwählter Männer, unter welchen die beiden alten braven Beamten waren, die vorher da gewesen waren, ging er zu den listigen Betrügern, die nun aus aller Kraft woben, aber ohne Garn und Faden.

»Ja, ist es nicht magnifique!«, sagten die beiden braven Beamten. »Belieben euer Majestät sich anzusehen, welches Muster, welche Farben …!«, und dann zeigten sie auf den leeren Webstuhl; denn sie glaubten, die anderen könnten wahrscheinlich den Stoff sehen.

»Was ist das?«, dachte der Kaiser, »ich sehe nichts! Das ist ja furchtbar, bin ich dumm? Tauge ich nicht dazu, Kaiser zu sein? Das wäre das Schrecklichste, was mir zustoßen könnte!« – »Oh, es ist sehr hübsch«, sagte der Kaiser, »es findet meinen allerhöchsten Beifall!«, und er nickte befriedigt und betrachtete den leeren Webstuhl: er wollte nicht sagen, dass er nichts sehen könne. Das ganze Gefolge, welches er bei sich hatte, guckte und guckte, es kam aber nicht mehr dabei heraus als bei allen anderen, sie sagten jedoch ebenso wie der Kaiser: »Oh, es ist wunderschön!«, und sie rieten ihm, die Kleider aus diesem neuen prächtigen Stoff zum ersten Mal bei der großen Prozession anzuziehen, die bevorstand. »Es ist magnifique! bezaubernd, excellent!«, ging es von Mund zu Mund, und man war allenthalben herzlich erfreut darüber. Der Kaiser überreichte jedem von den Betrügern einen Orden, den sie ins Knopfloch hängen sollten, und den Titel eines Webjunkers.

Die ganze Nacht vor dem Vormittag, da die Prozession stattfinden sollte, blieben die Betrüger auf und hatten über sechzehn Kerzen brennen. Die Leute konnten sehen, dass sie große Eile hatten, des Kaisers neue Kleider fertig zu bekommen. Sie taten so, als nähmen sie den Stoff vom Webrahmen, sie schnitten in der Luft mit großen Scheren zu, sie nähten mit Nähnadeln ohne Faden und sagten schließlich: »Seht, nun sind die Kleider fertig!«

Der Kaiser mit seinen vornehmsten Kavalieren kam selbst dorthin, und beide Betrüger hoben den einen Arm hoch, so als hielten sie etwas, und sagten: »Seht, hier sind die Beinkleider! Hier ist der Frack! Hier der Mantel!«, und so immer fort. »Es ist so leicht wie Spinnweben! Man sollte meinen, man habe nichts am Leibe, aber das ist gerade das Gute daran!«

»Ja!«, sagten alle Kavaliere, aber sie konnten nichts sehen, denn da war nichts.

»Möchten nun euer Kaiserliche Majestät allergnädigst belieben, Ihre Kleider auszuziehen!«, sagten die Betrüger. »Dann ziehen wir Ihnen die neuen an, hier drüben vor dem großen Spiegel!«

Der Kaiser zog alle seine Kleider aus, und die Betrüger taten nun so, als zögen sie ihm jedes Stück von den neuen an, die genäht sein sollten, und sie griffen ihm um den Leib und taten so, als bänden sie etwas fest, das war die Schleppe. Und der Kaiser wandte und drehte sich vor dem Spiegel.

»Gott, wie gut es kleidet! Wie wunderbar es sitzt!«, sagten alle. »Welch ein Muster! welche Farben! Es ist ein kostbares Gewand!«

»Draußen stehen sie mit dem Thronhimmel, der bei der Prozession über euer Majestät getragen werden soll!«, sagte der Oberzeremonienmeister.

»Ja, ich bin so weit!«, sagte der Kaiser. »Sitzt es nicht gut?«, und dann drehte er sich noch einmal vor dem Spiegel! Denn es sollte so aussehen, als betrachtete er sich so richtig in seinem Staat.

Die Kammerherren, die die Schleppe tragen sollten, tasteten mit den Händen über den Fußboden hin, so als nähmen sie die Schleppe hoch; sie gingen und taten so, als hielten sie etwas in die Höhe, sie durften andere nicht merken lassen, dass sie nichts sehen konnten.

Und dann ging der Kaiser unter dem schönen Thronhimmel in der Prozession, und alle Menschen auf der Straße und in den Fenstern sagten: »Gott, wie unvergleichlich sind des Kaisers neue Kleider! Was für eine wunderbare Schleppe hat er am Frack! Wie göttlich sie sitzt!« Keiner wollte es sich anmerken lassen, dass er nichts sehen konnte, dann hätte er ja für sein Amt nicht getaugt oder wäre sehr dumm gewesen. Keines von des Kaisers Kleidern hatte jemals so viel Anklang gefunden.

»Aber er hat ja gar nichts an!«, sagte ein kleines Kind. »Herr Gott, hört die Stimme des Unschuldigen!«, sagte der Vater; und einer flüsterte es dem anderen zu, was das Kind gesagt hatte.

»Er hat nichts an, sagt da ein kleines Kind, er hat nichts an!«

»Er hat ja nichts an!«, rief zuletzt das ganze Volk. Und den Kaiser schauderte es, denn er fand, sie hätten recht, aber er dachte nun: »Jetzt muss ich die Prozession durchhalten.« Und dann hielt er sich noch stolzer, und die Kammerherren gingen hinterdrein und trugen die Schleppe, die gar nicht da war. ◆

Maximilian II., König von Bayern. Gemälde von Joseph Stieler, 1837

Atemlos hetzt Andersen von Residenz zu Residenz: In Dresden besucht er König Friedrich August II. von Sachsen, in Wien die Herzoginwitwe Sophie von Österreich, in Potsdam wird er zur königlichen Tafel geladen, und der Preußenkönig verleiht ihm zudem den Schwarzen Adlerorden dritter Klasse. 1849, während seiner großen Schwedenreise, ist er zu Gast bei König Oscar I., 1852 und 1854 bei König Max von Bayern. Und immer muss er seine Märchen vorlesen, dem König von Preußen liest er den TANNENBAUM, DAS HÄSSLICHE ENTLEIN, DER KREISEL und den SCHWEINEHIRTEN, ebenso dem Schwedenkönig König Oscar, und ungefähr das gleiche Repertoire wird vorgelesen, während er mit König Max auf dem Starnberger See schaukelt.

Über seinen Aufenthalt bei König Max schreibt an seinen älteren Dichterfreund B. S. Ingemann in Sorø:

🦢 Ich wurde unendlich herzlich und nett empfangen; ein Wagen des Hofes holte mich ab, ich wohnte auf Hohenschwangau, erhielt an der Tafel den Platz neben dem König und der Königin, und mit dem König selbst machte ich einen mehrstündigen Ausflug mit dem Wagen hinein ins österreichische Tirol; da gab es keine lästigen Fragen nach einem Reisepass; es war ganz herrlich, und der König, der DAS MÄRCHEN MEINES LEBENS gelesen hatte, unterhielt sich mit mir über meine Kindheit, meine Entwicklung und die verschiedenen Menschen, mit denen ich zusammengewesen war. Er zeigte große Anteilnahme, und mir selbst kam es wie ein Kapitel in einem Märchen vor, dass ich, der arme Schumachersohn, an der Seite eines Königs über die Berge hinwegflog. ◆

Der Schumachersohn hat nicht vergessen, wo er herkommt und wie weh Armut tut. Das zeigt sehr eindringlich eines seiner trostlosesten Märchen, das vom kleinen Mädchen mit den Schwefelhölzern.

Das kleine Mädchen mit den Schwefelhölzern

Am 18. November 1845 bittet der Kopenhagener Holzstecher Flinch Andersen um einen Beitrag zu seinem Almanach. Ein Märchen wolle er drucken. Die Illustration liege schon vor, eine von J. Th. Lundbyes Hand stammende Zeichnung eines Mädchens, das Schwefelhölzchen verkauft. Ein einziges Mal verfasst Hans Christian Andersen ein Märchen für ein bestimmtes Bild, weil es tiefen Eindruck macht. Noch am selben Tag schreibt er DAS KLEINE MÄDCHEN MIT DEN SCHWEFELHÖLZERN. Er kennt die Stelle in der Offenbarung des Johannes: »Und Gott wird abwischen alle Tränen von ihren Augen, und der Tod wird nicht mehr sein, noch Leid noch Geschrei noch Schmerz wird mehr sein.« (Offb. 21,4)
Die Geschichte von dem armen Mädchen hätte mit einer Aussicht auf Trost und Geborgenheit enden können. Nicht so bei Andersen – bei ihm sitzt das Mädchen am folgenden Morgen im Winkel zwischen den Häusern, erfroren. Dieser Schluss lässt den Leser traurig zurück, und immer wieder werden Herausgeber und Übersetzer den Text ›verbessern‹: In einer Ausgabe wird das Mädchen gerettet und später von einer reichen älteren Dame adoptiert. Auf dem Umschlag dieser Ausgabe ist zu lesen: »Kinder werden sich freuen, diese neue Fassung des Märchens zu lesen. Denn hier stirbt das kleine Mädchen mit den Schwefelhölzchen in der eisigen Kälte nicht, sondern ihm werden Wärme, Essen und ein schönes Zuhause, in dem es einer glücklichen Zukunft entgegengeht, zuteil.« Doch ein Happy End wäre untypisch für An-

Es war ganz abscheulich kalt; es schneite, und es begann zu dunkeln und Abend zu werden; es war auch der letzte Abend im Jahr, der Altjahrsabend. In dieser Kälte und in dieser Dunkelheit ging ein kleines, armes Mädchen mit bloßem Kopf und nackten Füßen die Straße entlang; ja, sie hatte allerdings Pantoffeln angehabt, als sie von Hause fortging; aber was nützte das schon! die Pantoffeln waren sehr groß gewesen, ihre Mutter hatte sie zuletzt getragen, so groß waren sie, und die verlor die Kleine, als sie über die Straße eilte, weil zwei Wagen so schrecklich schnell vorbeifuhren; der eine Pantoffel war nicht zu finden, und mit dem anderen rannte ein Junge weg; er sagte, den könnte er als Wiege gebrauchen, wenn er selber Kinder bekäme.

Da ging nun das kleine Mädchen auf den nackten Füßchen dahin, die rot und blau vor Kälte waren; in einer alten Schürze trug sie eine Menge Schwefelhölzer, und ein Bund hielt sie in der Hand; den ganzen Tag über hatte ihr niemand etwas abgekauft; niemand hatte ihr einen kleinen Schilling geschenkt; hungrig und frierend ging sie weiter und sah ganz bedrückt aus, das arme kleine Ding! Die Schneeflocken fielen auf ihr langes, blondes Haar, das sich so hübsch im Nacken lockte, aber an die Pracht dachte sie wahrlich nicht. Aus allen Fenstern glänzten die Lichter, und dann roch es auf der Straße so wunderbar nach Gänsebraten; es war ja Altjahrsabend, ja, daran musste sie denken. Drüben in einem Winkel zwischen zwei Häusern – das eine ragte etwas weiter in die Straße vor als das andere – setzte sie sich hin und kauerte sich zusammen; die Beine hatte sie unter sich hochgezogen, aber sie fror noch mehr, und nach Hause getraute sie sich nicht, sie hatte ja keine Schwefelhölzer verkauft, nicht einen einzigen Schilling bekommen, ihr Vater schlug sie dann, und kalt war es auch zu Hause, sie hatten nur eben das Dach über sich, und da pfiff der Wind hindurch, obwohl die größten Ritzen mit Stroh und Lappen verstopft worden waren. Ihre kleinen Hände waren fast abgestorben vor Kälte. Ach! ein Schwefelhölzchen würde gut tun. Dürfte sie nur eines aus dem Bund herausziehen, es an der Wand anreißen und die Finger daran wärmen. Sie zog eines heraus, »ritsch!«, wie das zischte, wie es brannte! Es war eine warme, helle Flamme, ganz wie ein Lichtchen, als sie die Hand darum legte; es war ein seltsames Licht! Dem kleinen Mädchen war es, als säße es vor einem großen, eisernen Ofen mit blanken Messingkugeln und einer Messingtrommel; das Feuer brannte ganz herrlich, wärmte so gut! Nein, was war das! – Die Kleine streckte schon die Füße aus, um auch diese auf-zuwärmen – da erlosch die Flamme. Der Ofen verschwand – sie hatte einen kleinen Rest des ausgebrannten Schwefel-holzes in der Hand.

Ein neues wurde angestrichen, es brannte, es leuchtete, und wo der Schein auf die Hauswand fiel, wurde diese durchsichtig wie ein Schleier; sie sah bis in die Stube hinein, wo der Tisch mit dem schimmernd weißen Tischtuch gedeckt stand, mit feinem Porzellan, und herrlich dampfte die gebratene Gans, mit Backpflaumen und Äpfeln gefüllt! Und was noch prächtiger war, die Gans hüpfte von der Platte, watschelte mit Gabel und Messer im Rücken durch das Zimmer; geradeswegs zu dem armen Mädchen kam sie gelaufen; da erlosch das Schwefelholz, und nur die dicke, kalte Hauswand war zu sehen.

Sie zündete ein neues an. Da saß sie unter dem schönsten Weihnachts-baum; der war noch größer und noch prächtiger geschmückt als der, den sie bei dem reichen Kaufmann jetzt zu Weihnachten gesehen hatte; tausend Ker-zen brannten an den grünen Zweigen, und bunte Bilder wie die, welche die Ladenfenster schmücken, blickten zu ihr nieder. Die Kleine streckte beide Hände hoch – da erlosch das Schwefelholz; die vielen Weihnachtslichter stie-gen immer höher empor, sie sah, es waren nun die hellen Sterne, einer davon fiel nieder und hinterließ einen langen Feuerstreif am Himmel.

»Nun stirbt jemand!«, sagte die Kleine, denn die alte Großmutter, die ein-zige, die gut zu ihr gewesen war, die jetzt aber tot war, hatte gesagt: Wenn ein Stern fällt, steigt eine Seele zu Gott hinauf.

Sie strich abermals ein Schwefelholz an der Hauswand an, das leuchtete weithin, und in seinem Glanze stand die alte Großmutter, so hell, so leuch-tend, so mild und segensreich.

»Großmutter!«, rief die Kleine. »Oh, nimm mich mit! Ich weiß, du bist fort, wenn das Schwefelholz ausgeht; fort, genauso wie der warme Ofen, der wunderbare Gänsebraten und der große, herrliche Weihnachtsbaum!« – und

dersen, der die Schattenseiten des Lebens besser kennt als viele andere. »Niemand wusste, was sie Schönes gesehen hatte«, schreibt er über das erfrorene Mädchen.

Viele Zeitgenossen berichten, wie hervorragend Andersen seine Texte vorlas. W. Griffin, ehemaliger US-Kon-sul in Kopenhagen, schreibt 1875 in seinen Lebenserinnerungen: »Er ist ein erstaunlich guter Vorleser, und man hat ihn in dieser Hinsicht oft mit Dickens verglichen. In New York hörte ich Dickens die Todesszene der kleinen Nell (DER RARITÄTENLADEN) lesen und war zu Tränen gerührt, ver-gaß aber keinen Augenblick, dass ich einer Lesung des Autors beiwohnte. Doch als ich Andersen die Ge-schichte vom kleinen Mädchen mit den Schwefelhölzern lesen hörte, dachte ich überhaupt nicht mehr an den Autor, vergaß alles um mich he-rum und weinte wie ein Kind.«

*»Das kleine Mädchen mit den
Schwefelhölzern«. Illustration
von Honor C. Appleton*

sie strich geschwind den ganzen Rest der Schwefelhölzer an, der im Bund war,
sie wollte die Großmutter ganz fest halten; und die Schwefelhölzer leuchteten
mit solchem Glanz, dass es heller war als am lichten Tag.

Großmutter war nie zuvor so schön gewesen, so groß; sie hob das kleine
Mädchen auf ihren Arm, und sie flogen in Glanz und Freude dahin, ganz
hoch, ganz hoch; und da gab es keine Kälte, keinen Hunger, keine Angst – sie
waren bei Gott!

Aber in der Ecke am Haus saß in der kalten Morgenstunde das kleine
Mädchen mit roten Wangen, mit einem Lächeln um den Mund – tot, erfroren am letzten Abend des alten Jahres. Der Neujahrsmorgen ging über dem
kleinen Leichnam auf, der mit den Schwefelhölzern dasaß, von denen fast ein
Bund abgebrannt war. Sie hat sich aufwärmen wollen, sagte man; niemand
wusste, was sie Schönes gesehen hatte, in welchen Glanz sie mit der alten
Großmutter zur Neujahrsfreude eingegangen war! ◆

Der Dichter hat den königlichen Herrschaften auch von seinem sonderbaren
und anfänglich so entbehrungsreichen Leben erzählt, und König Max meinte,

Andersen müsse doch von Herzen froh sein, nachdem er so vieles überwunden und sich schließlich allgemeine Anerkennung erkämpft habe. »Ich sagte, mein Leben komme mir wirklich wie ein Märchen vor, so reich, so sonderbar wechselnd, ich habe erfahren, bald arm und einsam, bald in prächtigen Sälen zu sein; ich habe gekannt, verhöhnt und geehrt zu sein.«

Auch in den Briefen an die Collins versäumt er nicht zu unterstreichen, wie viel ihm diese Anerkennung bedeutete. Vom Aufenthalt bei der Königsfamilie auf Föhr schreibt er: »Seine Majestät kam daher heute Abend zu mir in die Stube, äußerte seine Freude über mein Glück, darüber, was ich überwunden und erreicht hatte, wie lieb es ihm sei, von Fremden auch von meiner Anerkennung in Deutschland zu erfahren«, und 1846: »Aus England hallt glänzende Anerkennung meiner Schriften herüber und in Deutschland kommt eine Prachtausgabe heraus … Ich kann doch nicht so

Charles Dickens. Bleistiftzeichnung von Charles Baugniet

ganz und gar nichts sein, wie die meisten daheim glauben«, oder in dem gleichen Jahr: »Es liegt Genugtuung für mich in der Anerkennung, die ich denen daheim nach und nach abzwingen muss, wo sie das Gute und Neue bei mir nicht zu würdigen verstehen; es liegt Genugtuung für mich darin zu sehen, dass meine Schriften, selbst in schlechten Übersetzungen, durch ganz Europa gehen.«

Er lässt sich in diesen Jahren immer wieder zu wilden Ausbrüchen gegen seine Heimat hinreißen, findet 1845 aber andererseits: »Ich habe doch im Grunde ein merkwürdiges Glück, nach und nach wird mir alle denkbare Anerkennung und Ehre zuteil.« Aus dem Londoner Festrausch von 1847 tönt es: »Ich befinde mich gewiss auf dem höchsten Gipfel der Anerkennung, jetzt muss es abwärts gehen, mehr kann ich nicht bekommen, als was diese Weltstadt mir gebracht hat.«

Er hat ja allen Grund zum Stolz – er sitzt mit dem britischen Königspaar in der Loge und wird bei den Reichen und Mächtigen auch in London herumgereicht. Besonders stolz ist er auf seine Freundschaft mit Charles Dickens, einem wahren Superstar in der Literatur seiner Zeit. Am 4. Juni 1849 schreibt Dickens nach Andersens erstem Besuch in London: »Mein lieber und bewunderter Andersen, ich schicke diesen eiligen Brief übers Wasser an Sie, um Ihnen für

Charles Dickens (1812–1870) kennt das Elend, das er später als Dichter beschreibt. Nachdem sein Vater im Februar 1824 ins Schuldgefängnis eingeliefert wird, muss Dickens seinen Lebensunterhalt selbst verdienen, z. B. in einer Schuhwachsfabrik. 1832 wird er Reporter und Parlamentsberichterstatter. Danach erscheinen in schneller Folge die großen Romane, darunter OLIVER TWIST, DAVID COPPERFIELD, GROSSE ERWARTUNGEN und viele andere. 1856 erwirbt er Gad's Hill Place, wo Andersen ihn besucht hat.

Wilkie Collins (1824–1889) ist mit spannenden, teils melodramatischen Werken berühmt geworden, die als Vorläufer des modernen Detektivromans gelten (DIE FRAU IN WEISS, DER ROTE SCHAL).

Über Miss Coutts, die sich trotz eines märchenhaften Reichtums ein soziales Gewissen bewahrt hatte, schreibt die deutsche Frauenrechtlerin Hedwig Dohms (1831–1919): »In England gibt es Frauen, die sich in der günstigsten äußeren Lage befinden und die sich dennoch durch ihren Eifer im Kampf für die Frauenrechte auszeichnen. Das sind Frauen von unantastbar reinem und edlem Charakter.«

Über den englischen Admiral Napier (1782–1853) schreibt Karl Marx am 24. September 1855 in der NEW YORK DAILY TRIBUNE: »Sir Charles Napier gehört einer Familie an, die sich ebenso durch ihre Begabung wie durch ihre Exzentrizitäten auszeichnet. Haben die Napiers auch dem englischen Volk stets gute Dienste erwiesen, so haben sie doch ständig mit ihrer Regierung gestritten und sich gegen sie aufgelehnt. Und besitzen sie das Selbstbewusstsein der homerischen Helden, so ist ihnen auch etwas von deren prahlerischem Wesen gegeben.«

die Freude zu danken, die mir Ihr lieber Brief bereitet hat, und um Ihnen zu versichern, dass Sie stets frisch in meiner Erinnerung leben. Meine Frau und meine Kinder bitten mich, Sie herzlich von ihnen zu grüßen, und wir alle möchten wissen, wann Sie uns durch ein neues Buch glücklicher und besser machen werden. Wir sind eifersüchtig auf Stockholm und eifersüchtig auf Finnland, und wir sagen zueinander, dass Sie zu Hause und nirgendwo sonst sein sollten (es sei denn in England, wo wir Sie aufs Herzlichste empfangen würden), mit einer Feder in der Hand und einem stattlichen Stoß Papier vor sich.«

Bei seinem zweiten Besuch – 10 Jahre später, bleibt Andersen ganze fünf Wochen, vom 11. Juni bis zum 15. Juli 1878, im Hause Dickens. »Der Empfang war äußerst herzlich«, schreibt er aus Gad's Hill an Henriette Wulff. »Dickens nahm mich in die Arme, dann kamen seine Frau und die Kinder.« Die Familie Dickens unternimmt mit ihrem Gast Ausflüge in die Umgebung und mehrere Fahrten nach London. Im Kristallpalast hört Andersen Händels MESSIAS. Er lernt auch Dickens' engeren Freundeskreis, darunter den Romancier Wilkie Collins kennen. Die Philanthropin Angela Burdett-Coutts, die er ebenfalls in Gad's Hill traf, gibt ihm zu Ehren ein Bankett, zu dem auch der britische Admiral Sir Charles Napier geladen war. »Miss Coutts muss ungeheuer reich sein«, schreibt er an Henriette Wulff. »Pförtner, Lakaien in fürstlicher Livree, mit Teppichen ausgelegtes Treppenhaus; ich hatte ein Schlafzimmer wie nie zuvor, mit Badestube daneben, Feuer im Kamin, kostbaren Teppichen, Aussicht auf den Garten und die Picadilly-Straße.« Er besichtigt das Parlament, das Britische Museum – und die Druckerpresse der TIMES, »den Ort, von dem die Königin der Zeitungen in die Welt hinausgeht, in über 50 000 Exemplaren. Eine königliche Blume mit mehr als 50 000 Blütenblättern, die in der ganzen Welt duften und leuchten.«

Andersen ist entzückt vom behaglichen Leben im Hause Dickens: »Dickens selbst ist wie das Beste in seinen Büchern: herzlich, lebhaft, fröhlich und innig; ihn verstehe ich, was die Sprache betrifft, am besten, und jetzt – es ist ja heute gerade erst der achte Tag, seit ich angekommen bin – sagt er, dass ich erstaunliche Fortschritte im Englischsprechen mache; von Stunde zu Stunde geht es besser, aber ich rede ja auch ohne Furcht, und selbst die Kleinen beginnen mich zu verstehen.« Er fand Mrs. Dickens »so sanft, so mütterlich, so ganz wie Agnes in DAVID COPPERFIELD« und ihre Töchter »hübsch, natürlich und begabt«.

Die Begeisterung war einseitig, und auch seine Sprachkenntnisse fanden keinen ungeteilten Beifall – Dickens schreibt an den schottischen Journalisten William Jerdan über seinen gelegentlich verschrobenen Dauergast: »Immer wenn er nach London kam, geriet er durch die Droschken und den Sherry in die tollsten Verwicklungen, aus denen er anscheinend erst wieder herausfand, wenn er hierher zurückgekehrt war, aus Papier alle möglichen Muster schnitt und im Wald die merkwürdigsten Sträußchen pflückte. Sein unverständliches Vokabular war fabelhaft. Im Französischen und Italienischen war er Peter, der wilde Knabe, im Englischen die reinste Taubstummenanstalt. Mein ältester Sohn schwört, kein menschliches Ohr könne Andersens Deutsch verstehen, und wie dessen Übersetzerin Bentley erklärt hat, kann er auch nicht richtig Dänisch!

Als er eines Tages in unser Haus am Tavistock Square zurückkam, litt er anscheinend an Hühneraugen, die in zwei Stunden reif geworden waren. Wie sich dann aber herausstellte, hatte ihn ein Droschkenkutscher von der City aus auf der neuen, noch nicht fertiggebauten Durchgangsstraße durch Clerkenwell gefahren. Überzeugt, dass der Kutscher ihn berauben und ermorden wollte, hatte Andersen seine Uhr und sein Geld in seine Stiefel gesteckt – zusammen mit einem Kursbuch, einer Brieftasche, einer Schere, einem Taschenmesser, einem oder zwei Büchern, einigen Empfehlungsbriefen und verschiedenen anderen Gegenständen. Das sind alle Einzelheiten, die ich berichten kann. Er erhielt eine ganze Anzahl Briefe, verlor (wie ich behaupten möchte) eine noch größere Anzahl und war zumeist sehr konfus – er schien eigentlich immer zu glauben, MORGEN werde sich alles ganz von selbst klären.«

Sohn Henry schildert Andersen in seinen Memoiren als eine »liebenswerte und dennoch etwas seltsame Persönlichkeit … ausgesprochen wunderlich in seinem Gehabe, da er ständig dies und das ganz unbewusst tat; man könnte es beinahe linkisch nennen.« Ganz unverblümt dagegen äußert sich Dickens-Tochter Kate Perugini: »Er war ein altes Ekel und blieb lange, lange bei uns.« Sie berichtet, ihr Vater hätte nach Andersens Abreise im Gästezimmer eine Karte mit der Aufschrift angebracht: »Hans Christian Andersen schlief in diesem Zimmer fünf Wochen – der Familie erschien es wie eine EWIGKEIT!«

Ferdinand Freiligrath. Lithografie von Thomas Mayerhofer, 1865

In London trifft Andersen auch Ferdinand Freiligrath wieder, den er bereits im Mai 1843 in St. Goar besucht hatte. Im MÄRCHEN MEINES LEBENS schildert er seine Begegnungen mit Ferdinand Freiligrath, Ernst Moritz Arndt und Emanuel Geibel:

🦢 Auf der Heimreise, von Paris fuhr ich den Rhein hinab, ich wusste, dass in einer der Städte dort der Dichter Freiligrath wohnte, dem der König von Preußen damals eine Pension ausgesetzt hatte. Das Malende in seinen Gedichten hatte mich lebhaft berührt, und ich wünschte sehnlichst ihn von Angesicht zu Angesicht zu sehen und zu sprechen, ich machte daher in einigen rheinischen Städten halt und fragte nach ihm. In Sankt Goar zeigte man mir ein Haus, von dem man mir sagte, dass er darin wohne. Ich trat ein. Er saß an seinem Schreibtisch und schien unzufrieden zu sein, von einem Fremden gestört zu werden. Ich nannte meinen Namen nicht, sondern sagte nur, dass ich an Sankt Goar nicht hätte vorüberfahren können, ohne den Dichter Freiligrath zu begrüßen.

»Das ist sehr freundlich von Ihnen«, sagte er in einem etwas kalten Ton, fragte, wer ich sei; als ich ihm antwortete: »Wir haben beide einen gemeinsamen Freund, Chamisso!«, sprang er auf und jubelte: »Andersen! Sind Sie es?« Er flog mir um den Hals, und seine ehrlichen Augen leuchteten. »Bleiben Sie einige Tage bei uns«, sagte er. Ich erklärte, dass ich nur zwei Stunden bleiben könnte, weil ich mich in Gesellschaft von Landsleuten befände, die weiterreisen wollten. »Sie haben viele Freunde in dem kleinen Sankt Goar«, sagte er. »Ich habe hier kürzlich in einem größeren Kreise Ihren Roman »O.Z.« vorgelesen. Einen der Freunde muss ich aber doch herbeiholen, und meine Frau müssen Sie sehen. Ja, Sie wissen sicherlich nicht, dass Sie schuld an unserer

St. Goar mit Burg Rheinfels, 1865

Ruhm und Nachruhm

Verheiratung sind!« Und dann erzählte er, dass mein Roman NUR EIN SPIEL-
MANN sie in Briefwechsel gebracht habe, und wie sie dann schließlich Mann
und Frau geworden seien. Er rief sie herbei, nannte meinen Namen, und ich
war wie ein alter Freund in ihrem Haus. Bevor wir uns trennten, holte er ein
Manuskript hervor. »Es war für Sie bestimmt, ehe wir uns gesehen haben«,
sagte er. »Ich hörte damals, dass Sie sich auf Reisen befänden, und ich wollte
es Ihnen schicken, aber es tauchten Hindernisse auf, und das Gedicht blieb
liegen.«

Er nahm ein Stück Papier und schrieb darauf: Erste Strophe eines unvoll-
endeten Gedichts an H. C. Andersen, als er Ende 1840 seine Reise nach dem
Orient antrat.

St. Goar, 18. Mai 1843 F. Freiligrath

Du bist gewiss den Störchen nachgezogen;
Dass du sie liebst, ich wusst' es lange schon.
Sie schwirrten auf, sie sind davongeflogen.
Auf und davon – das ist ein lust'ger Ton!
Du sahst empor – die weißen Federn wallten;
sie blitzten flüchtig in der Sonne Strahl;
da stand es fest! Was, lass' ich hier mich halten?
Fort nach dem Süden wiederum einmal!

In Bonn, wo ich übernachtete, besuchte ich am nächsten Morgen den alten
Moritz Arndt, der uns Dänen später »so grimmig« gesinnt war. Ich kannte ihn
damals als den Dichter des schönen, kräftigen Liedes: WAS IST DES DEUT-
SCHEN VATERLAND?

Ich traf einen kräftigen, rotwangigen Greis mit silberweißem Haar, er
sprach schwedisch mit mir; die schwedische Sprache hatte er gelernt, als er als
Flüchtling vor Napoleon Schwedens Gastfreundschaft in Anspruch nahm.
Jugend und Forschheit waren die Kennzeichen des alten Mannes. Ich war ihm
nicht unbekannt, und es schien mir, als verleihe ihm meine Abstammung aus
den skandinavischen Ländern ein größeres Interesse für mich. Im Laufe der
Unterhaltung wurde ein Fremder gemeldet, keiner von uns verstand den
Namen ganz richtig.

Es war ein junger, schöner Mann mit einem sonnengebräunten, kühn
dreinschauenden Gesicht. Er setzte sich still gleich in die Nähe der Tür, und
erst als Arndt mich hinausbegleitete und der junge Mann sich erhob, rief der
Alte erfreut aus: »Emanuel Geibel!« Ja, er war es, der junge Dichter aus

Lübeck, dessen frische, herzliche Gesänge in kurzer Zeit durch die deutschen Lande anklangen und dem auch der König von Preußen eine Art Pension wie Freiligrath verliehen hatte. Zu ihm, nach Sankt Goar, wollte just Geibel, um dort mehrere Monate zu verbringen. Begreiflicherweise konnte ich nun nicht sofort weggehen, eine neue Dichterbekanntschaft wurde geschlossen. Geibel war schön, kraftvoll und frisch, so wie er dastand neben dem kerngesunden Dichtergreis, so auch sah ich die beiden, die junge und die alte, aber gleich frische Poesie!

Es wurde Rheinwein aus dem Keller geholt, grüner Waldmeister schwamm darin, es war der Maitrank, und zum Mai, zum Preise des Lenzes, gab mir der alte Skalde einen Vers mit auf den Weg:

Illustration zu Emanuel Geibels Gedicht
»Ein altes Lied« von Caspar Scheuren

> Drum, mein Lenz, sollst du nicht schweigen,
> klinge, Mai, mit Freudenschall!
> Kling mit Pfeifen, Flöten, Geigen,
> Kuckuck, Lerch' und Nachtigall!
> Deutschlands Frühling, er wird kommen!
> Für die Welschen klingt's schaß ab!
> Allen Guten, Tapfern, Frommen,
> leg' ich diesen Wunsch aufs Grab.

Mit diesem meinem letzten Vers grabe ich einen frommen, kindlichen nordischen Mann meiner Erinnerung ein. ◆

Doch auch das Verhältnis zu Freiligrath trübt sich. Andersen im MÄRCHEN MEINES LEBENS:

🦢 Ich hatte ihn eines Tages im Gedränge von London getroffen, er erkannte mich, ich ihn aber nicht, denn er trug seinen dichten schwarzen Vollbart, mit dem ich ihn am Rhein gesehen hatte, nicht mehr. »Wollen Sie mich nicht

Der politische Lyriker Ferdinand Freiligrath (1810–1876), der auf seinen Ehrensold vom preußischen König verzichtet hatte, kann mit dem adelstreuen Andersen nicht mehr viel anfangen. Nicht nur auf die Pension des Königs, auch auf eine Anstellung in Weimar hatte Freiligrath verzichtet. Aus finanziellen Gründen muss er wieder eine kaufmännische Stellung annehmen – als Korrespondent in London. Seine KRIEGSLIEDER von 1870 belegen schließlich die Wandlung des einstigen Revolutionärs zum patriotischen Dichter der Bismarckzeit.

kennen?«, fragte er und lachte. »Ich bin Freiligrath!« Und als ich ihn aus dem Gedränge fort in einen Torweg gezogen hatte, sagte er im Scherz: »Sie wollen wohl in der Menge nicht mit einem Demagogen sprechen, Sie, der Freund von Königen.« ◆

Freiligrath erinnert sich ganz anders. In seiner 2. POETISCHEN EPISTEL von 1852 notiert er:

> Hans Christian Andersen – hier rag' ein Stein
> Für dich mein Däne! Stattlich und gesegnet
> Warst du als Leu! Fünf Jahre mögen's sein,
> Da bist du in Old Broadstreet mir begegnet;
> Ich kannte dich am schlotternden Gebein
> Von ferne schon – es hatte gerade geregnet,
> Und war sehr glitschig. »Halt, Freund, grüß dich Gott!«
> Rief ich dir zu; »und wann auf einen Pot
> Vom besten Stout und eine Hammelkeule
> Kommst du hinaus zu mir und meinen Frauen?«
> Du standest sinnend eine kleine Weile
> Und sahst mich an mit deinen ostseeblauen
> Wäss'rigen Augen, zappelnd wie vor Eile.
> Sodann: »Mein Herr –? ein Deutscher wohl –?« Die Brauen
> Zog ich zusammen, als ich mich dir nannte –
> Dir, der mich einst an meinem Herde kannte!
> (Zwar hatten mich seitdem der Götter Launen
> Tüchtig geknufft – ich war geflohen aus Preußen –
> Et Cetera!) – Du warst nun ganz Erstaunen
> Und sprachst in Worten, die gesetzte heißen:
> »Sie machten, Bester, vormals einen braunen
> Eindruck auf mich, doch jetzt einen weißen!
> Sie sind viel blasser als zu St. Goar
> Und wissen nun, warum grob ich fast war!«

Wie oft ist Andersen beschuldigt worden, eitel zu sein – man begriff nicht, dass er, der aus dem Sumpf kam, sich immer wieder bestätigen musste, immer wieder seinen Gönnern beweisen musste, dass sie dem Richtigen nach oben geholfen hatten. Außerdem – und hier ist er sehr selbstbewusst – fällt doch der Glanz seiner Prominenz auf sie zurück. »Ihr habt doch Ehre von mir! Das ist meine Eitelkeit«, schreibt er 1845 an die Collins.

Immer wieder aber fürchtet er, das Glück, welches das Leben ihm geschenkt hat, sei unverdient. »Es ist gewiss so, ich habe wirklich erreicht, der berühmteste Däne zu werden, diese Reise hat mich davon überzeugt, aber Ihnen sage ich es, ich kann in Demut und Tränen zusammensinken, indem ich erhoben werde, fühle ich, wie unwürdig, wie gering ich bin vor all der Gnade des Herrn.« Wenn es ihm schlecht geht – wie im Jahr 1865 – räsoniert er: »Ihnen sage ich es, ich fühle mich gar nicht froh, das ist undankbar, aber ich sehe mehr und mehr ein, wie leer, wie blasenhaft aller Glanz und Ruhm sind.«

»Seine anderthalb hundert Märchen sind in einem Zeitraum von anderthalb Jahrhunderten in etwa anderthalb hundert Sprachen publiziert worden«, stellt der dänische Literaturwissenschaftler Erik Dal fest. Als Märchendichter ist Andersen auch heute noch weltberühmt, aber – seine Märchen füllen nur drei der fünfzehn Bände seiner Gesammelten Werke in der Jubiläumsausgabe, die just zum 200. Geburtstag in Dänemark erschienen ist. »Det danske Sprog- og Litteraturselskab« (»Die Gesellschaft für dänische Sprache und Literatur«) hat seine Tagebücher 1971–1976 in zehn Bänden mit zwei umfangreichen Registerbänden, die u. a. 10 000 Personennamen enthalten, und dazu 1990 seine Almanache in einem Band publiziert. Auf Deutsch liegen die Tagebücher in zwei unterschiedlichen zweibändigen Auswahlausgaben vor.

Nur wenige Jahre nach seinem Tod erscheinen in Dänemark zwei Bände mit Briefen von ihm und ein umfangreicher Band mit Briefen an ihn. Heute füllen die gedruckten Ausgaben seiner Briefwechsel mehr als einen Regalmeter.

Man sollte also annehmen, dass jeder Winkel von Andersens Schaffen ausgeleuchtet ist. Doch dem ist nicht so: Der Bibliothekar Paul Raabe, langjähriger Direktor der Herzog-August-Bibliothek in Wolfenbüttel, hat 1988 unpublizierte Korrespondenz in der Königlichen Bibliothek Kopenhagen entdeckt. »Da (ich mich), aus Oldenburg stammend, als junger Bibliothekar in den ersten Nachkriegsjahren mit der oldenburgischen Kulturgeschichte beschäftigt hatte, wollte (ich) den interessanten Fund herausgeben und fand in meinem dänischen Kollegen Erik Dal, einem Andersen-Forscher, einen Partner und Mitherausgeber«, schreibt Raabe im Vorwort der Ausgabe dieser Briefe.

Es handelt sich um den umfangreichen Briefwechsel mit einer jungen Beamtengattin aus Oldenburg, die sich als kluge und treu ergebene Verehrerin erweisen wird – Lina von Eisendecher. Sie ist vor allem vom Roman NUR EIN GEIGER entzückt, ein Geschenk zu ihrer Konfirmation. Nach Aussage ihrer Mutter ist das Buch wie eine Bibel für sie.

Lina, die aus der wohlhabenden Bremer Kaufmannsfamilie Hartlaub stammt, vergöttert ihren Gast. Ihre Offenherzigkeit ist verblüffend: »Lieber wie ich hat Sie doch kein Mensch, und besser verstehen tut Sie auch niemand,

»Andersens Sämmtliche Märchen«.
Buchtitel der 29. Auflage
bei Abel & Müller, Leipzig 1895

ich habe nun einmal mein ganz besonderes Anrecht an Sie, der Dichter gehört ja eigentlich allen, der ganzen Welt, aber wer ihn am besten versteht, dem steht er am nächsten.«

Für den von Fürst zu Fürst reisenden Märchenerzähler wird das behagliche Oldenburger Domizil des großherzoglichen Hofrats und Kabinettssekretärs Dr. Wilhelm von Eisendecher immer mehr ein ruhender Pol. Bei dieser Familie, die ihn rückhaltlos anhimmelt, findet die ›Zugvogelnatur‹ Ruhe. Und Frau von Eisendecher weiß, was ihr dänisches Idol hören will. Er habe, so schreibt sie, »in den deutschen Herzen … eine zweite Heimat gefunden«, und wenn er in Dänemark »hart beurteilt« werde, solle er an Deutschland denken,

»dann werden Sie die Dornen, womit man sie dort verwun-
det, weniger empfinden«.

Die Seelenfreundin öffnet ihm die Türen in Weimar, wo
ihn Carl Olivier Freiherr von Beaulieu-Marconnay freundschaftlich aufnimmt. Beaulieu steht im Dienst des Großher-
zogs zunächst als Geheimer Sekretär für auswärtige Angele-
genheiten, dann wird er Hofmarschall und von 1854–1857
Intendant des Hoftheaters. Durch seine Vermittlung wird
Andersen von Großherzog Carl Friedrich empfangen, mit
dessen Sohn und Nachfolger ihn später eine innige Freundschaft verbinden wird. In den Briefen an Lina von Eisendecher berichtet Andersen im Sommer 1844 überschwänglich,
wie wichtig es für ihn war, in Weimar und danach in Leipzig
bedeutenden Persönlichkeiten zu begegnen.

Um dem Leser von Andersens kuriosem, aber reizvollem Deutsch ein Bild zu
geben – das sehr ähnlich ist dem Deutsch der Dänen heutzutage –, bleibt der
folgende Brief in der Transkription des Brieftextes, wie sie von den Herausge-
bern Raabe und Dal veröffentlicht worden sind. Auch die Empfängerin der
Briefe, die gelegentlich Andersens Briefe an den Großherzog korrigiert hat,
schätzt das putzige Deutsch ihres Hauspoeten: »Die deutsche Sprache wird
Ihnen nun wieder recht geläufig geworden sein, denn Ihr Brief war trotzdem
dass Sie ihn gleich ins Deutsche schrieben, ganz vortrefflich,
thuen Sie das nur immer gleich, denn wenn es auch mal etwas
confus ist, ich verstehe Sie doch, und Ihr eignes liebes Wesen
guckt mich doch aus jedem Wörtchen an, die Poesie führt
Ihnen nun einmal immer die Feder, Sie mögen deutsch oder
dänisch schreiben.«

Lieber Frau von Eisendecher!

Jetzt bin ich wieder zuhause, wieder in der Heimath; ich bin
auf Glorup, das Gut des Grafen Moltke in Fühnen; aus dem
Geiger kennen Sie das Sloß, der arme Christian guckt durch
die Fensterscheiben in die prägtigen Zimmern hinein. Drei
Wochen, ohngefähr, bin ich in Dresden und seiner Umgebung
gewesen, interessante Bekantschaften habe ich gemacht, mit
Kohl, der hat die Reise nach Krim, und durch England,
geschrieben, Gräfinn Hahn-Hahn, Brunow & habe ich
gesehn. Die Hahn-Hahn hat mich nicht in Ihren Schriften
recht angesprochen, ja sie war mich sogar unliebenswürdig,

unweiblich, adelstolz und anmassend, aber jetz, da ich sie habe kennen lernen, ist sie mich lieb geworden; sie ist gar nicht so in die Wirklichkeit wie sie stand für mich in ihren Schriften, sie scheinen edel, weiblich, so wie sie auch bestirnt und geistreich ist; ich habe gesehen, da ich erzählte das Märchen von den häslichen Entelein, daß die Thränen rollte ueber ihren Wangen; sie war mich so freundlich und gut, sprach so innig und theilnehmend mit mir; für meine Album hat sie geschrieben, mit Anspielung auf die Märchen, und der Geiger welchen Roman sie stelt sehr hoch: »Der arme Geiger!«, sagte sie, »dieser Mann in Norden mit die Wolchen über sich!«, hier ist das Gedicht:

Ida Gräfin von Hahn-Hahn,
undatiertes Porträt

Andersen
Solch ein Gewimmel von Elfen und Feen,
Blumen und Genien im fröhlichen Scherz;
Aber darüber – viel geistige Wehen,
Aber darunter – ein trauriges Herz. –

Die Hahn-Hahn ist jetz in Kiel bey Ihrer Bruder der Graf Hahn, sie hat mich gebetet dass ich ein Brief an sie schreiben sollte, und das, ohne weiter, in das nehmliche Kauderwelsche was ich schreibe an die Frau von Eisendecher aber ich fürchte mich, es geht gar nicht. – Von allen Bekanntschaften in Dresden sprach mich am meisten an die mit Hahn-Hahn – Frau von Serre – und die alte Baroninn Decken, diese letzte alte Dame liebte mich wirklicht, wie eine Mutter, ich sahe Thränen in ihren Augen beym Abschied; o, Sie können gar nicht glauben, wie gut das thut mich im Herzen, wie innig und dankbar ich biege mich an Gott, wann er mich so guten Menschen begegnen lassen, wie tief ich fühle, dass ich höre, zu die glücklichen auf Erden! –

Ich kam aus Dresden nach Leipzig, am interessantesten da, war des Abends beym Robert Schumann, er arangirte Alles so schön für mich, die Frau von Freghe, früher die berümte Sängerinn, war eingeladen, sie sang meine Romanzen componirt von Schumann, die Klara (die geborene Wiek) spielte, nachher hörte ich mehrere Stellen aus Schumanns letzte Komposition PARADIES UND PERI; die Champagner sprudelte, es war ein Künstler-Abend. Schon in Dresden hatte ich Brief bekommen von Prutz der Dichter,

Nachdem er Clara Schumann (1819–1896) schon 1842 nach einem Konzert in Kopenhagen kennen gelernt hatte, trifft er nun auch den Komponisten Robert Schumann (1810–1856) der Andersens Lieder vertont hat. Schumanns weltliches Oratorium DAS PARADIES UND DIE PERI war am 4. Dezember 1843 im Gewandhaus Leipzig uraufgeführt worden.

Robert Prutz (1816–1872) ist ein wichtiger Schriftsteller des Vormärz, seit 1849 Professor für deutsche Literatur in Halle. 1857 erscheint sein umfangreiches Buch LUDWIG HOLBERG – SEIN LEBEN UND SEINE SCHRIFTEN.

Bettina von Arnim (1785–1859) besucht Andersen am 31. Juli 1844 in Berlin. Er findet sie »sehr geistreich, keck, politisch, interessant«. Sie gewinnt sein Herz mit der Bemerkung, »die Könige würden meine Märchen lesen, und das täte ihnen gut, da würden sie doch die Wahrheit erfahren«.

er lebt in Halle und ist beschäftiget mit die Gesammt Ausgabe Holbergs Lustspiel, ueber diese wollte er mit mir sprechen und ich ging nach Halle und verlebte zwei schöne Tage da.

Nach Berlin kam ich grade der Tag vor dem abscheuliche Attentat gegen den König; er reiste ab, ich sah ihm nicht, aber Tieck, der Dichter erzählte mich, dass der König und die Königinn, neulich sehr lange mit ihm ueber mich und »der Geiger« gesprochen hatte, sie sollen mich sehr freundlich gesinnt seyn. Im Hause beym Minister Savigny habe ich Bekanntschaft gemacht mit die Bettine, sie ist die Schwester Frau von Savignys. Schon der erste Abend in Berlin war ich da eingeladen, die Töchtern Bettines, drei bildschöne Mädchens, meine innige Verehrerinnen, flogen mir entgegen, ›die Mama, kommt heut Abend!‹ sagte sie; ›meine Schwester hat es versprochen‹ sagte die Frau von Savigny, ›aber sie ist etwas eigen, sie kommt selten bey uns, der Gesellschafts wegen‹. –

Endlich kam die Bettine – aber nur vor dem Thüre, sie wollte nich hinauf, da so viele Leute da war, und fuhr wieder zuhauß aber der künftige Abend, versprach sie, sie wollte wiederkommen; ich war eingeladen. Die Bettine kam, sie ist klein etwas dich, kurze abgesnittene Haaren, ganz eigenthümlich, aber ein geistiges Auge, die Töchtern führte uns zusammen, und sprach gar so starke Lobreden ueber mich, und machte immer Fragen: ›Mutter, was sagst du, nicht wahr, er spricht Dich an, wie findest du ihn!‹ – Die Bettine schaute mich an: ›O passabelt!‹ war ihr einzige Wort; sie nahm Platz in die Ecke, weit von uns, endlich nickte sie mich freundlich an: Andersen erzähle mich ein Märchen, und ich erzählte, drei, vier, sex, immer mehr, dass ganze Geselschafft hörte zu, der Prinds von Würtemberg war auch da, es ging wirklich gar nicht so schlecht mit das Erzählen, da hatte ich auch mehre Uebung erworben; der Abend war so schön, wir gingen zuhauß, die Bettine mit dem Prinds von Würtemberg, ich mit die jüngste Tochter, die Linden blüheten und dufteten, man dachte gar nicht daran, dass wir gingen in der Stadt der Sandwüste Brandenburgs; beym Abschied war ich von Bettine eingeladen, sie nannte mich freundlich: Kammerat.

So eigen sie war beym erste Zusammentref, so geistreich, hochgenial stand sie für mich in ihren eigene Haus; wir

Lina von Eisendecher

sprachen vieleich drey Stunden, sie sprach muss ich sagen; es war Geist und Blitz, sie sprach beredsam und keck wie eine Kasandra, sprach ueber Poesie und Malerei, ueber die armen Leuten in Schlesien, die vornehme Leute in Berlin; sie gehört, wie sie wissen, zu die lieberale Frauen. Meine Märchen rühmte sie, sagte, ich thuete weit mehr gutes damit als ich glaubte, da guckt die Wahrheiten hervor und werden nicht verjagt. Sie beschenkte mich mit ihre letzte Buch: BRENTANOS JUGENDKRANZ und schrieb voran darin, »Da haben Sie, lieber Andersen mein letzte Buch«, Bettina.

Der berühmte Humboldt, Meyerbeer und mehr beehrte mich mit ihren Besuch, ich war so herum, so viel eingeladen, das die acht Tage in Berlin verswanden wie ein Traum. –

Der Uebersetzer von DAS BILDERBUCH OHNE BILDER, hat meine neue Märchen sehr schön uebertragen, ich habe die Uebersetzung schon in Korrekturbogen gelesen, das Buch muss jetz in die Buchhandlung sein, (uebersetz von Reuscher) schreiben Sie mir doch, wie die Märchen Ihnen gefällt, nicht war, die Nachtigall ist gar nicht schlecht. Der MULATT ist jetzt von Petit in Hamburg im Deutschen uebersetzt, ich habe an ihm geschrieben er sollte ein Manuschript an Hrrn von Eisendecher in Oldenburg abschicken, ich bin ueberzeugt, daß wenn das Drama anspricht den Herrn Intendant es auf der dortigen Bühne erscheinen möchte. – Meine neue dramatische Märchen: die GLÜCKS BLUME, ist beendiget, es hengt von Heiberg ab ob es gegeben werden sollen, jetz wollen wir ansehen. –

Am 4ten Semptem bin ich wieder in Kopenhagen, nach meine Versprechen habe ich eine neue Roman angefangen, dies Plan trug ich schon lange herum, die ersten Kapitlen sind jetzt geangirt, sie spielen auf das Meer zwischen Kopenhagen und Fühnen, so wie auf Fühnen selbst, der Geiger hat noch nach alle Bilder von der Geburts Insel aufgenommen, wird das Märchen für der Bühne – angenommen, dann schreibe ich fort auf diese Romane, denn da habe ich Geld genug für der künftige Sommer, eine Romane giebt nur – Ehre, und selbst diese muß ich im Auslande abholen. ◆

Andersen, dieses Genie im zwischenmenschlichen Kontakt, gewinnt natürlich auch die Herzen der adligen Oldenburger Hofgesellschaft. Die Kammerherrn und Hofdamen laden ihn ein, überall drängt man ihn, seine Märchen zu erzählen oder vorzulesen. Im September 1846 verbringt Andersen wieder

Das hier erwähnte Exemplar von BRENTANOS JUGENDKRANZ (1844) mit Bettinas Widmung wird 1876 bei einer Auktion der Bücher Andersens mit drei anderen Büchern für 2,10 Kronen (ca.1,20 €) versteigert.
Der erste Teil von BILDERBUCH OHNE BILDER erscheint Ende 1839. Am 10. Dezember hatte Andersen an Henriette Hanck geschrieben: »Das Buch kann Dänemarks TAUSENDUNDEINE NACHT werden, aber ich will erst sehen, was für eine Wirkung es hat, deshalb erscheint nur ein kleines Buch mit zwanzig Abenden, etwa zweieinhalb Bogen.« Der Titel ist Mendelssohns LIEDERN OHNE WORTE nachempfunden. Auch am Theater versucht sich Andersen erneut: DER MULATTE fällt durch, die GLÜCKS BLUME wird 1845 uraufgeführt, aber nur fünfmal in Kopenhagen gespielt.

Ettersburg. Das Jagdschloss der Herzöge von Sachsen-Weimar

einen halben Monat in Oldenburg, doch trüben diesmal politische Differenzen die Harmonie.

Lina von Eisendecher verfolgt gelegentlich eifersüchtig den Weg ›ihres‹ Dichters, und es gefällt ihr wenig, dass Andersen auf seinen Reisen vom Schreiben abgelenkt wird. Es stört sie, dass er immer wieder den Schmeicheleien der Fürsten und seiner vielen Verehrerinnen und Verehrer an den Höfen erliegt. »Man soll überhaupt nie zu viel Gewicht auf die Gesinnung von Fürsten legen«, warnt sie – immerhin die Frau eines Beamten am oldenburgischen Fürstenhof! – und fragt: »Wie geht es mit dem so interessant anfangenden neuen Roman?« Das Werk DIE ZWEI BARONESSEN erscheint 1848, fällt aber schon in die Zeit politischer Umwälzungen. Lina schätzt das Buch, warnt aber auch: »Ob es den großen Anklang in Deutschland finden wird, wie Ihre früheren Romane, ist wohl nicht entschieden, doch liegt dies durchaus nicht in dem Werth des Buches, sondern nur in der jetzt ganz der Politik zugewandten Richtung.« (10. 1. 1849)

Während der kriegerischen Auseinandersetzungen zwischen Dänemark und Preußen betonen beide Briefpartner wiederholt, dass von einer Beeinträchtigung des guten Einvernehmens keine Rede sein kann, doch Lina von Eisendecher bringt es auf den Punkt:

»Sie sind Däne, ich Deutsche, wir können unsere verschiedenen politischen Standpunkte bewahren, ohne deshalb unsere gegenseitigen Gesinnungen zu ändern, und das soll auch gewiss fortan geschehen.« Nach 1850 gelingt es aber nicht mehr, den Dialog kontinuierlich fortzusetzen. Der letzte Brief stammt vom 8. August 1862; Lina von Eisendecher schließt mit den Worten:

»Wir alle bitten nicht vergessen zu werden!« Doch Andersen antwortet nicht. »So verlieren sich die Spuren einer schönen und intensiven Freundschaft zwischen einer oldenburgischen Verehrerin und einem berühmten dänischen Dichter«, schließt Erik Dal. »Lina kränkelt viel, sie sucht jedes Jahr in Bädern Erholung. Sie stirbt am 26. Oktober 1875 im Alter von 55 Jahren – zweieinhalb Monate nach dem Tod von Hans Christian Andersen.«

In den letzten zwanzig Jahren seines Lebens gilt er unbestritten als Dänemarks berühmtester Dichter. Triumphal reist er durch Europa, 1861 findet er sein Zimmer im schweizerischen Brunnen mit Grün und Blumen geschmückt, in Madrid umsorgt ihn der schwedische Gesandte unermüdlich mit zahllosen Aufmerksamkeiten, und der spanische Gesandte aus China veranstaltet 1862 eine große Gesellschaft für ihn. In Holland finden in jeder Stadt, die er 1866 besucht, Feste für ihn statt, und auch seine Heimat zeigt sich zunehmend entzückt. Bei der 50jährigen Wiederkehr des Tages seiner Ankunft in Kopenhagen veranstalten seine vielen Kopenhagener Freunde ein Fest für ihn. Er wird Ehrenbürger von Odense und soll ein Denkmal bekommen.

Eine Schilderung aus seinen letzten Jahren stammt von dem Schriftsteller und Politiker Edvard Brandes: »Er war damals ein großer, stattlicher Mann, schön durch die gespannte Geistigkeit seines Gesichts. Er bewegte sich mit großer Vornehmheit, aber er war, selbst einem ihm ganz unbekannten, noch in den Anfängen stehenden Skribenten gegenüber, unglaublich freundlich und

*Fackelzug anlässlich der Ernennung Andersens zum Ehrenbürger von Odense
am 6. Dezember 1867*

aufmerksam … Andersens Stimme war tief, rein und geschmeidig, konnte mit Leichtigkeit anschwellen oder leise werden. Sein Vorlesen war nicht ganz dramatisch, nicht das eines Schauspielers … Man merkte, dass er das Wort, den Satz, das Gespräch mit seinen zarten Nerven erfühlt hatte. Es bebte ein Unterton von reinem und tiefem Glockenklang darin.«

Andersen wird sesshaft, endlich, und zum ersten Mal in seinem Leben hat er ein eigenes Bett. An den Komponisten J. P. E. Hartmann schreibt er im Oktober 1866:

🦢 Ich habe ein Haus bekommen, bin wieder eine Schnecke mit Haus, und denke Dir: jetzt habe ich ein eigenes Bett bekommen; mit dem muss ich nun auch umziehen. Hundert Reichstaler habe ich für ein Bett ausgeben müssen, und das wird nun mein Sterbebett werden; denn hält es nicht so lange, dann ist es das Geld ja nicht wert! Wenn ich doch nicht mehr als zwanzig wäre, dann nähme ich mein Tintenfass auf den Rücken, zwei Hemden und ein Paar Strümpfe, steckte eine Schreibfeder in die Seite und ginge in die weite Welt hinaus. Nun bin ich, wie Frau Jette Collin so schön schreibt, »ein älterer Mann«; dann muss ich wohl an das Bett denken, das Sterbebett. Denk Du nur brav an den Trauermarsch; es werden natürlich die Schulen sein, die unteren Klassen, die mir das Geleit geben, nicht die oberen Lateinklassen; gleiche die Musik den Kinderschritten an. – Ich bin auf dem Lande und verschreibe mich nicht dem Teufel, sondern der Lesewelt, wenn die mich nur lesen wollte; fast die Hälfte des Aufenthaltes in Portugal habe ich auf dem Papier; auf dies Papier könnte vielleicht etwas Besseres geschrieben werden; aber alles hat sein Schicksal, auch das Papier. ◆

Der lebenslange Hypochonder erkrankt nun ernstlich und schreibt im August 1874 an Henriette Collin:

🦢 Liebe Frau Collin! Soll ich heute schreiben oder es lieber lassen? Ich – weiß es nicht; aber mir geht es gar nicht gut, mir tut Sympathie sehr not, und die habe ich so oft bei Ihnen gefunden. Seit ich aus Bregentved heimkam, wo ich mich, bis auf etwas Gicht, so wohl gefühlt habe, eine ausgezeichnete Laune und Reiselust hatte, ja die Gewissheit und den Glauben, dass ich nun gut allein reisen könnte, habe ich mich auf ROLIGHED schlecht gefühlt; das Wetter ist sicherlich zum Teil schuld daran; meine Zimmer sind bestimmt feucht, und das ganze Haus ist wie eine offene Windlade, die

Die nahe bei Kopenhagen gelegene Villa Rolighed (Ruhe) wird dem Dichter im Alter zur zweiten Heimat, ähnlich wie dem jungen Andersen das Collinsche Haus sein »Heim der Heime« gewesen war. Rolighed gehört dem wohlhabenden jüdischen Geschäftsmann Moritz Melchior. Seine Frau Dorothea ist die Schwester des Börsenmaklers Martin Henriques, mit dem Andersen ebenfalls befreundet ist. Aus der Korrespondenz mit der Familie Henriques sind über 100 Briefe erhalten.

Türen stehen immer offen, zum Garten, zu den Stuben, den Gängen, die Fenster ebenfalls, und gerade heute spüre ich, wie die Gicht durch alle Glieder jagt, so dass ich kaum stehen und gehen kann. Nachts ist es am allerschlimmsten. Es peinigt mich, dass ich durch mein Unwohlsein die herzensguten Menschen quälen muss, und ich bitte Sie, liebe Frau Collin! darum, dass Sie auch nicht erwähnen, was ich hier in diesem Brief geschrieben habe. (…) Es ist ganz erstaunlich, wie meine Sinne während meiner Krankheit geschärft waren, vor allem der Geruch und Geschmack, das ist noch immer der Fall, und ich komme gerade dadurch oft in eine höchst peinliche Lage. Ich, der ich lange Zeit hindurch, während ich in meinen Hospitalsstuben auf dem Nyhavn festgehalten war, keine dichterischen Gedanken hatte, werde nun von diesen überrannt, ohne sie jedoch zu Papier bringen zu können, aber in allen diesen Gedanken ist eine Bitterkeit, ein Missvergnügen an fast allem um mich herum, was so zu sehen ich vielleicht kein Recht habe! Ich ärgere mich über die Verlogenheit, Falschheit und den verhüllten pyramidalen Egoismus der Welt! Ich leide zudem durch mein unglückseliges, erstaunliches Gedächtnis für alles, was man in der Vergangenheit mir zu bieten sich herausgenommen hat, es waren Menschen da, die ich liebte, und nun sehe ich, dass ich durchaus keinen Grund dazu hatte. (…)

Von der Gräfin Frijs erhielt ich gestern einen Brief, sie teilte mir mit, dass ihr Neffe Dinesen, der Hauptmann in der französischen Armee gewesen ist, jetzt schon seit mehreren Jahren ein völliges Einsiedlerleben in den Wäldern von Amerika führt und dort von der Jagd lebt, fern von allen Menschen. Er erzählt in seinem letzten Brief an sie, dass er auf einer Wanderung ins Innere des Landes zu einem einsam gelegenen Haus gekommen sei, wo er ein einziges Buch gefunden habe. Das waren Andersens Märchen. Und Gräfin Frijs fährt fort: Es hatte den Anschein, als habe das viele Saiten in seinem Innern berührt. – Ein Dichter, ist das denn nicht einer der Glücklichen dieser Erde!!!

Wahrlich! ich müsste es sein, könnte es sein! Würde ich nicht von Krankheit niedergedrückt, von schweren Gedanken, wie herrlich müsste es sein, schnell zu sterben! Zu sterben wie Thorwaldsen oder, wie jetzt die Zeitung meldet, der alte Küster auf den Faröern, der seine warme, begeisterte Rede auf den König hielt und dann umfiel und starb! – Werde ich in diesem Jahr nicht vollständig gesund, zum mindesten so gesund wie auf Holsteinborg und Bregentved, dann werde ich es nie; dann werde ich dahinsiechen, nichts ausrichten und nur Bitterkeit in meinem Gemüte sammeln. Diesen Brief sollten Sie am liebsten, nachdem Sie ihn gelesen haben,

Die Familie Frijs besitzt mehrere Landgüter, auf denen auch Andersen gelegentlich Gast ist.

Den Herrensitz Holsteinborg im Süden Seelands hat Andersen 36 Mal besucht. »Hier ist es schön, ich glaube, dann könnte ich auch auf das Reisen verzichten. Hier wurde mein Bild von der Sonne erschaffen.« (1870)

Christian Bille (1799–1853) ist dänischer Generalkonsul und Resident bei den Hansestädten. Andersen trifft ihn auf seiner Schwedenreise 1849 in Stockholm. Die Blochs sind eine weitverzweigte Familie von Kaufleuten, Malern und Ärzten. Mit dem Regisseur und Schriftsteller William Bloch macht Andersen 1872 seine letzte Reise nach Deutschland, Österreich und Italien.

ins Feuer werfen und mich dann recht schnell mit einigen freundlichen Worten erfreuen. Jedoch Sie finden es vielleicht nicht der Mühe wert, und da möchte ich glauben, dass Sie recht haben. Grüßen Sie Ihren Mann und seine Brüder! grüßen Sie Billes, ebenso Blochs. Über vieles könnte ich schreiben, vieles hätte ich zu erzählen, aber ich weiß, dass ich es nachher bereue, es bereue, wenn ich jemandem allzu offen das Herz und das Gedankenbuch geöffnet habe. – Gestern wollte Frau Melchior einen Arzt holen lassen, da sowohl Collin als auch Hornemann fern von der Stadt sind, aber ich verhinderte es. Die Ärzte können doch nicht helfen. Frau Melchior lässt grüßen! Leben Sie wohl! Ihr alter kranker Freund! H. C. Andersen ◆

Dorothea Melchior, eine enge Freundin Andersens in seinen letzten Lebensjahren

Im Tagebuch notiert der schwer an Leberkrebs Erkrankte am 9. Dezember 1874:

🦢 Das Morphium muss stark gewirkt haben, ich hatte wunderbare Träume und vor allem einen angenehmen, in dem ich tüchtig und keck ins Examen gegangen war und Meisling eintrat und ich erklärte, dass er nicht zuhören dürfe, wie ich geprüft würde, denn das würde mich so bedrücken, dass ich dumme Antworten gäbe, was ich dann auch tat; kurz darauf ging ich mit Meisling spazieren, er kam mit seiner Art von Humor, ich fühlte mich frisch und unbefangen, wir kamen schnell in ein Gespräch über Kunst und alles Schöne und wurden zuletzt besonders gute Freunde, er schien mich zu schätzen und ich ihn. Als ich erwachte, war ich ganz heiter wegen des versöhnlichen Traums … ◆

Aus dem Tagebuch in Kopenhagen: »5. Januar (1875) Geriet unerklärlicherweise in gedrückte, schwermütige Stimmung. – Denke ständig daran, dass ich sehr kurz zu leben habe, bin doch verzagt, dass ich sterben muss, während ich es doch müde bin zu leben.«

Am 2. April 1875 erwartet Andersen das Komitee, das Geld für sein Denkmal sammelt:

🦢 Zuerst kamen ein paar Vertreter der Deputation für die Sammlung zu meiner Statue. Etatrat Meldahl hielt eine Rede und überreichte mir in einem Samtprachteinband die Mitteilung des Komitees, es sei schon eine so große Geldsumme vorhanden, dass die Statue aufgestellt werden könne. – Ich hatte Frau Collin und Frau Melchior den ganzen Tag da, dass sie Honneurs machten. Nun kamen Dreyer, Mourier und Petersen aus Odense und überbrachten mir die Grüße meiner Geburtsstadt und den Bericht über die Festlichkeiten dort. Die Zeitungen berichteten alles ausführlich nebst der Rede der Deputation und meiner Antwort. Nun kam der Altherrenbund des Studentenvereins mit einem Glückwunsch, einer Rede, die verlesen wurde, aber frisch von den Lippen sprang. Während diese noch hier waren, kamen der Kronprinz und Prinz Hans. Melchiors Wagen holte mich um fünf Uhr ab. Ich war völlig erschöpft. (…)
Sehr müde kam ich nach Haus, so müde, dass ich die vielen Telegramme nicht öffnete, die noch weiterhin gekommen waren. Welch ein schöner, großartiger Tag, und dennoch wie kümmerlich ist mein Leib, um all diese Segnung von Gott zu tragen. Ich konnte nicht einschlafen, als ich im Bett lag, überwältigt von Gedanken und Dankbarkeit. ◆

Andersens Gesundheitszustand verschlechtert sich zunehmend, er leidet an Bronchitis, geschwollenen Beinen und starken Nervenschmerzen. Seine Tagebucheinträge werden mutlos Er fühlt sein Ende nahen. Am 25. Juli 1875 diktiert er Frau Melchior einen Brief an Jonas Collin, den Sohn von Edvard. Es wird sein letzter Brief sein.

Rolighed, am 25. Juli 1875

Lieber Freund!

Vielen Dank für Deinen Brief, den ich in diesem Augenblick erhielt! Nie habe ich die Schnelligkeit der Zeit so sehr empfunden wie jetzt, und dennoch bin ich in der Bedrängnis, das Undenkbare auszusprechen, dass ich nicht wage, fortzufahren; aber ich habe keine Vorstellung davon, was mich hindern sollte. Ich bitte Dich zu kommen. Ich werde Dir die Minute mitteilen. Wir sehen uns. Gottes Wille geschehe!

Dein treuer, Dir zu Dank verpflichteter Freund H. C. Andersen ◆

Frau Melchior fügt selbst folgende Nachschrift hinzu:

Lieber Herr Collin!

Ich möchte gern ein paar Worte hinzufügen, um Ihnen zu sagen, dass Andersens Zustand keineswegs besser ist. Sowohl die Ärzte als auch ich selbst finden, die Kräfte nehmen mit jedem Tag ab; aber es ist ein großer Segen, dass er sich selbst gesund und glücklich fühlt. Er sagt: Wenn ich meinen Schleimhusten, meine Müdigkeit und die dicken Füße ausnähme, dann wäre ich ganz gesund. Er sagte gestern: Es gibt zwei Dinge, die mich ganz beherrschen, das ist H. C. Andersens und Frau Melchiors Geduld. Ich antwortete ihm, dass der Herrgott demjenigen, dem er so schwere Prüfungen schicke, auch zugleich Kraft und Geduld sende, diese zu tragen. Er wiederholte, was er früher schon gesagt hat: »Ich wünschte, mir würde das Glück zuteil, zu sterben, während ich es so wunderbar schön habe.« Aus den Zeilen an Sie geht hervor, dass es ihm klargeworden ist, dass er vielleicht nicht reisen kann, aber sogleich bereut er seinen Ausspruch und bittet Sie zu kommen. Aber es ist eine völlige Unmöglichkeit, und ich bin sicher, dass er nicht auf diese Reise geht. –

Mit freundlichem Gruß bin ich Ihre verbundene Dorothea Melchior

Am 4. August 1875 stirbt Hans Christian Andersen. Frau Melchior schreibt auf seiner letzten Tagebuchseite: »Seit zehn Uhr gestern abend schläft Andersen, jetzt um zehn Uhr liegt er noch in festem Schlaf mit anscheinend starkem Fieber. Er sagte gestern zu mir, nachdem Dr. Meyer dagewesen war: ›Der Doktor kommt heute abend wieder, das ist kein gutes Zeichen.‹ Ich erinnerte ihn daran, dass er ihn in den letzten vierzehn Tagen täglich zweimal besucht habe, worauf er sich beruhigte. Jetzt ist das Licht erloschen! Welch glückseliger Tod! Um elf Uhr fünf Minuten hauchte der liebe Freund seinen letzten Seufzer aus.«

Der regierende Fürst im Reich der Phantasie wird mit großem Pomp zu Grabe getragen, ganz so, als wäre er ein mächtiger Herrscher der Welt gewesen. Am 11. August 1875 findet in der von Bertel Thorvaldsen gestalteten Kopenhagener Frauenkirche die Trauerfeier statt. Der Verstorbene, der ja keine Angehörigen mehr hatte, wird von der königlichen Familie, von seinen Freunden und von ganz gewöhnlichen Bürgern betrauert. Nicht zu vergessen natürlich die Millionen Andersen-Leser unter den Kindern in aller Welt. Beim Heraustragen

Trauerfeier für H. C. Andersen am 11. August 1875 in der Kopenhagener Frauenkirche

des Sarges ertönt der Trauermarsch von J. P. E. Hartmann, den der Andersen sehr nahe stehende Freund für die Beisetzung des Bildhauers Thorvaldsen im Jahre 1844 komponiert hatte.

Literaturverzeichnis

Andersen, H. C.: Das Märchen meines Lebens. Briefe. Tagebücher. Düsseldorf: Artemis & Winkler 1961.

Andersen, H. C.: Das Märchen meines Lebens. München o. J.

Andersen, H. C.: Eines Dichters Bazar. Weimar: Kiepenheuer o. J.

Andersen, H. C.: Hans Christian Andersen – Lina von Eisendecher. Briefwechsel. Hg. von Paul Raabe. Göttingen: Wallstein 2002. Zitat S. 226–229: 124–127. © Wallstein Verlag, Göttingen.

Andersen, H. C.: »Ja, ich bin ein seltsames Wesen ...«. Tagebücher 1825–1875. Hg. und übers. von Gisela Perlet. Göttingen: Wallstein 2000. Zitat S. 126–130: 26, 27, 29–30, 31, 33, 35, 36. © Wallstein Verlag, Göttingen.

Andersen, H. C.: Lebensbuch. München: Diederichs 1993.

Andersen, H. C.: Märchen, Geschichten, Briefe. Frankfurt a. M.: Insel 1999.

Andersen, H. C.: »Mein edler, theurer Großherzog!« Briefwechsel zwischen Hans Christian Andersen und Großherzog Carl Alexander von Sachsen-Weimar-Eisenach. Hg. von Ivy Möller-Christensen. Göttingen: Wallstein 1998. Zitat S. 16–18: 11f., 15, 9. © Wallstein Verlag, Göttingen.

Andersen, H. C.: Sämtliche Märchen in zwei Bänden. Düsseldorf: Artemis & Winkler 1996.

Andersen, H. C.: Schattenbilder von einer Reise in den Harz, die Sächsische Schweiz etc. etc. im Sommer 1831. Frankfurt a. M.: Insel 2002.

Andersen, H. C.: Schräge Märchen. Frankfurt a. M.: Eichborn 1996.

Bredsdorff, Elias: Hans Christian Andersen. Des Märchendichters Leben und Werk. München: Hanser 1980.

Detering, Heinrich: Das offene Geheimnis. Göttingen: Wallstein 2002.

Drewermann, Eugen: Und gäbe dir eine Seele ... Hans Christian Andersens Kleine Meerjungfrau tiefenpsychologisch gedeutet. Freiburg i. Br.: Herder 1997.

Klotz, Volker: Das europäische Kunstmärchen. Stuttgart: Metzler ³2002.

Oxenvad, Niels: Hans Christian Andersen. Ein Leben in Bildern. München: Universitas in der F. A. Herbig Verlagsbuchhandlung 1997.

Sonnenberg, Ulrich: Hans Christian Andersens Kopenhagen. Frankfurt a. M.: Insel 1996.

Wullschlager, Jackie: Hans Christian Andersen – the life of a storyteller. London: Penguin 2000.

Die Märchenübertragungen entstammen der Ausgabe *Sämtliche Märchen in zwei Bänden* aus dem Artemis & Winkler Verlag, Düsseldorf.

Bildnachweis

akg-images: 15, 17, 21, 27, 36, 41, 85, 90, 109, 114, 116, 118, 121, 129, 131, 136, 144, 154, 159, 186, 195, 197, 213, 219, 220, 222, 225, 230

Archiv des Verlags: 31, 44, 64, 143, 174, 177, 193

The Bridgeman Art Library, London: 6 (Private Collection), 73 (Private Collection), 76 (Private Collection), 83 (The Fine Art Society, London), 97 (The De Morgan Centre, London), 101 (Private Collection; Archives Charmet), 105 (Bibliothèque des Arts Décoratifs, Paris; Archives Charmet), 123 (Free Library, Philadelphia), 133 (Museo Correr, Venedig), 139 (Christie's Images, London), 141 (Bibliothèque des Arts Décoratifs, Paris; Archives Charmet), 156 (Victoria & Albert Museum, London), 161 (Victoria & Albert Museum, London), 164 (Victoria & Albert Museum, London), 166 (Philip Mould, Historical Portraits, London), 169 (Private Collection), 180 (Coram Foundation, Foundling Museum, London), 182 (Private Collection), 183 (Private Collection; Archives Charmet), 188 (Private Collection), 201 (Centre Historique des Archives Nationales, Paris; Archives Charmet), 210 (The Fine Art Society, London), 216 (Private Collection), 217 (British Museum, London/BAL)

Corbis: 10 (Bettmann), 24 (Bettmann), 32 (Bettmann), 34 (Bob Krist), 199

Dilia Agentur für Theater und Literatur, Prag: 38

Hamburger Kunsthalle/bpk, 2004: 7

Heinrich Heine Institut, Düsseldorf: 119

Det Kgl. Bibliotek, Kopenhagen: 13, 126, 228

Odense City Museums: 12, 26, 33, 46, 48, 49, 52, 54, 56, 58, 59, 66, 68, 69 (oben), 69 (unten), 70, 78, 79, 80, 87, 92, 94, 95, 96, 112, 135, 138, 149, 150, 158, 162, 184, 204, 206, 207, 231, 234, 237

Statens Museum for Kunst: 65

Teatermuseet/Niels Elswing, Kopenhagen: 29

ullstein bild: 16, 227

Leider konnten nicht alle Rechteinhaber ausfindig gemacht werden. Berechtigte Ansprüche werden auf Anfrage gerne abgegolten.

Personenregister

Reise in die Märchenwelt
Hans Christian Andersens

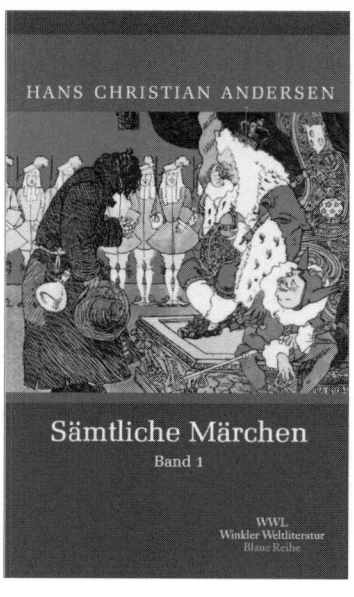

Hans Christian Andersen: Sämtliche Märchen in zwei Bänden
Aus dem Dänischen von Thyra Dohrenburg
Mit 259 Illustrationen von Vilhelm Pedersen und Lorenz Frølich
Mit einem Nachwort und Anmerkungen von Heinrich Detering
Band I: 752 Seiten. Gebunden mit Schutzumschlag. ISBN 3-538-06991-3
Band II: 806 Seiten. Gebunden mit Schutzumschlag. ISBN 3-538-06992-1

Sämtliche 156 Märchen der Ausgabe letzter Hand in der kongenialen Übersetzung von Thyra Dohrenburg, ergänzt durch die berühmten Illustrationen von Vilhelm Pedersen und Lorenz Frølich. Dazu in Band II ausführliche Anmerkungen, eine Zeittafel und ein Essay zu Leben und Werk von Heinrich Detering.

Artemis
&Winkler

Reise in die Stadt
Hans Christian Andersens

Christoph Bartmann
Kopenhagen –
Stadt der Dichter
Literarische Streifzüge
190 Seiten mit zahlreichen
Schwarzweißabbildungen
Gebunden mit Schutzumschlag
ISBN 3-538-07202-7

Andersen und Kierkegaard prägen die literarische Topographie
Kopenhagens. Und doch gibt es an diesem herrlichen Ort und in
seiner näheren Umgebung weit mehr zu entdecken. Virtuos prä-
sentiert Christoph Bartmann auf 19 Streifzügen die faszinierende
Literaturstadt im Norden Europas.

Artemis
&Winkler

Zeichnung von J. F. Clemens